中華民國課程與教學學會2016年度專書

# 課程改革2016回顧與展望

## 中華民國課程與教學學會　策劃

### 白亦方　主編

歐用生　彭煥勝　章五奇　楊智穎　陳美如
鍾鴻銘　周淑卿　卯靜儒　劉蔚之　黃春木
趙偉黎　孫彩平　洪美齡　陳振雄　郭欣茹
陳英輝　王郁雯　胡淑華　葉明政　合　著
（依章節寫作排序）

（本書各篇文章均經匿名雙審通過）

五南圖書出版公司 印行

# 理事長序

## 中華民國課程與教學學會：
## 歷史的參與者、見證者與省思者

　　「中華民國課程與教學學會」（以下簡稱本學會）於1996年成立，創始人黃政傑教授於該年5月4日召開第一次會員大會，同年8月23日內政部核准本學會成立。何以要成立本學會呢？臺灣於1987年7月15日解除軍事戒嚴，從此政治自由化的腳步大幅邁開，教育自由化的呼聲亦甚囂塵上，而課程與教學居於教育活動的核心，尤其有許許多多應興應革之事，亟需集結有志者共同推動革新，並為革新提供理論與實務上之研究成果，做為革新建言之堅實基礎──黃政傑教授有感於此時代脈動、社會需求、學術趨勢，遂邀集國內課程教學界重要學者與博碩士生，創設本學會。

　　這20年來，歷經黃政傑、歐用生、黃秀霜、李隆盛等理事長的領導，本學會定期辦理學術論壇、出版季刊與專書、評鑑中小學教科書、頒發論文獎、進行國際交流；理監事與會員們亦參與教育政策的規劃、執行與考核，為臺灣課程與教學的革新灌注心血，戮力耕耘。對臺灣20年來的課程教學革新，本學會是熱烈的參與者，也是冷眼的見證者。

　　不可否認的，影響革新成敗的因素甚多，因緣際會下可能成就某些革新，但因緣際會下也可能導致革新初心變質、理想打折、甚至衍生意料外的發展與結局，這是歷史的弔詭與複雜。值此二十弱冠之齡，本學會更願以誠摯省思者角色，對過去的課程教學革新做一回顧與前瞻，由更長遠的歷史角度出發，檢討過去，策勵來茲。故本學會2016年度專書遂以「課程改革2016回顧與展望」為題，經公開徵稿，匿名審稿，悉心修稿等過程，刊載十四篇深具啟發性與前瞻性的論文。無論是當年的熱烈參與者、或冷眼見證者，現在本書每位作者均以誠摯省思者身分，呈現一份精心探究的學術成果。期待裨益臺灣未來課程教學的決策籌謀，進而裨益這片土地上莘莘學子的學習品質。

　　本書之出版，首先要感謝白亦方教授承接主編之職完善擘劃，溫素悠助理全力協助居功厥偉，還要感謝作者們和審者們的認真投入。而本書仍由長期合作夥伴五南圖書出版公司出版，特致上無限敬意，尤其是陳念祖副總編輯與李敏華編輯對本學會各種出版書刊的專業投入，更令人動容與感激。而本學會理監事對本書題目的規劃、以及秘書處同仁全力配合執行，在此亦致以誠摯謝忱。

中華民國課程與教學學會理事長
臺北市立大學學習與媒材設計系教授兼系主任

張芬芬

# 主編序

## 穩定前行的力量

　　中華民國課程與教學學會堂堂邁入20年，雖屬「弱冠」之年，其所累積的學術能量與實務貢獻，比起其他學會不遑多讓。20年來，舉凡爭取各類研究專案、定期舉辦學術研討會、參與課程政策與教學研發，莫不具體驗證學會參與成員的孜矻鑽研與關照基層實踐。

　　臺灣課程與教學改革的多元呼聲，數十年來不絕於耳；萬花筒般的政令規範與草根回響，令人眼花撩亂。只是，這些推動與回響，能否帶來更多研究者的理想實現、基層教育人員的專業成長，或者社會大眾的信賴肯定，值得深思。本書徵稿著眼於深度檢視過往影響深遠的課程／教學改革措施，是否能夠逐步改善種種困境，進一步提供具體可行的前瞻課程／教學方針，以落實課程教學促進教學、學習品質提升的初衷。

　　教育研究應該兼具歷史感、理想性與可行性，教育志業更須穩定前行。在這樣的前提下，本書彙集了19位先進同道涵蓋各領域議題的無形力量，期待臺灣課程與教學研究除了走出象牙塔，更能得到基層工作者的熱情回應，讓研究成果落實於教室與臺灣社會中，讓它如陽光、空氣、水般自然，無須刻意、添加物或盲從新時尚。謝謝所有不吝分享學

思的作者與針砭提點的審查者，讓本書成爲穩定前行的基地；長期以來學會擔任堅實的後盾支援，五南圖書出版公司熱心襄學，共同爲課程與教學研究提供豐渥的園地，在此一併致謝。

國立東華大學教育與潛能開發系教授

白亦方

# 目次

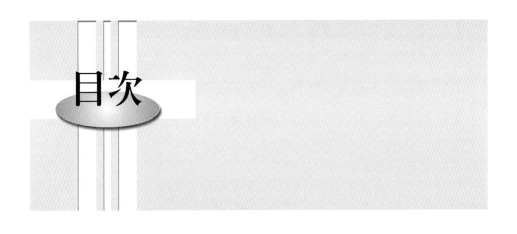

103年課綱微調事件之課程史分析

歐用生
國立臺北教育大學名譽教授

課程發展生於1918年，死於1969年。

　　　　Pinar, Reynolds, Slattery, Taubman (1995).

　　103年微調課綱，生於2014年2月10日，死於2016年5月31日，享年2年3個月又21天。

## 壹　前言

　　2014年2月10日，教育部在激烈的抗議聲中，公布了「普通高中語文與社會領域課程綱要」案（以下簡稱103年微調課綱或微調課綱），此後爭議不斷，終致一發不可收拾。教育部為何急著修訂歷史課程綱要？課綱修訂為何引起那麼大的抗爭？學校課程是傳授國家歷史傳統、型塑國民意識和認同的主要工具，尤其是歷史教科書是「作為文化和社會的存有，我是誰、我有什麼的關鍵論述」（Provenzo, Shaver, & Bello, 2011, viii），更為重要。Crawford和Foster（2007：10）也說：「所有政治領導者都將過去轉變為自己的利益，但過去90年間，威權者做得更多：他們將過去的歷史大虐殺」，「漫長的第二次大戰雖已結

束65年了，但今天還繼續在戰鬥，只是改變爲文化戰爭」，從這兩段話就可以瞭解歷史教科書是何等重要，也可以理解臺灣高中歷史課綱引起的爭議爲何如此激烈了。

在2014年2月10日公布後，民進黨、台聯黨立刻強烈反擊，民間團體及學者、專家、教師等也展開全面抗爭，全力要求教育部撤回課綱調整案。後來兩百多所高中的學生也參與抗議，走上街頭，占領教育部廣場，夜襲教育部部長室，教育部吳思華部長還對學生提告；甚至有高中生燒炭自殺，向教育部長死諫。一直到2016年總統大選，民進黨蔡英文女士當選總統，第三次政黨輪替，新任教育部長潘文忠上任第二天（5月21日）即舉行記者會，宣布廢止103年微調課綱，旋於5月31日正式公告廢止令，喧擾兩年多的課綱微調事件暫時落幕，這是臺灣課程史上最短命的課綱。

這場課程戰爭雖沒有Crawford和Foster（2007）所說的「大虐殺」那麼嚴重，但還是相當殘酷的。103年微調課綱從擬訂、審議、頒布、實施到廢止，都遭逢激烈的抗爭，期間高潮迭起，寫下了許多臺灣課程史上的首例，在其他國家恐怕也是極爲罕見。由於先天不足、後天失調，注定一生乖舛的命運，一路跌跌撞撞，步履蹣跚。但在跌撞、蹣跚中，卻改寫了臺灣課程史的多項紀錄，是臺灣課程改革歷史上很罕見的個案，頗有研究的價值，值得加以探討。

新馬克思主義者強調，教科書中的合法化知識是意識形態的產品，是複雜的權力關係，以及階級、種族、性別、宗教團體間鬥爭的結果，隱含了深層的政治、經濟和文化的關係與歷史，所以，教科書有關的衝突就是權力關係代理人間的鬥爭（Apple, 1993）。國內對這個事件的評論或報導，大部分都依據這種觀點，認爲這次課綱修訂是藍綠惡鬥，是國民黨和民進黨意識形態的鬥爭，他們都將高中歷史課綱修訂視爲青年學子思想改造的巨大工程，是青少年主體型塑的緊急課題，所以，揭櫫「撥亂反正」、民族大義的大旗，爲爭奪「大中國史觀」、「臺灣主體性史觀」而戰。

但吳俊瑩（2014）在〈課綱修改眞的只是藍綠惡鬥嗎？〉一文中，就捨去這種新馬克思主義的意識形態觀，而從歷史教育和歷史課程的

觀點，來探討高中歷史95暫綱、98課綱的問題，這兩套課綱的出現，「並不是藍綠惡鬥、政治意識形態角力的結果，而是對歷史教育有想法的人，希望翻轉中學歷史教育，他們將歷史學習的目的，界定在培養歷史的核心能力。」他強調，從這種觀點來看，才能讓歷史課綱不成為政治洗腦工具，才能找到歷史教育的主體性，不讓課綱調整如同鐘擺，誰執政就往哪邊擺。

　　吳文的論述頗有啟示作用，本研究將從臺灣課程史的觀點，對本次高中課綱微調事件加以批判性的分析。事件發生當時，作者同時被聘為教育部課程審議會委員和國教院課程發展委員會委員，有機會躬逢其盛，參與一些會議，能就近觀察和省思一些現象。本文焦點將放在103年課綱微調事件上，先檢討事件發生的始末，以瞭解事件爭議所在；然後從臺灣課程史的觀點，分析整個事件的特徵和意義。

## 貳 103年課綱微調事件的發展

　　這兩年多的課綱微調事件大致可分為四個時期：第一、起草與完成期（2013.08-2014.02）；第二、社會運動期（2014.02-2015.02）；第三、高中生抗爭期（2015.02-2015.08）；第四、實施與廢止期（2015.08-2016.08）。以下依這四期加以說明。

### 一 起草與頒布期（2013.08-2014.02）

　　課綱起草當時的高中歷史課程綱要是2012年開始實施的（即101課綱），應該要實施三年後、即2015年才啟動修訂程序。但是，2012年馬英九總統連任成功後，一場臺灣史觀撥亂反正的政治工程就已展開。當時，民進黨立法委員蔡其昌就這麼說了：「自今年馬英九連任後，許多舉措引發民怨，聲望創下新低。如今將心思花在意識形態的干預，從教育上進行去臺灣化的細膩工程，背後必有重大圖謀。」（獨立媒體，2012）這個圖謀的推手是王曉波和張亞中，他們在2010年就集合相關學者為歷史教科書發表聲明：「莫自亡其史」，公開向馬英九

政府喊話：「當年我們曾共同為防堵臺獨史觀而攜手奮進。」張亞中在2013年10月9日「中國評論」上發表，「臺灣教科書史觀的戰略性逆轉」，批評101課綱的「一邊一國」、「一邊一史」的臺獨史觀，更說馬英九不會是個「一邊一國」的主張者，但他任內的教育部課綱委員卻讓他成為「一邊一國」、「一邊一史」的背書者，有些可悲。因此希望馬政府盡快修正「一邊一史」為內涵的歷史課綱，從根本上改變「一邊一國」的史觀，以建立正確的史觀。馬英九終於在2013年7月的國民黨中常會上決定，請教育部蔣偉寧部長謹慎處理歷史課綱的議題。

由此可知，本次課綱的修訂起於政治上的急迫性，而非專業上的必要性，因此，蔣偉寧部長將這個工作交給國家教育研究院負責時，造成該院極大的困擾，院內課程與教學發展中心於7月29日向柯華葳院長提出評估報告，力陳此事萬萬不可。但國教院隸屬於教育部的三級單位，不得不臣服於教育部的權力之下，院長只好指派院內其他單位接手這個工作。2013年11月23日，檢核工作小組舉行第一次會議，由柯華葳院長主持，她只要求小組作「名詞檢核」，提出一份報告、一份建議書。但有小組委員提出臨時動議，建議直接由檢核小組微調課綱，王曉波預知這樣的微調一定會引起強烈的抗議，還提議以「憲法作幌子」，讓「院長、部長頂得住」，後來「合法」、「合憲」就成為教育部為微調課綱辯護的統一說詞（林曉雲，2014）。

接著，檢核小組很快的完成了微調課綱草案，立刻於2014年1月16、17兩日舉行三場公聽會，但被爆料公聽會只邀請特定團體和個人，而且大多是時間過後才接到開會通知。1月24日提請國教院課程發展委員會討論，作者參加了該次會議，記得主席（柯院長）一開始就說，這是個很麻煩的問題，請大家提供一些意見，讓部裡去作決定。後來會議作成十點決議，多偏向反對微調的意見，作者自寫的紀錄上也寫著：「不予同意」。但正式會議紀錄上除了十點決議外，另加了主席的四點結論，且變成「有條件贊成」的敘述。而且後來也被發現，國教院覆教育部函中，只提到四點結論，十點決議卻不見了（林曉雲、吳柏軒、梁珮綺，2015）。2014年1月25日舉行課程審議大會高中分組會議，通過微調課綱草案，又被質疑有造假或偽造文書之嫌，一說當日發

言反對意見相當多，最後主席請出席者填寫贊成或反對意見，並沒有投票；另一說當日有投票，但沒有公開開票，眾說紛紜，充滿謎團。

接著，1月27日提教育部課程審議大會審議，作者當時擔任課審會委員，也出席當日的會議，會議本來預定在教育部舉行，但臨時通知改到國教院，作者到會場時，國教院已擠爆了抗議人潮。我依會前提給大會的資料，提出一些關於課綱性質、修訂合理性、修訂組織和程序，以及史觀上的意見，最後我說：「請教育部繼續研擬，多蒐集現場實施的回饋資料，多參考相異的史觀，多聽取學術界不同的聲音，期達成發展學生蒐集、並運用史料，以解釋歷史的能力，具有多元和寬廣的視野等目標。」其他反對意見也很多，最後經過投票，以多數通過微調課綱案。

教育部立刻於2014年2月10日公告歷史微調課綱，預定於2015年8月新學期起，自高中一年級開始實施。

## 二　社會運動期（2014.02-2015.01）

從課程史的觀點來看，上述的課綱修訂，無論在修訂的合理性、修訂組織、修訂程序和修訂內容上，都有許多值得探討之處，這些也正是決定課綱合法性和品質的要件，是課綱修訂時非謹慎處理不可的問題。但這次教育部課綱微調，顯然沒有記取課程史的教訓，忽視修訂程序的公開、公正和專業，加上前述過程中的種種謎霧，因此從修訂開始就遭受到極大的質疑。

《自由時報》在2014年2月11日的社論「這樣的課綱不符全民共識」中，就強硬呼籲：「當權力者選擇站在全體公民的對立面，那麼，新的這一年，可以預見，必須把公民行動全面啟動的能量推向高原，否則即是自我繳械，坐視極端少數對共利公義的反噬即將得逞。」已預示了這一年社會運動力道的強勁！

教育部一通過課綱微調案，民進黨立刻在中常會上強烈反擊，決議開啟執政縣市、立法院、街頭等戰場，強力抵制；臺灣團結聯盟也立刻呼應，訴求反課綱微調、反教育洗腦、反竄改歷史的主張，將採取

「焦土抗爭」，全面阻止將臺灣史抹去，而讓大中國史復辟的課綱微調政策。立法院內，民進黨立委邀請蔣偉寧部長作課綱專案報告，要求部長道歉、下臺負責，引起藍綠立委對嗆。

民間力量也迅速集結，本土社團，與歷史、教育、文化界的教授、學者、專家等召開聯合記者會，抗議教育部粗暴亂調，要全民站出來守護民主法治、捍衛教育價值；公民教師行動聯盟和公民覺醒聯盟主辦「街頭公民課」，行動訴求「程序不正義，公民不服從」；部分高中生也開始在街頭學習，發聲抗議，蠢蠢欲動。

訴訟也是這次抗爭的方式，民間團體永社集合各界組成「課綱微調究責追訴小組」，出面控告蔣偉寧部長偽造文書，聲請扣押教育部1月25日的高中分組會議紀錄及錄音。民進黨赴監院舉發，教育部涉「五大違反」事項；臺灣人權促進會去函教育部、國家教育研究院，要求公開審查委員名單、完整會議及投票紀錄，後來提起訴願遭駁回，乃依違反《政府資訊公開法》第九條到行政法院控告教育部。

若干媒體，如《自由時報》、《民報》等也力挺反對的立場，對修訂內容的「去臺灣化」大肆喧染，對各項抗議活動也詳加報導。於是，「反對黑箱審查」、「落實程序正義」、「暫緩課綱微調」、「重啟公聽程序」等口號，響徹街頭。

這一連串的社會運動釀成極大的反對氣勢，臺灣的教育天空瀰漫著大雨欲來風滿樓的不安，甚至有風聲鶴唳、草木皆兵的詭異氣氛。這時當然也有不少支持微調課綱的聲音，但教授、學者、專家和學生等的論述，大多散見於《中國時報》、《聯合報》等媒體上，沒有強而有力的集體發聲，和反對的巨浪相比，顯得微不足道。

面對這麼巨大的批評聲浪，教育部始終無法釋疑。如Chang（2011）所說的，歷史知識是一種特定形式的正式知識，需有學術論述為基礎，教育部卻毫無論述（知識）上、策略上的防備。在知識上，從部長到基層都只能用「合理、合憲、合程序」跳針似的回應，無法說服社會大眾；在策略上，無法疏導抗議群眾的力量和情緒。教育部在這次「課程治理」的失能，讓微調課綱被冠上「黑箱課綱」之名，而且隨著外界的批評和抗爭，「黑箱課綱」愈描愈黑，抗議也愈來愈激烈。

## 三 高中生抗爭期（2015.02-2015.08）

　　2014年年底，地方政府縣市長選舉，國民黨大敗，退守一都和六縣市，教育部更失去後盾。就在這時，臺北高等行政法院的一份判決又掀起波瀾。臺灣人權促進會於2014年10月24日向臺北高等行政法院控告，就教育部「微調」高中課綱未依《政府資訊公開法》公布檢核小組成員名單及會議內容提出「程序不合」的訴訟，高等行政法院於2015年2月12日判決教育部敗訴，認定教育部應拿出更完整的資訊以提供人民監督審查。

　　這個判決又為課綱微調的抗爭提供了正當性，尤其教育部長吳思華表示將提起上訴，而且強調，法院要求教育部需提供會議內容文件給民間調閱，這和課綱的實質內容關聯不大，微調課綱已走完所有法定程序，今年8月新學年起就會如期推動。於是民間團體聯盟等公民力量又再度集結，成立「反黑箱課綱行動聯盟」，展開一連串「掀黑箱蓋」行動，要求教育部對此行政疏失道歉，並放棄上訴，新課綱不該在8月實施。他們強調，教育部既違法於事前，如今又被判決敗訴，自當懸崖勒馬，豈可一錯再錯？作為全國教育最高主管機關的教育部，豈可違法？如果知法犯法，將如何為全國教師示範？如何教育全國學子？

　　爭論課綱當然重要，但教科書將課綱精神具體化，對學子思想型塑影響更大，因此，雙方爭論焦點立刻轉到教科書政策上。「反黑箱課綱行動聯盟」拜會各縣市長，並呼籲教師拒用黑箱課本，仍採現行課本。媒體更報導，民進黨執政的四都13縣市和臺北市都將拒用新教科書。教育部則一再強硬表示，依法課綱制定是中央權限，教科書必須根據新課綱編寫，現有教科書執照有效期限雖是六年，不表示舊版教科書就有六年有效期，課綱既已修正，教科書就需根據新課綱修正，沒有所謂可選用舊版教科書一事。同時強調，教科書選用是學校權責，呼籲地方政府首長要尊重教師選書權，且在選書時要考慮學測及指考係根據新課綱命題，應兼顧考生的權益。為免事態擴大，教育部旋於5月6日發函所有高中，嚴申教師需採用新教科書；國教院也在5月9日發函所有教科書出版社，嚴令不得再印行、銷售舊教科書。

　　教育部之後並一再表示，2018年大學考試仍以新課綱爲命題範圍，各縣市如果堅持用舊的教科書，後果自行負責。國教院也一再重申，教科書出版社如果提供舊教科書給教師選擇則違反規定，最重可撤銷書商執照。這種強硬的態度遭到民進黨立法委員和民間團體的反彈，他們批評，教育部將課綱、教科書和考試作爲政治工具，用課綱來綁架地方、綁老師、綁學生、綁大考，直接拿撤照恐嚇書商，宛如白色恐怖，臺灣教育正在走回頭路。連兩位國民黨立委也看不下去，他們說不反對課綱微調，但批評教育部未充分與地方政府和學校溝通，且總以強硬態度回應民眾疑慮，有一意孤行之虞（鄭宇晴，2015）。

　　可見教育部堅持壓制性的權力觀（Popkewitz & Bernnan,1998），態度始終強硬，未展現溝通誠意，遂引來了更大的抗爭。蠢蠢欲動的高中生終於按耐不住，5月1日，「抗議黑箱課綱洗腦　中一中開第一槍」，該校社團「蘋果樹公社」學生利用學校慶祝一百週年校慶時，在校園以靜坐、呼口號方式發出反對「洗腦課綱」、不願成爲政客操縱對象的怒吼（蘇孟娟，2015）！這一槍寫下臺灣課程史上高中生抗議課綱的首頁，這一聲怒吼也蹦開了悶燒已久的社會怒火，迅及如火如荼地在各地延燒，全國兩百多所高中學生透過成立臉書社團、舉辦課綱微調講座、跨校聯盟和街頭學習等方式表達對社會議題的關注，「我們的聲音即使微小，我們的力量即使微薄，但星星之火可以燎原！」（林曉雲、蔡淑媛，2015）於是，「我是高中生，我反黑箱課綱」、「我是○中人，我反對黑箱課綱」、「反黑箱課綱，○中不缺席」、「反對黑箱課綱，○○高中站出來」、「自己的國家自己救，自己的課綱自己審」等口號響徹全臺。尤其在大人們「史無前例、石破天驚的寧靜學運」、「相當感動與期待」、「教育有希望了！」等語言的鼓舞下，高中生反黑箱課綱遍地開花，大有燎原之勢。

　　爲恐釀成更大的學運，教育部不得不妥協。吳思華部長於6月1日表明不撤銷微調課綱，但提出三點改進意見，即(1)新舊版教科書併行；(2)新舊版教科書差異部分，不列入大學入學考試命題；(3)即刻依程序啓動課綱檢討（唐詩，2015），並允諾撤銷前述兩份「禁止」的公文，對參與的學校、教師和學生也絕不秋後算帳。但輿論批評這是

「假讓步真護航」，呼籲「撤回微調課綱，此外無路」，並要求與教育部長對話。6月9日，吳部長到臺中一中召開說明會，對學生們提出的「微調」課綱違反程序正義等許多爭議問題都未正面回應，只對公聽會過於倉促、過程不盡完善表示道歉，但仍堅稱程序已經走完，課綱無法撤銷，引起高中生極度不滿，乃阻擋座車，不讓部長離去，情況十分混亂。接著，教育部發新聞稿表示，因有「政治力介入」，取消原本排定的另外三場座談會，學生們已漸感不耐，醞釀拉高抗爭層級。

7月22日，高中生等開始包圍教育部，聚集於教育部廣場，23日晚間學生闖進教育部，並闖入教育部部長室，遭警方手銬架離，帶往警局。這個事件引起社會嚴重關切，教育部長吳思華表示，教育部將依法提告，《中國時報》、《聯合報》立刻支持，批評這是高中版太陽花學運，是受鼓動太陽花學運的同一批人煽動的，不能再姑息，一定要嚴辦。國民黨黨團也同聲附和，並呼籲民進黨、台聯要「拿掉政治黑手，放過純真青年」。台聯立委賴振昌則批評，吳思華當過大學校長，應該明白學生有犯錯的權利，「不要以為這種手段就能壓抑學生的熱情」；民進黨主席蔡英文與13個執政縣市長聯合聲明，呼籲教育部立即撤回爭議課綱，並不得向學生提告。高中生因抗議課綱修訂闖入公署而被捕，是史上首例；而教育部長控告未成年高中生，更創下了臺灣教育史上的紀錄。

接著又發生了史上首例，卻是不幸的史上首例，闖教育部被捕、挨告的新北市高職生林冠華在7月30日他20歲生日的晚上燒炭輕生。他在臉書上寫道，「祝我生日快樂」，並許下願望，「部長，把課綱退回吧。」對此各界表示痛心、哀悼，學生全臺串聯為大林舉辦喪禮，希望教育部能看見林冠華的最後訴求，「至少他死前，都還惦記著8月1日這個課綱到底會不會上路！」教育部部長仍宣布，8月1日新版課綱如期上路，但「新、舊課綱並行」。占領行動持續七天，8月6日遇上強颱蘇迪勒來襲，在各界關心下，學生代表晚間宣布結束占領行動。但學生情緒激動，臉上的汗水、雨水和淚水已經交織，「退場不是結束，是更多戰場的開始。」「返校深耕」，參與各校教科書的選擇程序，為落實校園民主和校園自主繼續努力。

## 四　實施與廢止期（2015.08-2016.08）

　　課綱微調爭議時，陳姓高二生在律師父親任法定代理人下，於2015年6月16日聲請假處分，禁止教育部於8月1日實施新課綱。臺北高等行政法院審理認為，課綱訂定屬法規命令，不是一般行政處分，不能聲請假處分，7月31日裁定聲請駁回（王己由，2015）。教育部猶如獲得「即時雨」，可不受法律牽絆，如期於8月1日實施新課綱。

　　本來全臺高中職已在6月中陸續完成新教科圖書選擇工作，但後來政策決定新舊教科書並行，各校可重新選擇教科書。《自由時報》（2015）調查發現，包括國立、縣市立高中已逾五成六選用舊課綱歷史教科書，其中以民進黨執政的縣市居多，而國民黨執政縣市大多未鼓勵改選，仍選用新版教科書。另據簡立欣（2015）報導，高中歷史課本第一冊是臺灣史，出版社的主編多是臺灣史學者，他們長期沉浸在臺灣歷史中，意識形態偏綠，「現行高中歷史課本九個版本，大部分偏綠」，顯示臺灣主體意識已經是臺灣史的編輯主流。該報導還說，此次反課綱運動其實「無議可爭」，因為課本事實上是一片綠油油。這又凸顯一些問題，如課綱的定位與性質、課綱如何轉化為教科書和教科書如何審查等，這些都是課程研究上的重要議題。

　　但無論如何，自此刻起，高中教科書政策由原本的「一綱多本」，轉變為「多綱多本」，因為新舊教科書並行，事實上就是新舊兩課綱並行，而且許多學校任由教師各自選擇，所以「多綱多本」不僅實施於學校層次，還落實到班級層次，這是歷史性的改變，意義重大，值得探究。

　　2016年1月，總統、立法委員選舉，民進黨蔡英文女士當選總統，民進黨立法委員也超過半數，臺灣第三次政黨輪替，民進黨完全執政。這時，行政院進入看守內閣，教育部也形同棄守。雖然臺北高等行政法院原本判決教育部敗訴的訴訟，最高行政法院在5月12日廢棄原判決並發回更審，也只能帶給教育部長「這樣的判決看來，我們就是勝訴！」的心理慰藉，絲毫無法改變微調課綱的厄運，民間團體不僅呼籲教育部儘速撤銷黑箱課綱，也要求暫緩審議研修中的十二年國教新領

綱，而且應公開所有課綱研修細節，更要建立制度作通盤檢討，才能進行新課綱研修。反課綱學生也赴民進黨中央黨部，呼籲新政府兌現選前承諾，上臺後立即撤回爭議課綱，並揚言不排除再次於暑假集結。民進黨則強調「撤回爭議課綱是一貫立場」，即將擔任新政府的準行政院發言人及準教育部長潘文忠，均一致呼籲現任教育部長即刻廢止課綱。

教育部則重申，高中微調課綱已無法撤回，但會暫緩目前審議中的十二年國教所有領域課綱，並將在6月重組新的課審會，後續審議及公布期程則留待新政府決定。4月29日，立法院院會通過民進黨立委提出的「撤銷課綱微調案」，教育部僅聲明表示尊重。同時在民進黨團的主導下，立法院於5月17日通過《高級中等教育法》修正案，將過去被批評為黑箱的課程審議委員會法制化，也拉高到行政院層級，審議委員組成除了官方、非官方人士，首度納入學生代表。課審會法制化是臺灣課程史的首例，但這樣的制度設計是否有立法權駕空行政權、政治凌駕教育之嫌？教育部長是否淪為政治教育部長？學生是否能「自己的課綱自己審」？所謂法制化是否只是「課程審議」的法制化，而不是「課綱」的法制化？又引起學界和社會的爭論，也成為亟待探討的課程研究議題。

5月20日蔡英文總統就職，新任教育部長潘文忠上任第二天（5月21日）即舉行記者會，宣布遵照立院決議，廢止103年微調課綱，旋於5月31日正式公告廢止令，105學年度上學期的教科書已完成選書程序者，教育部尊重學校的選書權；但105學年度下學期之後，到107課綱接上來之前的過渡時期，則使用101課綱的版本。喧擾兩年多的微調課綱終於壽終正寢，這是臺灣課程史上最短命的課綱。

但課綱微調爭議事件並未落幕，親大陸媒體《旺報》（5月22日）立刻以「急忙撤課綱　挑釁意識形態」為題報導，由於總統蔡英文520就職演說才對兩岸的論述迂迴回應陸方九二共識、一中原則的要求，被大陸視為「未完成的答卷」，正在「聽其言觀其行」之際，新教長上任第一槍就宣布廢止微調課綱，無疑是「文化臺獨」的宣示，「這不叫挑釁，什麼才叫挑釁？」（簡立欣，2016）《人民日報》海外版批評潘文忠廢除課綱微調，「掄起了臺獨板斧」，教育領域放水，危害甚

深。尤其大陸國臺辦更強硬表示，臺獨分裂勢力試圖繼續在文化教育領域「去中國化」，用臺獨史觀毒害臺灣青年一代，割斷兩岸同胞血脈連結，並撂下狠話說，「民進黨當局必須承擔由此產生的後果。」（任成琦，2016）由島內外對撤銷微調課綱的激烈反應，就可嗅到課綱微調的中國情結。

##  課綱微調事件的課程史意義

### 一 微調課綱的歷史特質

從以上的敘述可知，103年微調課綱命運乖舛，從娘胎開始就被詛咒，注定一生悲慘的遭遇。課綱事件的發展也高潮迭起，狀況連連，每天都在創造紀錄，改寫歷史。103年微調課綱事件，寫下了臺灣課程史的多項第一：

第一、它是臺灣課程史上最短命的課綱，它的墓誌銘上這樣寫著：「103年微調課綱，生於103年2月10日，死於105年5月31日，享年2年3個月又21天。」

第二、它是高中生第一次參與抗爭的課綱。以前的教育、課程改革運動，多以成人為主體，太陽花學運則由研究生和大學生主導。但這次課綱微調的抗爭，初期也是以立法委員、民間團體為主，但後期則完全由高中生主導，是高中生第一次主導社會運動，寫下臺灣政治運動史上參與者最年輕的新紀錄。

第三、是狀況最多的一次課綱修訂。高中生不僅第一次出征，走上街頭，占領教育部廣場，還夜襲教育部部長室，教育部長吳思華因此控告學生。教育部長狀告學生不僅在世界上絕無僅有，也是中華民國建國以來首位狀告未成年學生的教育部長。同時高中生林冠華燒炭自殺，向教育部長死諫，希望部長撤銷課綱，這也是有人為課綱修訂而犧牲的首例。

第四、是爭議最多的一套課綱。本次課綱微調無論在修訂的合理性、修訂組織、修訂程序和修訂內容上，都有許多可議之處，引起質

疑的聲浪，但教育部始終都以「合理」、「合憲」、「合程序」來回應，一直無法釋疑，讓「黑箱課綱」愈描愈黑，質疑也愈來愈深。

　　第五、是訴訟最多的一次。課綱頒布次日，民進黨立刻赴監察院，舉發教育部課綱微調違反《行政程序法》（103.2.11）；永社成員告發蔣偉寧部長涉嫌造文書（2.20）（關於高中分組會議紀錄）；臺灣人權促進會向行政院提訴願（3.10）；臺權會向臺北高等行政法院提行政訴訟（10.24）；民間團體向臺北地院遞狀申請「定暫時狀態假處分」，要求教育部不得於8月1日實施新課綱（6.16）；吳思華部長控告反課綱學生，立法委員反告吳思華瀆職誣告（7.27）；台聯立委控告蔣、吳兩任教育部長貪汙，縱容課綱委員王曉波、謝大寧一邊擔任課綱修訂委員，一邊開出版社印教科書牟利（8.7）。世界上哪個國家的課綱修訂有這麼熱鬧的？臺灣課程史也沒有這麼熱鬧過。

　　第六、是第一次實施「多綱多本」的教科書政策。2015年8月微調課綱實施時，係新舊教科書並行，事實上就是新舊兩課綱並行。自此刻起，高中教科書政策由原本的「一綱多本」，轉變為「多綱多本」，而且許多學校任由教師各自選擇，所以，「多綱多本」不僅實施於學校層次，還落實到班級層次，這是歷史性的改變，意義重大。

　　第七、是大陸干預最多、最嚴重的一次。早在2012年馬英九政府啟動歷史教科書修訂（即103課綱微調）時，民進黨立法委員即質疑馬政府企圖全面去臺灣化，以建立中華文化為主體的史觀，中國國臺辦即隔海呼應馬政府的做法，呼籲將民進黨執政時修改的教科書「撥亂反正」（陳慧萍、蘇永耀，2012）。2016年5月31日民進黨執政後，以最快速度廢止微調課綱，《人民日報》海外版立刻嚴厲批評：「臺灣已掄起臺獨版斧」；國臺辦更撂下狠話：「民進黨當局必須承擔由此產生的後果。」（陳君碩，2016）可見大陸當局對臺灣課綱修訂的關切。

　　103年微調課綱「創造」了臺灣課程史上這麼多的「第一」，大部分是意想不到的，它們之間也是相互關聯的，如果從「新」課程史的觀點來看卻是有跡可循的（Baker, 2009；Parkes, 2011）。所以，微調課綱為何是最短命的，絕非只是民進黨政府上臺就撤銷國民黨政府的課綱就可以解釋，可能是因為它倍受爭議，產生了許多無法控制的狀況，教育

部的「課程治理」失能也種下了敗因。又如最近大陸嚴厲批評臺灣走「文化臺獨」的路線，絕非只是新政府教育部撤銷課綱的原因，即使新政府沒有廢掉微調課綱，中國對臺灣的批評恐怕會一樣激烈。

課程史不是連續的、發展的、進步的、因果的，而是斷裂的、偶發的、意外的、慢慢浮現的。在課程改革上，沒有什麼是非有不可的，也沒有什麼是本質性的。像103年微調課綱「撞」出「多綱多本」的教科書制度一樣，課程改革（如課綱修訂）是「擦槍走火的」、「誤打誤撞的」，是「充滿玩興的」，有很多「隨機的收穫！」（Kridel & Newman, 2003）。

所以，從臺灣課程史的觀點來檢討本次課綱微調事件，應該可以提供課程改革的不同視野。以下將從臺灣課程改革的社會、歷史脈絡，來探討103年微調課綱的問題。

## 二　從課程史分析課綱微調事件

茲從課綱修訂合理性、修訂組織、修訂程序和修訂內容等方面，加以歸納和引申。

### (一) 修訂合理性

課程標準（課綱）要「因應時代和社會需要加以修訂」，已經成為一個課程理論上的常識（歐用生，2010）。但修訂需有合理性，才能具有公信力。前述國家教育研究院接受教育部指示，要接手課綱微調案時，院內課程與教學發展中心於7月29日向柯華葳院長提出評估報告，力陳此事萬萬不可。因為這時，十二年國民基本教育課程總綱綱要已在教育部課程審議會審議中，不久就可公布。而且依國教院規劃，2014年1月即將開始研擬各領域課程綱要，此時進行課綱微調，與新課綱研修期程高度重複，其動機和必要性將倍受質疑。「如果為特定立場進行微調，將犧牲教師對國家課程發展的信任，加深課程改革的困難。國家教育研究院應努力建立國家課程發展的機制及專業內涵，使課綱研訂及實施更具合理性、合法性，以爭取各界對國家課程發展的信任。」

這種力求擺脫「為特定政治意識形態服務」的課程立場，和「建立

國家課程發展專業形象和地位」的願景，不僅是國教院努力的方向，更是國家課程發展的理想。本次課綱的修訂起於政治上的急迫性，而非專業上的必要性，已喪失其合法化的基礎，當然招來許多不信任。例如前述《自由時報》2014年2月11日的社論中就批評：本次修訂「逕行推翻了教育界原本相當長時間『由下而上』就歷史課程所形成的多數共識，而後再以『由上而下』的少數意志破壞機制、程序，竄改內容，嚴重斲傷了民主規律，這是威權反覆的高度警訊。」所謂「由下而上」是指當時正使用的101課綱，該課綱專案小組歷經38次專案小組會議及16次分組會議，初步形成歷史科課程綱要草案。經過北、中、南、東四區公聽會徵詢各界意見後，再開了八次專案小組會議綜整各界意見，這個草案才送到課發會審查。審查期間，課發會審查小組前後開了19次會議，而專案小組為確實回應及調整，又召開22次專案小組會議及兩次分組會議，始完成課程綱要，由課發會通過決議，才頒布實施。

對這套歷史課綱，教育部在2011年5月10日的電子報都做出「係經縝密之專業研修及完整之意見徵詢程序，方能完成本次之課綱修正」的評價，連委員之一的王曉波（2013）在《海峽評論》中都指出：「老實說，這個課綱是妥協的結果，站在個人的立場，雖不滿意，但還能接受」。但這樣的歷史課綱卻在實施短短一年半後，未屆六年使用期限，又要再修，不知有何非加以微調不可的急迫性和必要性？係依據什麼資料修訂，其合理性又為何？外界自然懷疑起因不單純。

## (二) 修訂組織

從課程史來看，臺灣過去課程標準的修訂都由教育部組織臨時編訂「課程標準修訂委員會」負責，一直到2013年才在國教院內設立「課程發展委員會」，統籌國家課程發展工作，這也是國家課程發展的唯一合法化機構。但當教育部要微調課綱時，因恐無法獲得國教院「課程發展委員會」的認同，所以不循課程發展的正當程序，而另設立「檢核工作小組」來運作。各界一直質疑，這個課程史上從未有過的「檢核工作小組」是什麼呢？其法律定位為何？是如何運作的？委員是誰？誰聘請的？依據什麼條件聘請的？教育部始終無法釋疑。

　　依教育部（2013.1.27）第五次課程審議大會議程中指出，部於2013年8月1日函請國教院，檢視現行尚未微調之領域課程綱要，是否有持續精進與檢討調整之必要，經國教院函覆：「國教院於2013年9月1日委託普通高級中學及職業學校課程課務發展工作圈進行課程綱要檢視工作，並提出語文、社會及健康與體育等領域仍有檢討調整之需求。」這表示，因為國教院認為課綱有調整之需要，教育部才進行課綱的微調。前述第五次課程審議大會（2013.1.27）議程中的另一段講得更清楚：「爰國教院邀請參與或現任之課綱審定委員，教科書編者及審定委員等相關領域之學者專家，籌組『高級中等學校及國民中小學社會語文領域檢核工作小組』（簡稱檢核工作小組），進行統籌與規劃，提出語文與社會領域課綱微調草案。」

　　這些資料和其他許多資料顯示，教育部一再宣稱：這次課綱微調是國教院主其事，由國教院組成「檢核工作小組」負責，檢核小組的檢核權限由國教院賦予（李容萍、黃以敬，2014），檢核小組委員的聘書也是國教院院長發的。國教院真的有這麼大的權力嗎？還是教育部將責任轉嫁給國教院？後來從被挖掘出的資料顯示，2013年11月底，「檢核工作小組」第一次會議時，國教院院長本來只要求小組作字詞修正、內容補正等工作，但檢核小組自行通過委員所提的臨時動議，逕行課綱微調，因此這個檢核小組被批評是「太上皇」，權力超越教育部和國教院。

　　檢核小組委員是哪些人，教育部從未回應。但媒體指出委員名單及其背景，總召集人王曉波為「中國統一聯盟」副主席，國文領域召集人謝大寧為「兩岸統合學會」祕書長，委員陳昭瑛、潘朝陽、黃麗生與李功勤等人皆與臺灣左翼統派團體「夏潮聯合會」有關係，社會領域召集人呂芳上曾任中國國民黨黨史會總幹事（自由時報，2014.4.17）。委員為何都是與兩岸有關的學者或國民黨黨官？檢核小組成員中幾乎沒有以臺灣史為專業的研究者，卻大幅度調整臺灣史的內容，其專業性更令人懷疑。

## (三) 修訂程序

　　一個課綱的發展通常要經過研究、規劃、試辦、公布和準備、正式實施，以及評鑑等六個階段（歐用生、白亦方、林佩璇、楊龍立、周淑卿、陳美如，2010），但本次課綱修訂並沒有經由這些程序。

　　如前所述，檢核小組在2013年11月底才舉行第一次會議，但卻在12月底就提出草案，立即於2014年1月16、17兩日舉行三場公聽會，1月24日提經國教院課程發展委員會討論，1月25日教育部課程審議會高中分組會議，接著於1月27日在教育部課程審議大會審議通過，三個月不到的時間就完成了一套課綱修訂，速度之快令人難以想像。

　　由此可見，本次課綱微調經過公聽會、課發會、課程審議會等法定程序，各項程序看似具備，但都只是儀式。每一次會議參加者都會提出許多意見，這些意見需經檢核小組討論，哪些可以接受，如何納入課綱內，哪些不能接受，要說明理由，以說服提案人，這些都需要有相當的時間。但1月24日國教院課發會提供意見後，一個字都沒有修改，1月25日就提高中分組會議，高中分組會議的意見也完全沒有修正，就提次日的課程審議會討論。這正是課程史學者Kliebard（2002）說的，課程改革變成只是一種儀式，就沒有實質的意義。

　　所以，課審會當日我這樣向蔣部長說：「今天我們都在創造臺灣的課程史，課綱微調的這一段歷史將接受歷史學家檢驗。史家會推測，教育部蔣部長在短短的半年內，這麼急促的推出這個課綱，是不是受到什麼壓力？」

## (四) 修訂內容

　　課審會當日有高中歷史老師的委員質疑，新課綱缺少學生主體性，想不到檢核小組委員之一的臺灣大學包教授竟這樣回答：「高中歷史沒有所謂學生主體性的問題，老師把課綱、教科書準備好，教給他們就可以了。」就是因為有這樣的課綱委員，才讓歷史課程陷入單一史觀，教師將單一史觀灌輸給學生，因此每次政權輪替就推翻前朝的課綱，爭戰永無寧日。

因此，我立刻用課程（currere）和作歷史（do history）的概念跟他對話，我說，currere是不斷地「跑」，人在跑的過程中，進行主體的重建和社會的重建，而人活在歷史當中，是歷史的存有，一直在參與歷史、創造歷史。我在提給課審會的資料上也這樣說：

> 歷史知識本來就充滿弔詭和爭議，不宜用單一的史觀來發展歷史課程，對歷史事實應保留多元詮釋的空間，尊重並包容不同的觀點和視野，以培養學生批判思考、蒐集、運用史料、解釋歷史的能力。本課綱在課程目標上，強調培養學生思考、分析、比較、論證、評價等能力，尊重多元、形成廣闊的視野，符合歷史教育的目標，值得肯定。但微調內容仍偏重單一史觀，對史實作片面的評價，忽視學術界的多元聲音和看法，恐無法達成其揭櫫的目標。

這就是「作歷史」的概念，也就是學生要進入歷史學家社群裡，學習歷史學家如何蒐集、詮釋和運用資料，如何批判思考、分析、比較和論證，應用什麼名詞、概念、通則、問題或爭議來表達歷史知識，這些才是歷史課程的核心能力，才是歷史學習的本質。「作歷史」才是真正的歷史學習，才能擺脫藍綠歷史戰爭的宿命。

## 肆 結語

歷史課綱修訂是非常複雜的社會、政治過程，尤其在臺灣，每次歷史課綱修訂便立刻陷入藍綠的意識形態裡，形成激烈的課程戰爭，103年高中課綱微調事件就是最典型的實例。本研究從課程史的觀點，將103年課綱微調事件放進臺灣課程史的脈絡中，探討其發展歷程，分析其歷史特質，闡釋其歷史意義，希望能擺脫傳統意識形態研究的窠臼，看到不同的課程視野。

103年課綱微調事件暫時落幕了，但餘波盪漾，後續效應已漸浮現，例如：教育部課程治理、教育部與國教院的權力關係、課綱性質與

法制化、高中生公民教育、歷史教育本質、課綱發展專業化、教科書轉化等，未來將遇到的問題比已解決的還要多，因此希望能以這個事件為思考的起點，採用各種不同的方法和視野，繼續探討課綱修訂和課程改革的相關問題，以豐富臺灣課程研究和課程史研究的內涵。

# 參 考 文 獻

王己由（2015年8月1日）。法院駁假處分 新課綱今上路。中時電子報。取自http://www.chinatimes.com。

王曉波（2013）。「日治」與「日據」：吳文星、黃秀政能一走了之嗎？海峽評論，273。

自由時報（2015年8月14日）。逾5成公立高中 歷史選用舊課綱教科書。自由時報。取自http://news.ltn.com.tw。

任成琦（2016年5月30日）。臺新「教育部長」掄起了「臺獨」板斧。人民日報海外版，第3版。

李容萍、黃以敬（2014年4月17日）。朱雲鵬：檢核小組權責 可觸及課綱修訂。自由時報。取自http://news.ltn.com.tw。

吳俊瑩（2014）。課綱修改真的只是藍綠惡鬥嗎？臺灣與海洋亞洲facebook，8，27。

林曉雲（2014年4月17日）。鄭麗君：教部未授權國教院微調課綱無效。自由時報。取自http://news.ltn.com.tw。

林曉雲、吳柏軒、梁珮綺（2015年8月14日）。會議紀錄露餡調課綱 全程黑箱。自由時報。取自http://news.ltn.com.tw。

林曉雲、蔡淑媛（2015年5月31日）。星火燎原// 逾百所高校 反黑箱課綱。自由時報。取自http://news.ltn.com.tw。

唐詩（2015年6月1日）。反微調課綱高中老師呼應學生籲教育部撤回。民報。取自http://www.peoplenews.tw。

張亞中（2013年10月9日）。臺灣教科書史觀的戰略性逆轉。中國評論月刊網絡版。取自http://www.CRNTT.com。

這樣的課綱不符全民共識【社論】（2014年2月11日）。自由時報網。取自http://talk.ltn.com.tw。

陳君碩（2016年5月25日）。廢止課綱微調 陸國臺辦：蔡政府必須承擔後果。中時電子報。取自http://www.chinatimes.com。

陳慧萍、蘇永耀（2012年6月14日）。教科書去臺灣化 國臺辦隔海呼應馬。自由時報。取自http://news.ltn.com.tw。

歐用生（2011）。我國國小課程標準修訂的課程史分析。載於國家教育研究院編：我國百年教育回顧與展望（頁277-291）臺北：國家教育研究院。

歐用生、白亦方、林佩璇、楊龍立、周淑卿、陳美如（2010）。基礎課程發展機制及核心架構擬訂研究。臺北：國家教育研究院。

鄭宇晴（2015年5月6日）。課綱微調爭議教長上火線回應。臺灣醒報。取自https://anntw.com/。

獨立媒體（2012年6月11日）。馬政府將歷史教科書去臺灣化 鄭麗君：臺大政治系教授張亞中涉主導。獨立媒體。取自http://www.twimi.net/。

簡立欣（2015年8月9日）。現行高中歷史課本9版本 逾半偏綠。中時電子報。取自http://www.chinatimes.com。

簡立欣（2016年5月22日）。旺報觀點：急忙撤課綱 挑釁意識形態。旺報。取自http://www.chinatimes.com。

蘇孟娟（2015年5月2日）。抗議黑箱課綱洗腦 中一中開第一槍。自由時報。取自http://news.ltn.com.tw。

Apple, M. W. (1993). *Official knowledge-democratic education in a conservative age.* New York: Routledge.

Baker, B. (2009). Borders, belonging, beyond: New curriculum history. In Baker, Bernadette(Ed.). *New curriculum history.*(pp.ix-xxxv). London: Sense Publishers.

Chang, L. (2011). Telling story of an island nation:The academics and politics of history textbooks in contemporary Taiwan. In G Müller-Saini (Ed.). *Designing history in East Asian textbooks: Identity politics and transnational aspirations* (pp.117-134). New York: Routledge.

Crawford, K. A., & Foster, S. J. (2007). *War, nation, memory: International perspectives on World War II in school history textbooks.* New York: Information Age Publishing.

Kliebard, H. M. (2002). Fads, fashions, and ritual: The instability of curriculum change. In Kliebard, H. M. (Ed.) *Changing course: American curriculum reform in the 20the century.* (pp. 76-90). New York: Teachers College Press.

Kridel, C., & Newman, V. (2003). A random harvest: A multiplicity of studies in American curriculum history research. In Pinar, W. F. (Ed.). *International handbook of curriculum research*. New Jersey: Lawrence Erlbaum Associates.

Parkes, R. J. (2011). *Interrupting history: Rethinking history curriculum after 'The End of History'*. London: Peter Lang Publishing.

Pinar, W. F., Reynolds, W. M., Slattery, P., & Taubman, P. M. (1995). *Understanding curriculum*. New York: Peter Lang.

Popkewitz, T. S., & Bernnan, M. (1998). Restructuring of social and political theory in education: Foucault and a social epistemology of school practice. In Popkewitz, T. S., M. Bernnan (Eds.). *Foucaults challenge: Discourse, knowledge, and power in education.* (pp.3-35) New York: Teachers College Press.

Provenzo, E. F., Shaver, A. N., & Bello, M. (2011). Preface. In Provenzo, E. F., A. N. Shaver, M. Bello(Eds.). *The textbooks as discourse: Socialcultural dimentions of American schooltexts*. New York: Routledge.

戰後臺灣小學的教與學典
範轉移之初探

彭煥勝
國立清華大學教育與學習科技學系教授

## 壹 前言

　　1998年臺灣教育部公布「國民教育階段九年一貫課程總綱綱要」，官方欲整合國民中小學的九年一貫課程，朝向「統整、合作、生活經驗」的課程改革趨向（教育部，2001）。自此，臺灣國民中小學如火如荼地推動九年一貫課程的相關研習活動，課程改革成為此階段教改的重心。近年來，日本佐藤教授推展的「學習共同體」、美國流行的「翻轉教育」，在臺灣中小學蔚為一股風潮，似乎將教改的焦點轉移至教師教學與學生學習的層面。課程與教學原是一體之兩面，好的課程設計若無好的教學，則難令學生吸收良好課程設計的內涵，正所謂「徒法不能以自行」，教育目標的達成與落實，仍得仰賴教師有效的教學與學生主動的學習。

　　教師的教學風格背後涉及教師的教育哲學觀，從教育哲學在教師教學風格的演變趨勢來看，傳統的教育哲學偏向「教師中心」，現代與後現代教育哲學則傾向「學生中心」的教學模式（簡成熙譯，2010）。傳統的師資培育在教師教學方法上，較為著重「教師如何教」（how to teach）；當代的師資培育在此方面則強調學生該如何學（how to learn）的問題。從課程與教學的角度而言，除了觀照教師與學生這兩個主體的對應關係外，尚不能忽略「教材中心」的問題。但為了以教師與學生這兩個主體的對應關係為焦點，本文將「教材中心」融入至這兩個焦點之內，再做論述分析。

因此，本文從教育史的角度觀察，戰後至戒嚴時期，臺灣小學教師的教學風格是否偏向「教師中心」的教學典範？解嚴後，臺灣小學教師教學風格是否朝向「學生中心」的教學典範？這兩種教學典範是否有需要融合辯證，而不至於產生極端對立的弊病？這些問題，將是本文探討的焦點。

## 貳 戰後至戒嚴時期小學教師的教學典範

臺灣總督府編纂適用於臺灣殖民地的教科書，早於日本本土實施國定教科書制度，透過總督府統一編纂的教科書，讓公學校教師教學能有所依據，另有發揮統一化的意識形態灌輸與企求達到齊一化的軍國民教育目標（吳文星等編著，2003：34）。從統一編纂及國定版的教科書制定，開啟臺灣小學教育偏向以教材中心為教學典範。日治時期，臺灣公學校或國民學校的教師非常重視教師如何教學的實務問題，要求教師在上課前要設計與編寫教案，作為教學的依據（祝若穎，2011a）。日治時期官立的師範學校設立附屬小學，目的在讓師範生能有教學臨床觀摩與實習的機會，頗重師範生教學實務的能力培養。日治中期，臺灣教育界受杜威等進步主義思想之影響，吹起一股兒童中心學說，在教學方法上常出現「個性觀察」、「個性尊重」或「個性發揮」等概念，注意兒童的個別差異，尊重其天性，強調教學應貼近學生生活之所需，以兒童的生活經驗為起點（祝若穎，2011b）。日治時期小學校內舉辦「研究發表會」，針對教育的理論與實務做專題介紹與討論；此外尚有舉辦「實地授業批評會」，讓小學教師輪流舉辦教學觀摩與討論（何憶如，2009：310-312），期望這些活動對於教師的教學方法有所助益。日治時期小學教師雖引進杜威的教育觀點於小學的課程與教學上，但過度強調學

生紀律與教師的權威，以至於仍偏向教師中心的教學風格。二次大戰後，除了日籍教師被遣返回國，臺籍小學教師則被留用，因此，基本上仍延續日治時期臺灣小學的教學模式。

## 一 戰後初期（1946-1949）

戰後臺灣因政權交替，1946年臺灣省行政長官公署頒布〈臺灣省國民學校暫行教學科目及每週教學時間表〉，在課程上為強調去日本化的語言思想而進行中國化的民族認同，加強國語、歷史、公民的教育，以認同祖國文化與制度，進而培養愛國情操與民族精神。因此，此時政治意識形態便滲入小學的課程與教學。但不久，為讓臺灣省與大陸無特殊差異，改採教育部1942年頒布的《小學課程修訂標準》（臺灣省行政長官公署教育處，1946：86；李園會，1984：28-31），較有訓政時期國家霸權對小學教育所進行的規訓控制意味。陳儀在臺灣省行政長官任內積極推動國語的普及與三民主義思想的國家認同工作，對不嫻熟國語文的臺籍教師實施密集的國語文訓練（臺灣省行政長官公署宣傳委員會編印，1946：55；臺灣省行政長官公署教育處，1946：88-91；張文隆，1996：164，188-189），此為國民學校教育此階段的教育重點，教師的教學風格仍有濃厚的國家規訓的特點。

1948年國民政府頒布《小學課程二次修訂標準》，此次課程標準的總目標為：注重國民道德之培養及身心健康之訓練，並授以生活所必須之基本知識技能（教育部教育年鑑編纂委員會，1948：209）。與之前的課程標準相比較，二次修訂標準則少了一些國家主義對於小學兒童逐行嚴格的身心規訓，國語科的教學目標亦不再有：指導兒童從閱讀有關國家民族等的文藝中，激發其救國生存的意識和情緒（教育部教育年鑑編纂委員會，1948：211-212）之政治意識形態，此課程標準似乎已反映此時中國將結束訓政以黨領政，而即將邁入憲政民主政黨的政治氣氛。

雖然1948年教育部頒布的《小學課程二次修訂標準》呈現民主憲政的樂觀氛圍，教育似乎能去除黨派意識形態的干擾，但隨著國共內戰，國民黨在大陸軍事失利與潰敗，這個《小學課程二次修訂標準》隨

著當時臺灣緊張的社會局勢，並未能具體實踐。在國共內戰及共產黨的威脅下，臺灣經濟秩序脫序，產生嚴重的通貨膨脹，這股不安的風暴也吹入大學校園。爲了防範學運釀成社會脫序問題，1949年4月6日，在陳誠、彭孟緝的主導下，逮捕學生五百多人，此次事件稱爲「四六事件」（國史館主編，2005：448-449；藍博洲，2005）。此事件之後，校園產生寒蟬效應，有人認爲可能導致省立師範學院的學風轉趨保守（林仁傑，2004：80）。光復初期，臺灣金融秩序的動盪，導致高度的貨幣貶值與貨物的通貨膨脹，不僅影響師範生報考動機與安心就讀的情緒，也影響國民學校教師專心工作的意願。[1]社會金融局勢不安，必然影響到國民學校教師的教學意志與情緒；內戰砲火威脅下的不安政治局勢，亦波及國民學校教師的嚴肅教學氣氛。

## 二 戒嚴時期（1949-1987）

1949年5月19日臺灣進入戒嚴時期，隨著蔣中正政府遷移至臺灣，蔣中正爲了深刻反省失去大陸山河的生聚教訓，強化各級學校教育對領袖至上與信奉三民主義的意識形態。在師資培育的政策上採取官方設置一元化與軍事化的師範校院，不僅對教師進行政治教育，也透過教師與課程對學生進行政治教育（彭煥勝，2014）。爲了因應蔣中正反共復國的教育政策，小學課程標準隨即進行修訂，1952年教育部頒布《國民學校課程標準》，國語和社會科目特別配合「反共抗俄」的基本國策，強化學生在此方面的政治意識認同（教育部教育年鑑編纂委員會，1957：122-123）。

雖然在戒嚴時期有濃厚的國家政治意識的規訓控制，但教育仍有著重科學方法的實驗研究精神。此次小學課程標準在教學實務的問題

---

[1] 根據吳生的回憶，戰後物價波動急遽，有時一個月波動15-20%，薪水卻沒有漲，因此生活非常困苦。1948年因他已有兩個小孩，耐不住只好辭去教職改當煤礦工，直到1949年經濟局勢較穩定，他又回任教師。另根據鄒朝麟的回憶，戰後初期，教師薪水欠了半年是常有的事，要直到1949年幣制改革以後才好一些（張文隆，1996：40-41，149-150）。

上，例如：學生作業問題、國語課本究竟是採全部注音抑或是生字注音的問題、對國語初學者是否採取國語直接教學法的問題、大單元聯絡教學問題等（教育部教育年鑑編纂委員會，1957：128-133），展現科學實驗的研究精神，探討教學實務問題的利弊得失。其次，強化師範學校作為地方教育輔導的角色，1955年師範學校成立實習輔導處，編制有一至四名的地方教育指導員，以推動國民學校示範教學、教具研發、教育測驗等地方教育輔導工作。教育廳亦鼓勵國民學校[2]對教學實務進行研究調查（教育部教育年鑑編纂委員會，1957：157-160），以改進教學問題。師範學校附屬小學因有提供師範生實習指導與地方國民學校示範教學輔導的功能，因此在附小的年度校務計畫裡列出加強各科教材與教法之研究、成立教學研究會、舉辦教學觀摩活動及教育實驗、加強視聽教育、加強地方教育輔導、指導師範生實習、輔導教師進修等活動（臺灣省立新竹師範學校附屬小學，1959），扮演此階段小學教學研究上重要的角色。以新竹師範學校附屬小學為例，能聘請高梓擔任校長，誠然不易。高梓在大陸時期已是教授，又是留美碩士，不僅有良好的教育觀，亦奠定竹師附小往五育均衡發展與卓越教學的重要基礎，一時成為國內外小學參訪的知名勝地（彭煥勝，2010）。

　　除了師範學校與附小擔負地方教育輔導的角色功能外，教育部於1955年擬定《提高國民學校教師素質實施方案》，籌設「國校教師研習會」，一方面作為國校校長、主任儲訓，另方面作為精進國校教師教學的示範觀摩場所（教育部教育年鑑編纂委員會，1957：681）。高梓擔任首任國民學校教師研習會的籌備主任[3]，確立以倫理、科學、民主的精神，建立教師正確的教育觀念、提高教師專業精神、介紹最新的教材教

---

2　但大抵以師範學校附屬小學為研究調查的工作。

3　教育部原訂以「教育部國民學校教師研習會」，但遭到行政院否決，認為國民學校為省辦工作，故而改名為「臺灣省國民學校教師研習會」。此籌備會在1955年8月9日的省府會議也未通過，直到1956年4月21日省府才核定研習會的組織章程與經費預算，並發表高梓為首任研習會主任，於同年5月10日經省議會正式通過（臺灣省國民學校教師研習會三十年會慶專刊編輯委員會，1986：146-147）。

法為目標（高梓，1986：34-35）。作為官方設立的教師研習進修中心，在戒嚴時期不免仍有實施民族精神教育的使命，但仍有深研國教教材教法、介紹視聽教育方法等教學新知與技術的精進（高梓，2003a：38-42）。此時期，臺灣省國民學校教師研習會、師範學校、附小三者，成為國民學校教師教材教法進修研習的主要管道。

1962年教育部修訂新的《國民學校課程標準》，特別在總綱的部分提出32條的「教學通則」，強調教師教學應該重視學生的身心發展與充實生活經驗，除知識的傳遞外，亦重視道德與情意的教學目標，著重現代教學的理論與方法，善於運用教具與營造學習情境，掌握各項教學方法：練習、啟發思考、欣賞、發表等方法，以及教師秩序的管理等大項（教育部，1962：8-12），相當完整的包含了從教學目標、教材組織、教學方法、教學測驗等教師如何培育健全的國民為目標。此教學通則顯示，小學教育的目標仍有站在國家如何培育健全國民的工具性目的意涵之上，但如何落實課程標準則較之前的版本較為重視教學方法的落實。而這些教學通則，具有幾點重要意義：(1)教師需站在學生身心發展與生活舊經驗的基礎，組織教材與設計教學活動；(2)營造學生學習的興趣與教學情境；(3)教師善於運用各項教學方法；(4)教學目標應包含「主學習」、「副學習」、「附學習」；(5)善用教具與學校設備，發揮高度的教學效能。

升學考試的壓力常影響教師正常化的教學，在尚未實施九年國民義務教育之前，小學有升入初中的考試壓力。自日治時期起，從訪談的文獻獲悉，高年級教師免費為學童加強課業的補習（蔡元隆，2013：56-102）。光復後，國小升學考試的壓力仍然存在。以竹師附小為例，高梓擔任附小校長時想要實施五育均衡發展的健全教育，反對惡補的歪風，但迫於附小招生狀況不佳的現實問題，只好採折衷方式：不影響師生健康情況下，實施有限度的課業輔導。[4]1968年臺灣實施九年國民義

---

4　據高梓回憶當時招生情景，附小首次招新生名額兩班共100名學生，經報到僅來75人，自然是全額錄取，連篩選的選擇機會都沒有。不但新生招生名額不滿，就連高年級都有轉學出去的情形（高梓，1991／2003b: 54-56）。

務教育，小學可以直接免試入學，升學考試的壓力減輕許多，給予小學教師教學比較正常化的空間。

隨著蔣中正的去世，小學教育濃厚的政治意識形態逐漸減少，反映在1975年教育部公布小學新的《國民小學課程標準》。此課程標準總綱開始明列課程目標有八項，包含五育的教育目標。教學實施分為：教學歷程、教學方法、教學原則與教師素養，另有教學評鑑的概念提出。在教學方法方面，除先前課程標準提出的啓發教學法、練習教學法、發表教學法之外，尚有個別化教學法、自學輔導法、編序教學法、社會化教學法、協同教學法。在教學原則方面，重視引起動機、學生舊經驗與生活經驗、避免注入式教學、因材施教的個別化考量、團體學習與個別獨立學習或小組學習、注意同時學習原則（教育部，1976：1-14）。此時的課程標準在教學原則上，已有兼顧群性與個性之間的問題，亦有小組合作學習與協同教學的新概念，以及行爲主義學派提出的編序教學方法，在教學方法上已顯見多元及較爲專業取向的教學模式。

## 參 解嚴後小學教師的教學典範

解嚴後，臺灣從政治與社會經濟的劇烈變革，導引教育改革的浪潮，反映在小學教師教學典範的影響方面，可以從小學教師課後補習風氣、提倡開放教育觀念、小學新課程標準的修訂、教師專業發展評鑑政策的推展等層面來觀察。

### 一 小學教師課後補習風氣的式微

雖然小學已無升學考試的壓力，但隨著九年國民義務教育的普及與臺灣經濟的進步發展，家長逐漸重視小孩的教育問題，在文憑主義與高中大學升學窄門的競爭下，小學生課後補習的風氣不減反升。以筆者在1980年代末期擔任臺北縣小學教師的觀察，中高年級小學教師在課後自行收費補習的風氣相當興盛，許多教師主動爭取擔任高年級教師的目

的在於能有課後補習的收費賺錢利益。收費課後補習的教師為了讓這筆生意能源源不斷，以考試領導教學的模式自不在話下，惡劣者上課時胡亂教學，在課後補習時才認真教學，甚至課後補習時以洩題方式、塗改考試分數迷惑家長對學生考試分數的滿意。雖然教育部門三令五申小學教師不得課後收費補習，但查緝違規的行政或司法行動卻相當消極與怠惰，以致小學教師課後收費補習的這股歪風仍然盛行。

前述從訪談文獻研究指出，日治時期小學教師多以免費為學生課後補習，令學生感恩老師教育愛的無私栽培，但戰後隨著臺灣工商業經濟的起飛與富裕，家長逐漸重視子女的升學文憑，此時，小學安親與課後補習班尚未普遍發展，教師課後自行收費補習的歪風便逐漸形成。戰後小學教師薪資待遇不高，課後補習收入成為教師重要的薪資津貼。依據筆者的觀察，臺北縣這股歪風要到1990年代中後期因小學課後與安親補習班漸增，形成補習班與學校教師利益衝突矛盾下，教師擔心補習班檢舉教師違法補習而遭受行政處分的壓力，以及教師薪資大幅調漲讓收入較為寬裕等因素影響下，教師課後補習收費的風氣才逐漸消彌。

## 二 提倡開放教育觀念

因應政治民主與開放的氛圍，教育學界提倡開放教育的觀念，展現在時間、空間與教師心態的開放。在時間的開放方面，開放教育觀念主張學校可打破傳統上課時間的嚴格規範，以比較彈性的方式進行大單元的活動整合教學，加入教師間的協同教學方式，打破過去單一老師及墨守每個節次的上課時間節奏。其次，在空間的開放方面，開放教育觀念主張上課的空間不要僅限於教室或學校，可走出教室到校園或校外進行教學活動。最後在教師心態方面，開放教育觀念主張教師要擺脫傳統教師威權至上以及以體罰手段作為紀律至上的教學方針，學校與社區、教師與學生、教師與家長建立合作友善的關係。基本上，開放教育觀念主要延伸美國進步主義教育與另類教育的觀點，企圖為傳統體制內教育注入活力。在推展開放教育觀念方面，以臺北縣教育局較為積極行動。臺北縣教育局在1990年代中期開始推動「開放教育」，解除教師威權中

心的心態、家長參與學校教育、教學時間與空間的彈性開放、教室學習角的教學運用。「開放教育」的推動，親師的互動關係較往常密切，成為教師活潑教學的助力；學校自由開放的氣氛，也鼓勵教師活潑教學型態，讓學生在快樂氣氛下學習。

## 三 小學課程標準（綱要）的修訂

解嚴後，臺灣政治改革浪潮湧起，連帶衝擊臺灣傳統的教育體制。1989年開始招收學士後小學師資班，1993年開放一般大學設置教育學程，小學教師管道開始多元化，小學教師教學的型態便有了變化，不再是同質性高的教學模式。1993年教育部再度修訂新的《國民小學課程標準》，回應解嚴後教育改革的訴求。此次課程標準總綱在目標上明確界定以生活教育及品德教育為中心，培養五育均衡發展之活潑兒童與健全國民為目的，兼具個體與群體發展，愛家、愛鄉、愛國、愛世界之情懷。在教學實施的要點上簡化為六點，僅強調依據學科性質及學生能力採用適當的教學方法，而未列出個別的教學方法。此次課程標準因有「本土化」的政治力考量，故有鄉土教學活動，可容許採用方言教學（教育部，1993：1-9），這是比較特殊之處。

教改人士主張教育鬆綁，課程標準不符合鬆綁原則，因此重新另起爐灶訂定課程綱要。2001年教育部頒訂《國民中小學九年一貫課程暫行綱要》，以七大領域、十大基本能力、六大議題，強調國民教育課程的連貫、統整，給予學校課程有些許彈性運用的空間。在課程鬆綁的原則下，學校藉由課程領域會議讓教師共同討論，發展出學校的課程本位與特色課程，某種程度扭轉教師長期以來依賴課程標準與指引，而賦予教師課程設計與統整的權力。此課程綱要在教育哲學上偏向杜威（John Dewey）的實驗主義觀點，期望從學生的生活經驗著手，教師培養學生思考、解決問題的能力。賦予教師課程設計與創新教學的權力與能力，著重學生學習能帶著走的能力。快樂學習、生活經驗的連結與遊戲化和情境化的方式教學，教師的教學站在引導與澄清的角色，著重學生主動思考與學習操作的歷程。兼顧形成性與總結性評量，讓教師為每位

學生製作學習歷程檔案，多元評量的方式也矯正過去太過重視的紙筆測驗。測驗評量的改變方式，讓教師的教學可以多元豐富，不再偏向於講述法的教學模式。

### 四　教師專業發展評鑑政策的推展

2006年教育部推展中小學教師專業發展評鑑，從軟性漸進的方式鼓勵教師加入教師專業發展評鑑平臺。教師專業發展評鑑從教師的教學檔案製作、教學觀察技術、教師成長計畫等方向著手，鼓勵中小學教師成立教師專業發展社群，從教學分享與專業對話的方式，協助教師建構自己的教學資料庫，摒除傳統教師單打獨鬥的封閉性教師教學發展特性。藉由教師專業發展評鑑的研習活動，建立輔導教師的證照，成為學校推動教師專業發展評鑑的種子推手，協助新手或有專業發展需求的教師從長期性課室的教學觀察，逐步改進教師的教學盲點與缺失。

近年來，日本佐藤學教授的「學習共同體」概念在臺灣中小學風行，更為凸顯教師重視學生如何有效學習以及建立學生同儕之間的合作學習經驗，教師將學生分組與引導學生思考問題，進行小組討論的教學模式，可謂是九年一貫課程改革所要具體實踐的教學典範。最近，所謂「翻轉教學」在臺灣也漸漸熱門起來，翻轉教學更是將教師的教學典範推向學生中心的極端，將學習的主動權交給學生，教師將所要教的教材先上網或交給學生課前先預習與討論，課堂上教師負責提問與穿針引線（親子天下雜誌編輯部，2013：215-225），教師多聽少說，翻轉過去教師多說少聽的教學模式。

## 肆　教師中心與學生中心教學典範的辯證

### 一　教師中心教學典範的利弊問題

臺灣傳統教科書由官方控制與主導編纂，學科專家以學科知識為邏輯系統的論理原則，再加諸以考試領導教學的升學競爭文化，重視總結性紙筆測驗的評量結果，教學進度的趕課壓力，容易讓小學教師陷入以

教師為中心的教學典範。學生人數多所連帶形成處理學生的事務與批改作業負擔，教學進度壓力，教師與家長多關注學生課業考試成績，教師運用講述法與紙筆測驗的教學模式，成為此時期多數小學教師教學典範的特色。以教師為中心的教學模式，教師方便掌握教學進度，配上紀律秩序的教室管理策略，學生程度好的能跟上教師的教學節奏而在學習成績上表現優良，學生程度不佳者則容易跟不上教學進度，而形成所謂的菁英或填鴨式教育現象。傳統教師中心的教學模式常被詬病：教師教學枯燥僵化、照本宣科，學生學習動機與興趣薄弱，考試填鴨式教學抹煞學生的創意思考能力。這是解嚴後教改人士強力抨擊臺灣傳統升學導向、填鴨考試領導教學、紀律秩序化的教室控制、學科知識本位與總結性紙筆測驗評量的教育弊病。在上述的教育氛圍環境下，教師的教學自然容易導向教師為中心的教學典範，兩者形成惡性的循環，最終形成臺灣傳統教育的特色。

然而，教師中心的教學模式是否就完全一無是處？此問題，值得再深究。首先，若教師人格特質活潑開放，善於譬喻或引導，則學生的學習尚不至於太枯燥乏味，學生在教師清楚的指令下達裡有序地學到教學的內容與目標。教師主控下的教學，能掌握教學的進度節奏，可完成學期的課程進度，顧及學科知識架構的完整性。在現實的教學裡，不太可能每節課都採取以學生為中心的教學模式，即使同一教學科目，尚需考量此節的教學目標是否偏向以教師講述與主導的教學模式進行活動。舉例而言，在國語課低年級生字的字形書空練習，則偏向以教師為主導下的教學活動進行學習。特別是，教學目標若採精熟學習法，則偏向教師為中心的教學模式，以確保學生是否能確實精熟學習此內容。換言之，教學模式要依著教學目標與教學活動來調整教學的策略，而非固著於某種教學模式。

## 二 學生中心教學典範的利弊問題

學生中心的教學典範，讓學生成為學習的主體，教師扮演引導者的角色，激發學生的學習興趣與創造力，重視學生的個別差異與學習能

力。臺灣教改的呼聲，正是朝向以學生為中心的教育典範。二十世紀初期杜威的教育哲學以及之後的進步主義教育思潮，西方兒童教育基本上是朝向學生中心的教育典範。西方兒童教育之所以比較接受兒童中心的教育典範觀點，主要是他們並沒有濃厚的升學主義與文憑主義的文化，家長比較認同兒童教育階段在於發展兒童身心健康，讓他們能快樂成長。杜威的教育哲學、皮亞傑的認知發展理論，為以學生為中心的教學典範提供了理論基礎的依據。以學生為中心的教學典範，運用小班化、差異化、合作討論學習的策略，發展出學生的創意思考；傳統以教師為中心的教學典範，則以大班化、集體化、個別認真聽講、記憶背誦為教學的方式，造就出考試的高手。臺灣教改人士批判傳統教師中心的教學模式，主張建構以學生為中心的教學典範，期盼獲得上述以學生為中心的教學策略與目標。近年來臺灣小學教育改革，九年一貫課程與教學、學習共同體、翻轉教學的改革活動，導向以學生為中心的教學典範。

批評學生中心教學典範者，往往視之為進步主義教育哲學的實踐，教師給予學生過多的自由而欠缺集體的紀律，忽視學生的學業成就而難以在未來社會有良好的競爭力，甚至成為教育階級再製的幫凶（Gordon, 1986: 32-33）。以兒童為中心的教育典範，英國的夏山學校、臺灣的森林小學，都是這種教育典範的代表，他們往往被主流文化歸類為體制外的教育，尤其在升學競爭與教育經濟成就報酬的社會文化下，這類教育典範很難成為社會的主流教育。二十世紀初期，美國以兒童為中心的進步主義教育運動蔚為風潮，但在二十世紀中葉遭到強力的批判，將美國學生基本能力素質不佳的原因歸咎於進步主義教育。美國太偏向於兒童中心的教學典範，重視學生的生活經驗、學習興趣、學生能力，而有輕忽學生課業學習成就與基本能力素養，導致國家經濟競爭力滑落的現象，這便是2001年美國聯邦政府頒布《運用績效、彈性、選擇以消彌成就落差：不讓任何孩子落後法》（To Close the Gap Achievement with Accountability, Flexibility, Choose: So that the No Child Left Behind Act）要求各州到2014年需讓所有的學生達到閱讀、數學、科學設定的成就指標，上述基本能力若未達到設定的成就指

標，學校需要關閉重組，而此著重學生學習成效的懲罰措施，引發不少的爭議（顏國樑，2013）。學校與教師面臨外部壓力要求學生學業成就表現，在課程與教學活動上自然不能完全遵循以兒童為中心的教學典範，美國的小學教改路線似乎與東亞國家近年來教改路線背道而馳，朝向東亞國家重視學生學業成績表現與維繫國家競爭力的方針邁進。

## 伍 結論

解嚴前，臺灣小學教育受到政治意識形態的干預影響，學校強調集體紀律導向的訓育管教，教師的領導權威亦表現出此時期以教師為中心的教學典範。加諸傳統教育著重升學與文憑，課程標準著重科知識架構與教學進度，考試領導教學的情況更加深化這種教師中心的教學模式。極端的教師中心教學典範容易形成學生考試填鴨的記憶背誦，壓抑學生的學習興趣，忽視學生個別差異的潛能。解嚴後，政治氣氛開放民主，教改的浪潮接踵而至，批判教師體罰權威，鬆綁課程與教學的僵化限制，給予學校與教師某種程度的自由發揮學校特色與教師教育專業空間，將臺灣小學教學典範轉移至兒童中心的方向。

九年一貫課程與教學、學習共同體、翻轉教學等一連串的教改活動，小學教師較有時間與空間運用引導的方式，藉由小組合作學習與討論方式，澄清學生的迷思概念，建構學生的知識概念，讓教師由如何教轉變至學生如何學習的教學典範。以學生為中心的教學典範，期盼能注意學生的個別差異，讓學生主動建構知識概念，培養主動學習精神與解決問題的能力。這種以學生為中心的教學典範，教師如何扮演引導的角色，熟悉教材教法及學生的學習迷思概念，耐心地引導不同能力層次的學生，將考驗教師的教學專業素養是否充足。極端的兒童中心教學典範，過度重視學生的興趣、需要與能力，以學生生活經驗為核心，但似乎難以連結與建構完整系統的學科知識架構和精熟基本學科素養能力，反映在美國近20年來國家的教改政策。教師中心與兒童中心的教學典範，不該形成二元對立的分化，需要尋求這兩者之間的辯證與融通，教師依循教學目標與活動，靈活彈性地運用這兩者教學典範的優

點，發展出教師優質的教學引導與學生樂於學習的教室文化，既能追求每個不同能力兒童的卓越學習成就，又能兼及每個兒童有教無類的平等教育機會，這應該是小學教育在教與學典範上追求的終極目標。

# 參考文獻

何億如（2009）。日治時期的初等教育：以新屋公學校為例。輯於彭煥勝主編，臺灣教育史（頁299-332）。高雄市：麗文。

吳文星等編著（2003）。日治時期臺灣公學校與國民學校國語讀本：解說、總目次、索引。臺北市：南天。

李園會（1984）。臺灣光復時期與政府遷臺初期教育政策之研究。高雄市：復文。

林仁傑（2004）。一段跨時代的故事：臺灣學生運動史研究（1920-1994）。（未出版碩士論文）。國立臺灣師範大學，臺北市。

祝若穎（2011a），日治時期西方近代教育思想之發展與對公學校教學法之影響（1895-1945）（未出版博士論文）。國立臺灣師範大學，臺北市。

祝若穎（2011b）。日治後期杜威教育思想在臺灣之引進與實踐。當代教育研究（**TSSCI**），**19**(1)，145-193。

高梓（1986）。回憶過去、企望未來。臺灣省國民學校教師研習會三十年紀念專刊（頁33-40）。臺北：臺灣省國民學校教師研習會。

高梓（2003a）。良師興國。載於國立教育研究院籌備處主編，傳習與轉運：教育部臺灣省國民教師研習會紀念專書（頁38-42）。臺北：國立教育研究院籌備處。

高梓（2003b）。我怎樣當小學校長（一）。輯於國立教育研究院籌備處主編，傳習與轉運：教育部臺灣省國民教師研習會紀念專書（頁53-57）。臺北：國立教育研究院籌備處。（原文發表於臺灣省國民教師研習會，研習通訊第八卷第五期，1991年10月15日。）

國史館主編（2005）。陳誠先生回憶錄：建設臺灣（上）。臺北市：國史館。

張文隆採訪記錄（1996）。臺灣人教師的時代經驗。臺北縣：臺北縣立文化中心。

教育部（1962）。國民學校課程標準。臺北：正中。

教育部（1976）。國民小學課程標準。臺北：正中。

教育部（1993）。國民小學課程標準。臺北市：臺捷。

教育部（2001）。國民中小學九年一貫課程暫行綱要。臺北市：作者。

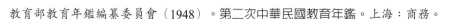
教育部教育年鑑編纂委員會（1948）。第二次中華民國教育年鑑。上海：商務。

教育部教育年鑑編纂委員會（1957）。第三次中華民國教育年鑑。臺北：正中。

彭煥勝（2010）。臺灣小學首位女校長：高梓。教育研究月刊，**194**，35-43。

彭煥勝（2014）。蔣中正與臺灣師範教育的發展。周愚文主編，蔣中正與臺灣教育文
化發展（頁159-211）。臺北市：國立中正紀念堂管理處。

臺灣省立新竹師範學校附屬小學（1959）。四十八學年度第一學期校務計畫。新竹：
作者。

臺灣省行政長官公署宣傳委員會編印（1946）。陳長官治臺一年來言論集。臺北市：
臺灣省行政長官公署宣傳委員會。

臺灣省行政長官公署教育處（1946）。臺灣一年來的教育。臺北市：臺灣省行政長官
公署宣傳委員會。

臺灣省國民學校教師研習會三十年會慶專刊編輯委員會（1986）。本會沿革。臺灣省
國民學校教師研習會三十年紀念專刊（頁145-148）。臺北：臺灣省國民學校教
師研習會。

蔡元隆（2013）。日治時期臺灣的初等教育。臺北：五南。

親子天下雜誌編輯部（2013）。翻轉教育：未來的學習、未來的學校、未來的孩子。
臺北市：親子天下。

藍博洲（2005）。光復初期的臺北學運（1945-1949），輯於黃俊傑編，光復初期的
臺灣：思想與文化的轉型（頁59-103）。臺北市：國立臺灣大學出版中心。

顏國樑（2013）。《美國不讓一位孩子落後法》政策執行：成效、爭議與啟示。教育
研究月刊，**226**，130-147。

Gordon, Tuula (1986). *Democracy in One School?: Progressive Education and
Restructuring*. London: The Falmer Press.

George R. Knight著，簡成熙譯（2010）。教育哲學導論。臺北市：五南。

臺灣第一套鄉土教育
課程標準之課程史探究

章五奇
新北市安坑國民小學教師

## 壹 前言

　　傳統實證主義研究歷史，大多將焦點放在事件的整體發展，分析政治、經濟、社會、文化因素，以歸納出人類共同的模式化行為，對微觀個體層面少有關注。這種「大歷史」的模式化思維，忽略個體在結構下的主觀經驗與記憶，以致難以呈現事件過程中的多元性與豐富性。個體的生命發展是與錯綜複雜、劇烈變遷的時空交會，形構社會生活與內在思想間相互聯繫的歷史，因此，挖掘當事者聲音，瞭解非預期因素所產生的變化，讓個人的感受、情感和觀點成為歷史的一部分，有助於跳脫大歷史的侷限性。本文透過訪談歐用生先生的生命階段及角色轉換，理解他參與1994年頒布的國小「鄉土教學活動」課程標準研訂及評鑑的過程，此涉及的層面包括三個：一、是所處社會時空背景；二、與社會相互聯繫的生命經驗；三、受影響的生命「時間性」。透過理解這三個層面，輔以文件分析，以探究研究問題：「鄉土教學活動」課程標準為何會獨立設科？是什麼樣的社會背景、制定過程、設計理念及課程內容，埋下臺灣主體性課程的幼苗？對後來的課程改革和學生的國家認同

又產生什麼樣的影響與爭議？

　　歐用生先生自1978年自日本留學回國後，在國內課程改革史上均擔任重要職務，同時每每對國內政治干預教育的情況發出批判之聲。他在擔任教師研習會（今國家教育研究院前身）主任期間，曾參與「鄉土教學活動」課程標準研訂，隨後擔任國立臺北師範教育大學校長時，在1996年奉教育部指示成立「國小鄉土教學活動概念綱領及課程設計模式研究小組」，負責評鑑各縣市鄉土教材的情形。由他的口述中可以發現，「鄉土教學活動」課程標準的設計乃基於「教育學」觀點而強調本土化，與近年教科書的「本土化」＝「去中國化」的「政治」觀點大不相同。

　　歐用生先生回國後，國內社會科學界和文學界漸燃起一股對臺灣殖民文化和傳統知識的反省：一方面認為知識的學習應該由近而遠，由日常生活經驗為基模來建構知識體系，才能達到有效的學習；另一方面則是對於教育長期偏重愛國意識和民族精神，而忽略對周遭鄉土的認識與關懷所產生的焦慮，因此掀起一股本土化研究的熱潮。在教育界，歐用生先生參與教師研習會「板橋模式」時，就是以「兒童生活經驗」為中心發展出實驗教材，從生活經驗選擇素材，讓學生蒐集和歸納生活周遭經驗，從而認識世界。此種重視鄉土經驗的熱潮隨著解嚴後的民主運動漸成社會主流，1986年建黨的民進黨更力倡「臺灣主體性」，認為國語政策造成鄉土語言的壓抑，為了擺脫外來政權的殖民意識，需強調鄉土語言及鄉土文化，鄉土教育逐漸轉而成為達到「臺灣主體性」的配套措施，這股風潮影響1993年公布的國民小學課程標準修訂，除了將鄉土教育融入各科以外，國小三至六年級每週更增加一節「鄉土教學活動」，各縣市和學校可以針對地方特色，自行設計鄉土教材，是我國鄉土教育獨立設科，納入正式課程的第一步。

　　「鄉土教學活動」課程標準在1996年正式實施後，在政府與民間合作下，編撰出大量鄉土教材，和原有的「中國化」教科書相抗衡。1999年教育部公布「九年一貫課程綱要草案」後持續教育本土化路線，本土化意識成為國家教育目標之一，「鄉土教學活動」中的「鄉土語言」獨立設科，而「鄉土文化」轉為「以臺灣為中心」修訂教科

書，並推動「學校本位」課程。新一代學子在本土化的薰陶後，對「臺灣主體性」產生新的認同。可以說，我國第一套針對鄉土教育而設計的課程標準「鄉土教學活動」，是我國教育史上「中國化」和「本土化」的重要分水嶺。然而，從歐用生先生的口述訪談中可以發現，它並不是在自然演化下出現的，而是反映Foucault（佘碧平譯，2002）所說的「部署」（dispositif），是知識與權力關係交錯的結果，由個體滲透到各層面所形成的結構性轉變。

　　本研究是研究者參與歐用生先生傳記訪談中，摘取其中與「鄉土教學活動」有關的訪談所進行的分析。感謝歐先生的全然信任，訪談時言無不盡、條理分明地傾囊相授，對本研究問題的釐清有很大的幫助。

## 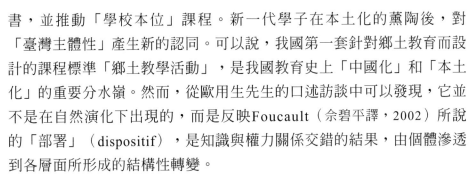 社會背景及課程標準制定過程

　　學校課程不只傳遞知識或訊息，它對學生的影響也不僅止於教室，而是能有效地利用知識與權力的複雜關係，型塑大眾對國家、階級、性別、信仰的認同（Apple & Christian-Smith, 1991）。可惜學校課程什麼應該被納入，什麼該被排除，並不會單由教育或學術的觀點來決定；相反的，教育或學術觀點往往是被政治人物用以構築其政治目的的階梯。我國鄉土教育由隱身於各科的次要地位，變成單獨設科的正式課程，其中過程就充滿這樣的文化政治性。

　　臺灣在政治解嚴前，政府貫徹反共復國政策及大中國思想，鄧麗君的〈何日君再來〉、臺灣歌謠〈補破網〉、〈舊情綿綿〉都因此被禁，創下收視率97%的布袋戲〈雲州大儒俠：史豔文〉也因為違反國語政策，被以「妨害農工正常作息」為由遭禁播。學校和教科書皆鼓吹愛國意識與民族精神，教育上刻意實施「中國化」教育，規定：「教師教學，一律用國語，不用方言」（國民小學課程標準，1975，頁13），講方言就是不愛國，就是粗俗。雖然「鄉土」一詞曾出現在社會和自然科課程標準裡，但是並未受到重視，也衍生出學生能背誦中國的長江、黃河和鐵路、都市，卻不認識自己家鄉的淡水河和各縣市，對周遭環境缺乏關心的特殊現象。歐用生先生負笈日本留學時，也從國外開放與民主的

文化洗禮感受到臺灣社會的封閉與箝制。

　　但是自從1993年國小課程標準公布後，除語文、社會、自然、音樂等各科均融入鄉土教材外，另外單獨設立「鄉土教學活動」一科，每週一節，規定三到六年級實施，配合各科教學進行。當時同樣被認為很重要的教育議題，例如：交通安全教育、環境教育、性別平等教育都是融入各科教學，並未單獨設科，為何鄉土教育會被特別凸顯其重要性呢？實有其特殊的歷史和政治背景。

　　解嚴前，各學校、電視臺與機關都限制鄉土語言的使用，然而在苦澀肅殺的政治氣氛下，本土文化並未完全受壓制，1977年的鄉土文學論戰，展現的就是民間臺灣主體論和中國中心論的抗辯，這些衝突隨著經濟發展和本土政黨勢力興起而逐漸浮上檯面。1987年解嚴後，社會運動頻在街頭上演，受壓制的本土認同猶如反彈的皮球，不斷爆發。1986年中央研究院結合院內歷史語言研究所、民族學研究所、近代史研究所、中山人文社會科學研究所四所之部分人力資源，於1988年設立「臺灣史田野研究室」。接著，1988年民進黨立法委員許榮淑、陳水扁等相繼要求政府以本土語言作為國家語言，將鄉土語言納入教材，擬訂法律以保護本土文化。1989年以後，民進黨執政的七個縣市，包括宜蘭縣、屏東縣、彰化縣等，在其縣內實施鄉土語言和鄉土教學，著手自編教材。當時任中央研究院歷史語言研究所的杜正勝院士（陳水扁總統執政時的教育部長），於1990年提出「同心圓史觀」，其假設是：以臺灣為中心，先認識自己的土地，才向外擴展認識世界，並以此作為歷史架構。李登輝總統就任後，於1993年提出「生命共同體」與「社區總體營造」等觀點，使「臺灣人意識」逐漸取代「大中國意識」，並改變過去獨尊國語的政策，政府由被動轉為主動加入本土化的行列。

　　解嚴後，學校課程面臨轉型，1989年教育部進行課程標準草案擬訂時，教育部長郭為藩提出「立足臺灣，胸懷大陸，放眼天下」的修訂原則，強調應重視鄉土教育（國民小學課程標準，1993，頁402）。歐用生先生當時擔任課程標準總綱修訂委員，與會學者各從自己的專業領域進行討論和理論辯護，因為國土綱領並未修訂，所以，教材大綱仍以

中國為國土範圍，只將倍受批評的「領袖崇拜、大中國、漢族沙文主義」（立法院，1990）的內容儘量淡化，大幅增加與兒童經驗和社區生活連結的內容，以符合國際教育趨勢。

　　1993年由李登輝領導的本土派取得國民黨領導權，同年2月任命郭為藩為教育部長，是第一位臺灣省籍的教育部長。此時，課程標準歷經四年修訂，原本在1993年9月就要公布，但是在5月的時候召開臨時課程發展委員會，討論的議題是要在國小增設一科叫「語言與表達」。為什麼會突然增加一個從來沒有討論過的「語言與表達」呢？

> 我們也搞不清楚為什麼要增加這個科目，到底要做什麼？後來
> 教育部長的意思是說，我們過去都是說國語，現在世界發展趨
> 勢就是要讓小孩子多學各種不同的語言，尤其是臺灣人要說臺
> 灣話，泰雅族人要說泰雅族話，各族群語言都要活絡，所以要
> 有「語言與表達」這一門科目，那時候上面到底是什麼心態，
> 可能郭為藩部長比較清楚。意思就是要鄉土語言啦，但是不敢
> 直接說出來。……用鄉土語言會比較敏感，因為國語是國家基
> 本政策，突然間要改成鄉土語言，這是很困難的。（訪歐用
> 生，2016.10.17）

　　當時很多委員認為課程標準都快要公布了，不宜再做變動，而且一旦增加一門新的科目，學生的負擔又要加重，也可能引起各科授課時數的爭議等，臨時增加一個沒有討論過的科目，也是史無前例。委員們因各種理由持反對意見，但是後來為什麼翻盤轉為支持呢？原來會中一位委員打破僵局，發言支持教育部長，接著又有數人附議。歐先生事後推測，這些人可能是郭部長事先布好的「暗樁」，因為當時郭部長聽完後，大表贊成，非常滿意，就這樣委員會形成共識。

> 很多委員都認為課程標準都已經要公布了，為什麼還要再變？
> 師出無名，……後來有一個人就說：「我覺得鄉土很重要，但
> 是不要限定在語言啦，也不要變成一個科目啦！就是鄉土教

學，但是不要變成老師在教，學生聽而已。」七嘴八舌，就很多人附議，……最後有一個發言說：「這個構想很好，讓學生認識鄉土，土親、人親、文化親，而且採取『活動』的教學方式，所以建議叫『鄉土教學活動』。」郭為藩一聽，就龍心大悅，這完全是他要的東西。（訪歐用生，2016.10.17）

為了減少「鄉土教學活動」設立的阻力，實施原則是不縮減其他科目授課時數，而是額外增加一節，規定「各校亦得視地方特性，彈性安排方言學習及鄉土文化有關之教學活動」（國民小學課程標準，1993，頁5）。自1998學年度實施，教材由各校自編，其性質類似「團體活動」和「輔導活動」。

由於課程標準修訂工作在6月就告結束，「鄉土教學活動」課程標準來不及頒布，必須延至1994年公布，所以，1993年公布的國小課程標準中並沒有「鄉土教學活動」這科目，因為它並不在課程標準修訂的原本規劃中。設立「鄉土教學活動」是郭為藩部長個人的主張，還是教育部承接來自上級的壓力，才會在如此匆促又晦暗不明的情況下單獨設科呢？本文未能親自訪問郭為藩部長，但是他在2006年出版的《全球視野的文化政策》一書中，曾從全球化及比較教育觀點說明文化保存的重要，以及對鄉土語言政策的看法。他認為，保護瀕臨消失的「少數使用語言」，是政府不可卸責的目標，但是他也不贊成放棄國語為官方語言及延伸鄉土語言教學到低年級，認為鄉土語言政策應在「周詳」的規劃下，「借鏡並反省他國經驗」，避免過與不及（頁77-98）。由他的文字裡透露出當年他制定「鄉土教學活動」的教育理念，卻也流露一股不可言說的「身不由己」。

郭為藩部長任內，經歷四一○教改遊行和成立「教育改革審議會」，教育體制內外面臨劇烈改革。其中最受爭議的就是1994年公布的國中課程標準，將國中一年級原本的歷史、地理、公民三科，改為「認識臺灣」（分為歷史篇、地理篇、社會篇），另增設一門必修科叫「鄉土藝術活動」，每週一節。由杜正勝院士分別擔任國中「認識臺灣」教科書及其後高中歷史教科書編輯主任委員，將「同心圓史觀」理

念具體實踐於教科書中。此後，政府提供大量經費給各縣市和各師院系所自編鄉土教材，從中央到地方舉辦各種臺灣史研究、鄉土教育、鄉土史學術研討會，各大學也開始設立相關系所，例如：東華大學和臺南大學成立臺灣文化學系和研究所、花蓮教育大學有鄉土文化研究所、新竹教育大學有臺灣語文研究所、臺中教育大學有臺灣語言文化系、臺灣師範大學有臺灣語文學系，還有臺灣母語聯盟、臺灣母語教師協會及各縣市成立鄉土文化學系和鄉土文化協會，以提供師資來源、訓練和資格評鑑，建構強而有力的鄉土教育網絡。

2000年政黨輪替，陳水扁先生當選總統，對鄉土語言的提倡不遺餘力。2000年9月，九年一貫課程暫綱的基本內涵強調「鄉土情、愛國心、世界觀」，對照1993年課程標準強調的「立足臺灣、胸懷大陸、放眼天下」，其中「胸懷大陸」已被刪除。「九年一貫課程暫行綱要」將「鄉土教學活動」改為「鄉土語言」，包括閩南語、客家語以及原住民語言，明定2001學年度起，將原本小三到小六的鄉土課程，向下延伸到小學一年級開始施教，又向上延伸到國中的鄉土文學，教學目標需達到「聽說讀寫作」的能力，鄉土教育獲得空前重要的地位。

鄉土教育看似由下而上，由地方推向中央，與過去課程由上而下發展的情形大不相同，但是探究其歷史脈絡，仍是脫離不了政治和權力部署的過程。為什麼鄉土教育在九年一貫課程時轉變成「鄉土語言」？為什麼不再需要「胸懷大陸」？其教育論述是什麼？教育部始終未曾給予任何解釋說服社會大眾，難免讓人認為只是因為政黨輪替的政治理由。從「鄉土教學活動」單獨設科，到「鄉土語言」科目的成立，實際上是由本土派政治人物、臺灣史研究學者和社會運動聯手，主導「臺灣主體性」成為主流論述，最後結合大學學術力量和各種協會、次團體的支持，提升鄉土教育的學科地位，有效掌握各種資源，使原本附屬各科之下的次要知識，一舉推升成學校正式科目，進而深入每位師生的日常生活中，形成意識和身體的管理。「臺灣主體性」不再只是一種知識論述，在學校科目改變的鍛造過程，已成為Goodson（1993）所說的，是作為政治操弄及狹隘地域保護主義的「修辭」，以形構其有利地位，但是以此為基礎的鄉土教育卻難以對抗邏輯性推理和教育思維論述的攻

擊，因而衍生後續許多爭議。

##  鄉土教學活動的課程內容與教學型態

「鄉土教學活動」成立後，1993年由教育部指示教師研習會組成「國小鄉土教學活動課程標準研訂小組」負責發展課程標準和學術研究，1996年由臺北教育大學進行「國小鄉土教學活動概念綱領及課程設計模式研究」，此兩階段皆由歐用生先生負責主持。當時很認真的參考國外研究、訪問學者等，也蒐集各縣市已經編輯好的鄉土教材做參考，於1994年4月完成課程標準草案，12月時正式公布「國民小學鄉土教學活動課程標準」，將鄉土教學活動劃分為歷史、地理、自然、語言以及藝術五大類。接著，教育部提撥各縣市專款成立鄉土教材編輯委員會和自編教材，顯示政府非常重視。但是對照歐用生先生參與過的1993年課程標準有四年修訂時間，如果加上先前1985年就啟動的「人文和社會學科的教育指導委員會」課程研究（即「南海模式」），前後有將近十年的研擬時間，而「鄉土教學活動」課程標準的研擬時間卻僅有一年來看，顯得極為匆促。

不少學者（林瑞榮，1998；吳俊憲、黃政傑，2012）批評「鄉土教學活動」的課程標準是出於政治意圖，利用強大的政治力推動鄉土教育，但是歐用生先生卻否認這項指控，他認為，「鄉土教學活動」單獨設科的過程雖然是透過政治手段，但是當時課程標準制定時，參與的學者卻是從教育觀點去建構其內涵。他曾為文說明建構鄉土教育的理念是基於人文教育論、認知發展理論、多元文化論、自我概念理論，以兒童經驗和社區生活為學習的起點，讓兒童從認識鄉土文化中，肯定自己，認同鄉土，再由愛家愛鄉的情懷，進一步培養愛國情操和世界觀的胸襟與視野，所以，鄉土教育是一種人格教育、生活教育、民族精神教育，也是世界觀教育（歐用生，1996）。後來因為「民族精神教育」容易被誤解是解嚴前的政治意識形態控制，因此改為「情意教育」。

我們一點都沒有意識形態，都是真的激發學生愛校愛鄉，甚至
愛國。我還寫過一篇文章，裡面提到鄉土教育是一種民族精神
教育，結果被人家罵。所以這是一種美麗的錯誤，還是怎樣，
不過我對得起自己的良心。（訪歐用生，2016.10.17）

　　這些理念都是延續「板橋模式」實驗課程以來的精神，也是與
1993年課程標準相符的修訂原則（王浩博，1999；秦葆琦，1999a）。參
與鄉土教學活動課程標準研擬的教師研習會秦葆琦研究員也說明「鄉
土教學活動」是因應多元文化教育、族群和諧理念而設立（秦葆琦，
1999b）。由此可見當時界定的鄉土教育並不是狹隘的地域觀念，而是
要擴大學習的範圍，從愛護鄉土、反省自己與鄉土的關係，到尊重多元
文化，進而吸納他種文化，以改善鄉土及創新文化，是一種「主體性的
重建」及「再創造」的鄉土文化教育。

　　1997年歐用生先生擔任國立臺北教育大學校長，奉教育部指示組
織一個評鑑小組去評鑑各縣市鄉土教材的情形，發現各鄉鎮發展教材
的能力雖然良莠不齊，但是參與的教師學者都能因地制宜挖掘地方特
色；教材編寫的權力下放，也帶動教師對鄉土教學的熱情投入，可以感
受到鄉土教育的蓬勃發展。研究者檢視1995至1996年間教育部補助各
縣市編撰出版的鄉土教材，共有15縣市，其中只有新竹縣和臺東縣純
粹出版鄉土語言教材，另有四縣市同時出版鄉土語言教材和鄉土文化教
材，其餘出版的都是與各地鄉土文化有關的教材（歐用生、高明智、羅
秋昭、張自立，1996）。也就是說，當時並未偏重鄉土語言，而是將鄉
土語言和鄉土文化融合在一起進行教材編寫。然而，九年一貫課程公布
後，「鄉土語言」獨立設科，其發展情形卻和「鄉土教學活動」有所差
異。表1將1994年公布的「鄉土教學活動」課程標準總目標和2011年公
布的「鄉土語言」（以閩南語為例）基本理念相比較，就可以發現其中
的差異。

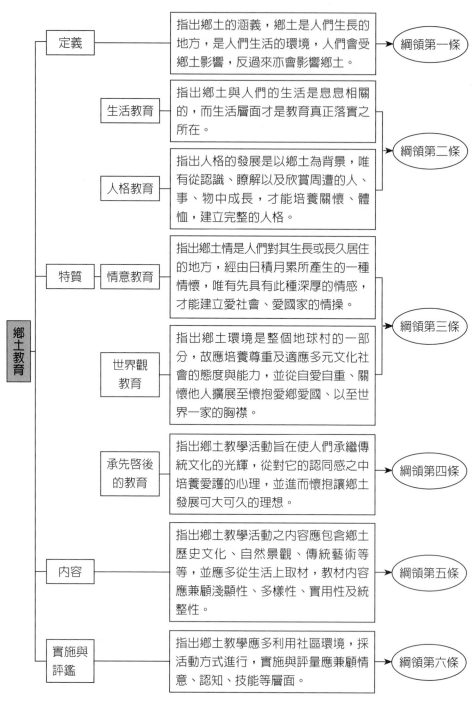

圖1 國小「鄉土教學活動」概念綱領內容
（引自歐用生、高明智、羅秋昭、張自立，1996，頁60）

表1 「鄉土教學活動」總目標和「鄉土語言」基本理念之比較

| 1994年「鄉土教學活動」課程標準總目標 | 2011年九年一貫課綱「鄉土語言」基本理念 |
|---|---|
| (一) 增進對鄉土歷史、地理、自然、語言和藝術等的認識，並培養保存、傳遞及創新的觀念。<br>(二) 培養對鄉土活動的興趣以及欣賞的能力，激發愛鄉情操。<br>(三) 養成對鄉土問題主動觀察、探究、思考及解決問題的能力。<br>(四) 培養對各族群文化的尊重，以開闊胸襟與視野，並增進社會和諧。 | (一) 培養探索與熱愛閩南語之興趣，並養成主動學習的習慣。<br>(二) 培養學生聽、說、讀、寫、作等閩南語基本能力，並能在日常生活中靈活運用、表情達意。<br>(三) 培養學生應用閩南語從事思考、討論、欣賞和解決問題的能力。<br>(四) 培養學生應用閩南語學習各科的能力，擴充生活經驗、認識中華文化，並養成主動學習的習慣，以因應現代化社會之需求。 |

資料來源：國小鄉土教學活動課程標準研訂小組，1994；教育部，2011。

　　歐用生先生表示，「鄉土教學活動」的規劃是全方位的，課程目標包括認知、技能、情意三個領域，鄉土語言是「鄉土教學活動」的一環，以活動為主，不強調文字和音標的學習，而是藉由鄉土語言，深入瞭解鄉土歷史、地理、自然和藝術的內涵，培養對鄉土的興趣和情懷，探究思考和解決鄉土問題，最終要促成各族群文化的尊重和社會和諧，呈現多元文化和全球化視野的理念。這個理想到了九年一貫課程時就起了轉變，「鄉土語言」取代了「鄉土教學活動」，但「鄉土語言」變成一般表情達意的溝通工具，要求加強「聽說讀寫能力」、「應用」鄉土語言思考和擴充生活經驗，除了與國語文、英文分庭抗禮外，還細分為閩南語、客家語、16族原住民語，未來十二年國教可能還會加上東南亞語言，這麼多鄉土語言卻是各教各的語言，授課時互不交流，忽視了鄉土語言的其他功能，例如：對鄉土的愛護、文化的創新和族群的和諧尊重，限縮了鄉土教育的視野和功能。

　　此外，「鄉土教學活動」當初的規劃不只包括正式和非正式課程，也包含潛在課程，包括校園環境規劃和教師的身教、言教。強調學校與社區的密切結合，除了可聘請社區人士及有經驗之專業人士擔任教學外，鄉土教材的編撰可依據各地方特色，採主題式編寫，以鄉土教學活

動為核心課程，結合各科教學，與團體活動、輔導活動結合，做整體規
劃，學習內容要與學生生活息息相關，活動的進行不限在教室裡，可以
定期或不定期到戶外進行，此課程規劃已有九年一貫課程「統整」的精
神。

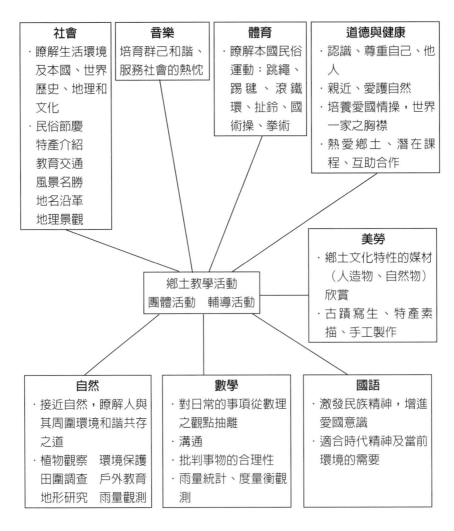

（應以鄉土的題材和問題為教材，使教學內容生活化，藉以發揚民族特
性，落實生活的實用性）

圖2　國小「鄉土教學活動」核心課程設計

（引自歐用生、高明智、羅秋昭、張自立，1996，頁54）

在教學方法方面，特別強調「活動」，課程標準中明訂應儘量採參觀、訪問、觀察、欣賞、訪問、調查、討論、報告、操作等「活動」的型態，以不做紙筆測驗為原則，使學生獲得直接經驗（國小鄉土教學活動課程標準研訂小組，1994）。這些都是與當時開放教育、田園教學等各種實驗性質的課程改革相呼應，甚至許多參與「鄉土教學活動」的學校就是開放學校和田園教學的實驗學校。然而，「鄉土教學活動」強調與鄉土、社區生活的密切連結，彈性而多樣化的教學方式並沒有在九年一貫課程的「鄉土語言」中被強調。反而是「校本課程」延續了「鄉土教學活動」的成果，由學校教育推動社區文化的改造，承襲「鄉土教學活動」的社區精神（林瑞榮，2011）。

1993年正式課程標準中的教材大綱雖然大量增加本土教材，但尚未全面扭轉為臺灣為中心的教材，教材中仍是將臺灣文化來源溯及中國，「我國」領土也仍是包含中國大陸，呈現「中國化」和「本土化」並陳的現象，例如：國小社會科的教材大綱在五年級仍有「我國的地理環境」（「我國」指中國）、「中華民族的融合」、「中華文化」等所謂「中國化」單元，但也增加鄉鎮和社區生活及「臺灣的開發」、「臺灣的自然資源」、「臺灣的經濟發展」、「臺灣的社會變遷」等「本土化」單元。而「鄉土教學活動」雖然是單獨設科，卻是配合各科教學而進行的「活動」，並未變更原本的課程架構。「中國化」和「本土化」雖有你消我長的趨勢，但並未完全切割，而是立基於學生的鄉土生活環境，逐漸擴展到世界，將1975年以前課程標準中培養「愛家愛國」的精神變成1993年「愛家、愛鄉、愛國、愛世界」的情操，雖然強調本土化，卻是由近而遠，由鄉土擴及國家和世界，是包容的、多元的文化觀，也是符合學習原理的。

到了2000年「國民中小學九年一貫課程暫行綱要」時，「中國」和「臺灣」的關係就有了明顯的切割。廢除國小「鄉土教學活動」和國中的「鄉土藝術活動」，國小改以「鄉土語言」、國中以「鄉土語文」代替，包含閩南語文、客家語文和原住民語文三個領域，國小著重語言的學習，國中著重文學的學習。並且將國中一年級的「認識臺灣」融入所有教材中，課程結構進行大幅調整，全面「去中國化」，刪

除中國大陸的史地教材，將「大陸」一詞改爲「中國」，「日據」一詞改爲「日治」，國家領土範圍也由中國大陸改爲臺澎金馬；2002年教育部成立「本土教育委員會」，負責規劃、推動、審議及諮詢全國本土教育政策；2004年杜正勝擔任教育部長後，將教育施政規劃爲四大主軸，其中一項就是建立「臺灣主體」，並調整課程體系配合之；教育部配合鄉土語言的推展有許多配套措施，例如：制定原住民語的書寫系統、公告閩南語及客家語的拼音方案、公布閩南語及客家語的推薦用字與網路辭典、辦理認證考試等，並且規定2005學年度起，各校每週一天作爲母語日。爲提升鄉土語言的地位，立法委員不斷呼籲要求鄉土語言教師需經國家教師檢定考試的認證外，還要建立中小學臺語教學評鑑機制，督促校內執行臺語教學的成效，再增加鄉土語言的授課節數、籌設國家語言事務機構、辦理鄉土語言文學獎等（周煊惠，2012.8.1）。2004年9月擔任考試院本國史地考試典試長的林玉体先生更宣布，公務人員初等考試本國史地只考臺灣，不考中國，將臺灣史視爲國史，中國史視爲外國史，更加凸顯臺灣的主體性。鄉土教育從過去的不被重視，鹹魚翻身躍爲重要課程，卻也沾染強烈的「排他」性格。

不論是鄉土教育或臺灣主體性，透過政治、輿論、學術、教育系統相互結盟，再透過考試機制鞏固地位，鍛造成一個新的意識形態網絡，掌握學校知識的性質、資源、人員、經費，使鄉土教育由附屬各科的次等地位，變成獨立設科的「鄉土教學活動」，再提升爲「鄉土語言」，背後涉及多少人的利益和一連串的邊際效應。但是這些考量卻不是源自學生的利益，而是政治權力主導了課程內容的變革。更令人遺憾的是，部分政治人物利用語言的差異、省籍的問題，挑起各族群的對立和分裂，以便從政治權力的重新分配中獲利，完全背離鄉土教育原是爲了促進多元文化，凝聚團結力量，解構主流文化和殖民霸權，建立自我主體性的初衷，造成鄉土教育不正常發展，而被批評爲矯枉過正了（王浩博，1999；吳俊憲、黃政傑，2012）。

## 肆 課程爭議與影響

鄉土教育原是反對以中國為正統的狹隘觀念，認為庶民生活與鄉土語言受到打壓，希望藉由提升鄉土教育，從社區、學校為核心，重新認識自己的鄉土經驗，以達到各族群平等及認同這塊土地。但是原本的教育性觀點經過操弄，最後卻成為政治人物打倒對手、追求臺灣獨立的墊腳石。近年來藉由提升鄉土語言的地位，雖凸顯族群文化的獨特性，卻未強調與其他文化接軌；教科書以臺灣為中心的史觀，也造就這一代被稱為「天然獨」的年輕人。歐用生先生說：

> 人的認同是建構的，還不是教育教出來的。你從小學這些東西，跟我們從小學大陸的東西，就不一樣了，是不是？自然而然小孩就認為我是臺灣人，哪一個會說他是中國人，絕對沒有，所以為政者很厲害。（訪歐用生，2016.10.17）

「太陽花學運」、「103高中課綱微調（反黑箱課綱）」事件中「中國化」與「去中國化」的對抗，在在顯示學校課程和教科書內容隨政黨意識而搖擺不定，教育成為政治鬥爭和利益爭奪的場域。這種「主體性」的定位偏向結構主義的單一主體，非此即彼，「本土化」一不小心就回到它所對抗的「中國化」，成為排除異己的族群文化意識（吳俊憲、黃政傑，2012）。由於教育問題不是用教育觀點去解決，而是教育成為政治的手段，造成「鄉土教育」的各種爭議。以下分從兩個角度探討，一是「鄉土語言」，二是「臺灣主體性」來看。

### 一 實施「鄉土語言」的問題

將「鄉土語言」從「鄉土教學活動」中獨立出來以後，不僅造成國語文授課節數的排擠，也因為缺乏詳細評估教學實際情況，而形成以下各種教學上的困境（黃建銘，2001；楊智穎，2014；吳俊憲、黃政傑，2012）：

### 1. 鄉土語言欠缺生活化

語言應該是透過「境教」融入日常生活，在各種公開場合發揮其實用性，現在鄉土語言卻是採用「上課」而不是「活動」的方式，強調聽說讀寫作的能力，反造成揠苗助長，無法引起學習興趣。鄉土語言欠缺生活化、趣味性、實用性，只是課堂裡必須學習的一種語言，難以達到效果，也違背當初「鄉土教學活動」的設計理念。

### 2. 鄉土語言缺乏代間傳遞

鄉土語言不能單靠學校教育，應該要結合家庭、鄉里、社區的代間傳遞，過去因為採國語政策，許多父母也不太會說自己的母語，因此，父母也應該一起學鄉土語言，鼓勵父母、祖父母和孩子之間使用鄉土語言做溝通，還要在大眾傳播媒體、公共場所、機關塑造鄉土語言使用的友善環境，才能有效提振語言。

### 3. 學校師資難以支持鄉土語言教學

暫且不論鄉土語言種類繁多（要滿足16種原住民語言需求），學校不一定有足夠的師資來源，有時因選修某種語言的學生過少，只有一名選修，是否也要提供一名師資教導，也引起爭議。此外，學校經常遇到的問題是：熟悉鄉土語言的支援教師，卻不熟悉教育理論、兒童心理學，授課時的班級經營往往造成學校的困擾；而有教師資格的正式教師，也不一定有足夠的鄉土語言能力可擔任教學，許多教師即使經過36小時培訓，仍有許多人對鄉土語言的語音、語調、語法、音標難以正確掌握，因此在教學上採消極配合的態度。

### 4. 學習鄉土語言能否增加學生的社會資本？

臺灣雖然以國語為共同語言，但實際上英文享有更高地位，原因就是學習英文帶來考試、職場及生涯規劃上的利益，但是學習鄉土語言是否也能獲得同樣的利益？如何才能讓學生像學習英文一樣的持續保持學習鄉土語言的動機？

### 5. 拼音系統始終未能統一，徒增學生負擔

「鄉土教學活動」課程標準頒布前，各縣市已經自行規劃鄉土教材，所以，基於尊重各地方已編的教材及各地風土民情，課程標準只規劃課程目標和教材大綱，讓各縣市自行規劃鄉土教材。沿用到九年一貫

課程時，各縣市、各版本「鄉土語言」仍採用不同的拼音系統（羅馬拼音、TLPA、通用拼音），「鄉土語言」科目成立後，背後涉及龐大利益，包括師資培訓、教科書選用等，使各派拼音系統各有不同的擁護者，彼此相互競逐廝殺，至今未能統一。因此如果遇到轉學或換教科書版本，學生還得學另一套拼音系統。而且從小一開始，不僅要學鄉土語言拼音系統，還要學國語注音和英文，這些負擔都是學生必須承受的。

### 6. 各族群語言缺乏協調整合

閩南語、客家語、原住民語在不同的教室進行，各學各的語言，少有機會交流，各相關族群的機關單位也是各自為政，未能相互協調，連政府補助的經費來源也有差異，造成族群差別待遇，無法達到族群整合與和諧的鄉土教育目的。

### 7. 鄉土語言缺乏對鄉土感情的培養

教學內容常以課本上的片段知識教導，即使採用唱歌、遊戲等方式，仍是缺乏像過去「鄉土教學活動」包含認知、技能、情意領域的系統化學習，也缺乏像過去「鄉土教學活動」所強調的對愛鄉情意的培養和對各族群文化的尊重，反流於「我族中心」、「地方本位」，成為意識形態的操弄。

## 二 「臺灣主體性」的爭議

從第一套鄉土教育課程標準「鄉土教學活動」，到以臺灣為中心的教材編寫、校本課程及「鄉土語言」的重視，提升了「臺灣優先」的意識，中國化被塑造成權威的、保守的、不民主的，而本土化則是進步的、民主的、改革的。不僅在教科書審查時，因為不同的史觀，及臺灣的定位與去中國化的疑慮，造成許多爭議外，新生代在接受本土化教育後的效應，加上選舉時政治人物的渲染，年輕人開始視「臺灣」和「中國」為不同國家，在網路上動輒以「支那豬」稱呼外省籍老兵和認同中國的人，逢中必反，散播族群分裂，也造成太陽花學運、高中生反黑箱課綱運動等衝撞，教育的本土化一步步達成「臺灣獨立」的政治目

的。這是當初歐用生先生參與「鄉土教學活動」課程標準設計時，始料未及的。

> 隔了一段時間，有一次我到大陸去演講談臺灣課程發展趨勢，就講到鄉土教育，他們大陸的學者就說，你們這是要臺灣獨立耶！那時候我才恍然大悟，我以前從來沒想過，他們一句話才讓我想到，嘎，好像是耶！我是臺獨的推手耶！我壓根兒沒有想到政治人物要的是這個東西。（訪歐用生，2016.10.17）

　　猶如歐用生先生常說的，課程史的發展並不是因果的，而是斷裂的、非預期的、擦槍走火的。作為一個教育學者，努力在教育的舞臺耕耘，依據教育理念去推展課程，但是在舞臺背後，政治人物的意圖卻是難以推測的。臺灣史和本土化研究原本也是反映全球化趨勢下，與殖民歷史對話，尋找自我主體的反思之旅，是自我開放、與他者文化共享共榮的民主基礎，但是現在「臺灣主體性」卻被操作成單一主體，「中國人」和「臺灣人」勢不兩立。

　　「臺灣主體性」所指涉的應該是居住在臺灣這塊土地上的居民擁有高度自省、批判的能力，基於關懷和認同這塊土地，願意共同打拼，轉化為實際行動來改善這塊土地。每個人都是依賴他人而存活，「主體」是向他者開放的，因此在談「本土化」、「主體性」時應避免畫地自限。臺灣本就是個多元的移民社會，存在各種族群，包括外省籍、本省籍、原住民、外籍配偶等，成員非常複雜，共存共榮生活在這塊土地上，是「生命共同體」。我們要承認並不是只有土生土長、受本土化教育的人才是「正港臺灣人」。那些隨政府流亡到臺灣落地生根的人，或是曾接受「中國化」教育，接受儒家思想、漢民族生活方式的人，對他們而言，「中國」和「臺灣」都是他的「祖國」，都在他們的血液裡，這是歷史造成的「不可選擇性」，並不是他們個人的罪。他們雖然是「中國化的臺灣意識」，我們卻不能否定他們也是「正港臺灣人」，我們不能將「中國」的影響從他們的血液裡抽離，因此也無法用「統」或「獨」一刀切斷來談「臺灣主體性」。「本土化」≠「去中國

化」，「中國化」也 ≠「不民主」；所謂「臺灣主體性」應該從瞭解
臺灣歷史中自我解放，不應再侷限於中國／本土、中央／邊陲、統／
獨、主體／被殖民的二元對立了。解放不是支配者與被支配者的角色易
位，也不代表是支配關係的解除，以爲去中國化就能追求主體性，脫離
被支配的命運，是無視於臺灣社會的多元文化和各種矛盾的存在。從
教育觀點來看，主體性教育應是強調自主、反省、尊重差異和相互理
解，而不是全盤接受政治人物的意識形態，陷自身於政治附庸。本土化
或中國化都不是絕對價值，統獨也不應該高於民主的價值。如果「本土
化」不是基於批判反省性質的多元文化和反殖民主義，只會落入另一種
霸權。

## 伍 結語

　　解嚴前「中國化」當道時，學校知識成爲政治意識形態的工具，鄉
土教育僅居於學校知識的次要地位。解嚴後「本土化」意識覺醒，學校
知識與科目疆界也產生變化，鄉土教育在政治黨派、議會團體、學術機
構、教育體系、鄉土語言體系，彼此結盟和聯手推升下，受到前所未有
的重視，終於在1994年課程標準中獨立設科，這是臺灣歷史上第一個
鄉土教育的課程標準，也是歷史上第一次正式課程標準公布後，才頒布
的鄉土教育課程標準。課程內容保持彈性，由各校依其所在鄉土文化的
差異自編教材，鼓勵充分利用校內外教育資源及師資，以滿足學生學習
的需求，在課程設計上加強文化、經驗及學科的統整。「鄉土教學活
動」在九年一貫課程時期被廢除，其成果轉移至校本課程，仍繼續以學
生所熟悉的校園生活、社區生活爲出發點設計教材，讓學生找回對鄉土
的愛與關懷，逐漸擴展視野到全世界，創造新的臺灣文化和新的臺灣史
觀。

　　鄉土教育結合社區、學校的力量共同建構，由學校出發，進而推動
社區總體營造的例子在全臺灣各地不勝枚舉。例如：臺南市安平區西
門國小利用學校附近的古蹟和在地文史資源設計校本課程，獲得雜誌
評選爲「百大特色小學」，課程目的以培養學生欣賞多元文化，涵養

「鄉土情、世界觀」的情懷，將在地文化與國際接軌，形成一個融入語文、社會、藝術人文、海洋教育、環境教育等的主題式教學，結合母語、國語、英語、日語、荷蘭語的學習，邀請日本、荷蘭等國友人協同教學，豐富學生的文化素養，教學方式採多元智能的設計，讓學生從參與、體驗、觀察、說唱、解決問題等活動中重新省思自我與他人的關係，拓展文化學習，培養學生為家鄉文化的推手（林瑞榮，2011）。又例如：1994年北投國小的教師在「鄉土教學活動」進行主題教學，在探勘北投溪時，進入「臺北縣議會招待所」，赫然發現這棟建築即是「北投溫泉公共浴場」，最後發起聯署陳情以保留該建築的歷史價值，至今已成為臺北市政府重要的社區博物館。雲林縣林內鄉成功國小將紫斑蝶生態列為校本課程，培養「學生帶得走的能力」，更帶動社區觀光人潮，建立「紫斑蝶學校」的獨特品牌（歐用生，2008）。這些都是擬訂「鄉土教學活動課程標準」以來極為重要的貢獻。

　　2000年政黨輪替後，課程進行大翻轉，臺灣不再是邊陲，而是國家主體，「鄉土教育」以「臺灣主體性」之名擴展到各個學習領域，極力摧毀大中國意識，斷絕臺灣與中國的臍帶關係，「鄉土語言」自「鄉土教學活動」中單獨抽離設科，走向純語文的學習，失去鄉土教育由近而遠、由臺灣出發逐漸擴展到全世界的精神，「臺灣主體性」、「本土化」淪為一種政治修辭。教育反映現實生活，本該回應社會需求，鄉土教育作為臺灣主體性的基礎課程是解嚴後政治型態轉變、學術論述和教育改革的複雜互動下所形成，如果可以透過教育的理念和學術知識說服社會大眾，以學校、社區為核心發展課程，將臺灣本土精神滲透到課程裡，使下一代具有反省批判與多元文化的思想，反殖民的「主體再創」和「民主精神」理想將不遠。然而隨著政黨輪替，其後的決策過程和課程設計不再是基於教育理念，而是直接反映政治意識形態，如此未以學生利益為考量，欠缺宏觀的歷史視野和政治高度的課程，將造成課程實施的矛盾及偏狹的地域主義陷阱。

　　今日政治環境的肅殺和庶民社區生活的活力恰成對比。在檢討鄉土教育時，應該留意鄉土教育與師生日常生活矛盾之處，重新回歸教育的本質，讓學生成為教育的核心，考量國家長遠發展和全民福祉，以

包容和開放的胸襟去擁抱各族群和全世界，而不是藉由抬高「鄉土語言」，讓型塑國民價值觀的教育被銘刻在權力與利益交錯的遊戲中。

# 參考文獻

王浩博（1999）。國民小學鄉土教學簡介。載於臺灣省國民學校教師研習會（編），社會與鄉土教學研究（頁78-81）。新北市：臺灣省國民學校教師研習會。

立法院（1990）。立法院第一屆第八十五會期第二十次會議議案關係文書。臺北市：作者。

佘碧平（譯）（2002）。性經驗史（Volume 1 of The History of Sexuality）。（原作者：Michel Foucault）。上海：上海人民出版社。（原出版年：1978）。

吳俊憲、黃政傑（2012）。從本土化論教科書政策的演進與改進。載於國家教育研究院主編。開卷有益：教科書回顧與前瞻（頁95-119）。新北市：國家教育研究院。

林瑞榮（1998）。國民小學鄉土教育的理論與實踐。臺北市：師大書苑。

林瑞榮（2011）。鄉土教育的理論與實踐。臺北市：五南。

周煊惠（2012.8.1）。探討本土語言教育問題，盼獲更多教育資源。引自新網報http://newnet.tw/Newsletter/Comment.aspx?Iinfo=5&iNumber=4606#ixzz28s1XNR3p）。

秦葆琦（1999a）。迎接鄉土教育的新世紀。載於臺灣省國民學校教師研習會（編），社會與鄉土教學研究（頁211-217）。臺北縣：臺灣省國民學校教師研習會。

秦葆琦（1999b）。鄉土教材之編纂。載於臺灣省國民學校教師研習會（編），社會與鄉土教學研究（頁207-210）。臺北縣：臺灣省國民學校教師研習會。

教育部（2011）。國民中小學九年一貫課程綱要語文學習領域（閩南語）。引自國民教育社群網，http://teach.eje.edu.tw/9CC2/9cc_97.php 國民小學課程標準（1993）。

國小鄉土教學活動課程標準研訂小組（1994）。鄉土教學活動課程標準研訂經過紀要。臺北縣：臺灣省國民學校教師研習會。

歐用生（1996）。鄉土教育的理念與設計。載於歐用生著，課程與教學革新（頁49-64）。臺北市：師大書苑。

歐用生、高明智、羅秋昭、張自立（1996）。國民小學「鄉土教學活動」概念綱領及

課程設計模式研究。臺北市：國立臺北教育大學。

歐用生（2008）。學校本位課程評鑑的視野：雲林縣學校優質轉型經驗的省思。課程與教學季刊，**12**(1)，頁1-24。

黃建銘（2001）。本土語言政策發展與復振的網絡分析。公共行政學報，**39**，頁71-104。

楊智穎（2014）。解嚴後國小本土語言課程的科目史研究：1987～迄今。載於：課程史研究（頁109-152）。高雄：麗文。

Apple, M. W., & Christian-Smith, L. K. (1991). *The politics of the textbook*. New York, NY: Routledge, Chapman and Hall, Inc.

Goodson, I. (1993). *School subjects and curriculum change*. Washington, DC. London: The Falmer Press.

以「實驗」為名的學校課
程發展：回顧與前瞻

楊智穎
國立屏東大學教育學系教授

## 壹 前言

　　受到翻轉教室、差異化教學和學校創新等教育理念的影響，「實驗學校」成為近年極受關注的教育議題，特別是隨著2014年「實驗教育三法」[1]的通過，更賦予實驗學校多元且豐富的面貌，同時間接催化以學校為本進行課程實驗的蓬勃發展。其中，更值得加以關注的是促進公立實驗學校的合法性，顛覆「實驗學校」即為私立學校所獨有的印象。回顧國內實驗學校課程的發展，其實已有一段很長的時間，然過去的這段歷史卻較少被研究。因此，本研究將透過歷史研究法，針對以「實驗」為名的各種學校課程發展進行探討，其目的在彌補過去這段的歷史懸缺。

　　根據上述，經由本研究的進行，將可彰顯三個研究意義：其一，考

---

1　「實驗教育三法」為《高級中等以下教育階段非學校型態實驗教育實施條例》、《學校型態實驗教育實施條例》，以及《公立國民小學及國民中學委託私人辦理條例》的簡稱。

量任何時期的課程實際皆不會在眞空中發生，同時會和所有人類的歷史相互關聯（Tanner & Tanner, 1990）。因此，透過歷史性的分析，深入探討每個實驗學校課程所在的歷史文化情境，可瞭解當時社會文化脈絡對實驗學校課程的影響。其次，則是基於歷史能夠提供前人完整的經驗儲存庫，不致讓人們成爲活生生的實驗鼠，加上許多的教學問題常深植於過去，許多的解決策略也曾在過去被嘗試過（Track & Cuban, 1995），參考前人實驗學校課程的做法，也可降低課程實踐過程不必要的錯誤嘗試。

最後一個研究意義則是期待經由此一歷史性的分析，促進本土實驗學校課程學的建立。綜觀西方課程學術領域的建置過程，各時期實驗課程的發展對課程學理的建構，具有相當大的貢獻，包括從十九世紀末起所興起的一連串實驗學校課程革新運動，到1930年代的「八年研究」（The Eight Year Study），再到1970年代「人的研究」（Man: A Course of Study）。分析上述課程實驗的成果，後來都成爲建構課程學理基礎的重要元素，反觀國內在推動相關的課程實驗時，卻較少以在地的歷史經驗作爲基礎，每當要推動新的課程實驗方案，總習慣移植西方的做法。其實任何課程都有其傳統與歷史，檢視它的演進的軌跡、內涵的轉變，以及環境如何支配它的趨向等，也可提供課程設計、教材取捨、教學方法選擇時的參考（歐用生，1994）。

爲達上述研究目的，本研究先針對臺灣過去實驗學校課程發展所累積的經驗與做法進行分析，然後探討其所呈現的歷史特性，接下來針對重要議題進行討論，最後提出對未來公立實驗學校課程革新的啓示。

## 貳 過去累積的經驗與做法

爲了對歷年臺灣實驗學校的課程發展有一整體性的瞭解，以下以「實驗學校」的性質與定位作爲主要的歷史分期依據，共分爲三個階段，茲分別論述如下。

## 一 1990年代前偏向由行政主導的實驗學校課程發展

回顧臺灣實驗學校的發展，在1979年的《國民教育法》第19條中即出現「實驗教育」一詞，不過本條文中的「實驗教育」是指在每一所培養小學師資的師範學校附設實驗小學。在此之前，陳梅生在省立臺北師專附設實驗小學擔任教師及教務主任時（1949-1953），曾經編印過《隨機教算教學指引》，執行「小學低年級國語課本應否全部注音實驗」，主持「作文用文字訂正與符號訂正之效果估定實驗」等六個課程實驗（陳梅生，2000）。

國民教育司司長葉楚生在1968年，也曾召集九所師範專科學校校長和實習輔導處主任，討論如何對國小各科目進行課程實驗，並選擇師範專科學校輔導區內的國小作爲實驗學校進行課程實驗（教育部國民教育司，1971；1973）。

1979年之後，省立新竹師範專科學校在1985年間，也曾以其附設的實驗小學四年級學生爲對象，透過嚴謹之實驗研究法的設計，進行價值教學的實驗（新竹師範學院，1990）。當時的新竹師專在教育廳的經費支持下，由新竹師專教師組成國小價值教學研究小組，開始蒐集文獻，融合郭爾保的道德發展階段論，發展爲「國小生活與倫理價值教學模式」，並在竹師專附小和其他小學進行實驗。只不過隨著師專改制爲師院、教育大學和一般綜合大學後，許多的傳統師資培育大學，就較少透過實驗小學進行相關課程實驗工作。

不同於師資培育機構附設實驗學校所進行的課程實驗，另一個則是由教育行政或研究機構所主導的課程實驗。其中一個案例則是於1953年在美國駐臺安全署協助下，所進行的社會中心教育實驗。其理念係指學校要與實際生活相配合，學校要與社會打成一片，休戚相關。爲推動該實驗計畫，當時還指定某些學校作爲示範社會中心教育學校（謝鍾詮，1958）。另外，於1952年擔任教育部普通教育司司長的沈亦珍，爲矯正當時中學教育與實際生活脫節的弊病，也曾在臺灣省立成功大學設置生活中心教育實驗班，推動生活中心課程實驗。

其中，生活中心課程實驗的推動又較受到學者所矚目，目前已

有一些文獻針對該課程實驗進行研究（單文經，2004；2014；鄭玉卿，2011）。分析該實驗最大的改革在於課程與教學，特別是在課程編制方面，主要採合科課程和核心課程的編制原則，打破以科目為中心的方式，根據生活的需要，將全部課程劃分成社會研究、自然研究、語文研究、數學研究、康樂活動、生產勞動及選修科目等大範疇（臺灣省立臺北成功中學，1963）。在教學原則方面，則為：(1)提倡師生共同參與，(2)注意學生的學習興趣與能力，(3)注重學生生活經驗的充實與改造（薛光祖，2000）。雖然透過該課程實驗後，實驗班學生的生活相關知能確實有較優的表現，同時其教學成效也獲得學生的肯定。然傳統的價值觀仍是該課程實驗的最大阻力，特別是來自家長和社會的壓力（臺灣省立臺北成功中學，1963；單文經，2004；鄭玉卿，2011）。

至於另一個受到矚目的課程實驗，則是在1970年代的國民學校教師研習會（以下簡稱研習會）時期，為推動中小學各科目的課程革新，所發展出來的「板橋模式」課程實驗[2]。回顧該課程實驗的發展，可追溯1971年的研習會主任陳梅生等至美日進行科學教育考察回國後，建議要常設或指定一個研究機構從事建立課程試驗的工作（陳梅生，1986）。在相關科目中，最開始是先針對數學和自然兩科，1979年又由時任研習會主任崔劍奇啓動社會科課程實驗。柯啓瑤和林宜臻（1986）曾回顧當時自然科學課程的實驗過程，包含會將編寫完成的實驗教材在48所國民小學進行兩次實驗，在實驗期間還設計製作教具一百多種供實驗學校使用。

1979年研習會更接受教育部委託，成立「社會科研究小組」，規劃國小社會科兩個階段的課程研發，第一階段從1979年至1987年，第二階段從1987年至1995年，兩個階段都包含課程實驗。當時第一階段的社會科課程實驗曾針對全省41所學校進行實驗。各實驗學校運作的特色有三：(1)此課程實驗過程中，強調教師的教學自主及配合本身所

---

2　由於當時國民學校教師研習會是位於臺北縣板橋市，因此其所進行的課程發展模式又被稱之爲「板橋模式」。

在的教學脈絡；(2)被邀請擔任實驗教學者大多是教學用心且具熱忱的教師；(3)為了讓社會課程的實驗更具成效，研習會會針對實驗教師安排系統性專業成長課程，除了辦理教學實驗前的研習活動，相關研究人員也會到校進行輔導（楊智穎，2015a）。然隨著解嚴後的臺灣逐漸民主化，催化了教科書開放政策的推動，同時也削弱了板橋模式的影響力，加上九年一貫課程實施及凍省因素，更加速板橋模式課程實驗的退場（陳美如、彭煥勝，2016）。

## 二 1990年代後的實驗學校課程發展逐漸從體制外對抗到體制內的合法化

1990年代之後，各種以國家課程政策為本所進行的課程實驗持續存在，但另一個值得關注的課程實驗，則是隨著政治解嚴及教育逐漸開放後，所形成的一些體制外實驗教育運動。當時相關團體企圖透過體制外的衝撞與對抗，凸顯人民有權力決定自己所期待的教育方式，如1988年由人本教育基金會著手籌辦的森林小學，到1994年朱台翔被以違反《私校法》起訴（王俊斌，2008）。

然此種具衝撞意味的實驗學校，到了1999年重新修正《國民教育法》和通過《教育基本法》，開始讓實驗學校的角色與定位不同於以往，例如修正後的《國民教育法》第1條第1項即指出：「國民教育，以由政府辦理為原則，並鼓勵私人興學。」至於《教育基本法》的第2條則明訂：「人民為教育權之主體。」類似修正與通過的法規內容已使得當時臺灣教育從反對一元化體制外抗爭階段，邁入另類學校多元發展的時代（王俊斌，2008）。分析這些另類學校的特質，主要為私立學校，而關於他們的校名，有些會特別附上「實驗」二字，如：李雅卿等於1994年所發起的「信賢種籽親子實驗小學」，及由孫德珍所創辦的「雅歌實驗小學」。非常弔詭的是，這些在解嚴初期頗令政府頭痛的學校型態實驗教育，在後來高漲的教改聲浪中，反而被奉為教改的楷模。

在此同時，體制內也興起一波實驗學校教育的風潮，其多少受到體

制外實驗教育運動的影響，因此，諸如要求課程發展權限重組、下放等訴求不斷被提出，導致以學校爲主體的各種課程實驗，在地方及中央政府的推動下也開始蓬勃發展，例如：1994年臺北市即曾實施「田園教學實驗」，其教學內容係配合社區的自然環境和文化資源，在既定的課程架構下融入自編的田園課程（鄭東瀛、簡馨瑩，1996）。同年臺北縣亦推動「開放教育」，同時有一些小學參加試辦，其課程設計特色係包括開放的學習時間、學習環境、學習內容、學習方法、學習評鑑及學習資源等（鄧運林，1994）。分析上述實驗學校試辦的動因，多少在對抗傳統學校教育僵化與封閉。

### 三　2014年「實驗教育三法」通過後，公立實驗學校課程呈現多元發展樣貌

近年爲鼓勵學校進行創新教學，政府除了在《教育基本法》中對實驗教育進行規範，又在2014年11月頒布「實驗教育三法」。其中，在《學校型態實驗教育實施條例》方面，除了包括私立學校，同時也許可公立學校主管機關得不逾其所屬同一教育階段總校數之5%原則下，讓公立學校準用本條例規定，辦理學校型態實驗教育。2016年12月又對「實驗教育三法」進行修正，將一縣市中公立學校轉辦爲實驗學校的比例，放寬爲同一教育階段總校數的三分之一，至於每校學生人數的限制，則由原先的480人，放寬到600人，每年級不得超過50人（沈育如，2016）。

初步分析目前各縣市公立實驗學校所發展的課程，其實相當多元[3]，大致可分爲四大類，其一是生態取向的實驗課程，此種實驗課程大多結合學校所在的生態環境，如獨木舟課程。其二是原住民文化取向的實驗課程，發展此種實驗課程者，多屬原住民比例較高的學校。其三則是混齡教學取向的實驗課程，此種實驗課程主要發生在受少子女化影

---

[3] 爲瞭解公立學校實驗課程的發展情形，研究者於2016年10月至2017年1月間分別訪談幾所公立實驗小學，或地方縣市政府的承辦人員。

響較深的偏鄉小校。第四則是華德福實驗課程。至於少數實驗學校，包括未來即將要申請成為實驗學校者，有的嘗試要進行四學期制實驗課程、雙語實驗課程。當然，也有些實驗學校會發展出包含兩種以上的實驗課程方案。至於各公立實驗學校到目前為止的實施情形，一些學校也表示，由於缺乏經驗，因此在推動過程中多持觀望、徬徨或摸索的態度。

### 參 歷史特性分析

為更深入瞭解臺灣實驗學校課程的歷史特性，以下分別再針對「實驗」的意涵、實驗學校課程革新的運作模式、影響實驗學校課程發展的關鍵因素，以及實驗學校課程中價值的「混種化」現象等進行探討。

### 一 實驗學校課程發展中的「實驗」意涵

綜合相關文獻對實驗學校課程進行探究的分析可發現（張嘉育，1999；黃政傑，1988；歐用生，2000；蔡清田，2009；Elliot, 1998），實驗學校中的「實驗」意涵，其實係蘊含多重的概念要素，主要有五：(1)將實驗學校課程發展視為是一種學校本位課程發展，(2)將實驗學校課程發展界定為在學校情境中對某一課程方案進行試用的過程，(3)將實驗學校課程發展中的「實驗」視為具「改革」的意涵，(4)將實驗學校課程發展中的「實驗」視為具「研究」的意涵，(5)把實驗學校課程發展中「實驗」視為是「另類」的同義詞。

依此分析臺灣歷年實驗學校的課程發展可發現，並不是每一種類型的實驗學校課程發展皆具備上述概念要素，同時在不同歷史脈絡或應用情境下，同一概念要素在其中所指涉的意涵也不見得完全相同。若以前述「板橋模式」課程實驗為例，其主要是由研究機構所主導的課程實驗，此種型態的課程實驗除了具有「改革」的意涵，更重視課程方案的試用。至於對一些私立實驗學校而言，如：宜蘭華德福實驗小學或道禾實驗學校，這類學校所推動的實驗課程通常視「實驗」為另類，旨在區

隔體制內公立學校過度僵化的課程制度，偏向學術取向的課程內容。

至於「實驗教育三法」通過後的公立實驗學校，分析其所發展的實驗課程，雖能有一定比例可超越國定課程的規範，但因實驗年限仍需向教育部申請，因此本研究認為，未來此種公立實驗學校所推動的課程，除具有「另類」的意涵，在某種程度上又不會完全脫離國定課程的範疇。

## 二　實驗學校課程革新的運作模式

由於實驗學校課程具有「改革」的意涵，而歸納學界對課程改革運作模式的分類，大致可分為由政府主導的行政模式、將改革視為研究工作來處理的研究發展推廣模式（Research, Development and Dissemination Model, RD & D Model），以及以學校作為主要改革發起者的草根模式（bottom-up）（尹弘颷、李子建，2008；黃政傑，1999；McNeil, 1996）。其中，行政模式和研究發展推廣模式都傾向是由上而下的課程改革運作模式，只有草根模式才是由下而上的課程改革運作模式。

分析臺灣歷年各實驗學校所推動的實驗課程革新，大致也可依上述三種模式進行分類。屬於行政模式者，主要是國家課程政策主導下所推動的課程實驗，如前述生活中心課程實驗，而九年一貫課程時期的試辦學校，或十二年國教課程正式實施前的前導學校，也偏向是這種課程實驗模式。屬於研究發展推廣模式者，則以1980年代起由研習會所推動的課程實驗為代表。至於從1990年代所興起的一些私立實驗學校，到2014年「實驗教育三法」通過後的學校型態實驗教育，他們所推動的課程實驗則多偏向屬於草根模式。

## 三　影響實驗學校課程發展的關鍵因素

分析影響臺灣實驗學校課程發展的關鍵因素，在實驗課程的形成方面，除了會受到當時期之重要事件的影響，特定人物在此中的推波助瀾也不容忽視，如：推動生活中心課程實驗的沈亦珍，以及「板橋模

式」課程實驗時期的陳梅生和崔劍奇。至於「實驗教育三法」下的公立實驗學校課程發展，則多和校長的理念與意志有關，包括實驗課程的方向與內容。此現象和Tyler（1935）對西方實驗學校的分析結果類似，主事者的信念和意願，在教育目的上或在教學方法上有所不同，通常就會發展出不同主張與特色的實驗學校課程。

至於影響實驗學校課程發展之成效及持續性因素方面，透過歷史性的分析可發現，大社會文化脈絡、教育政策、學校教師文化、專業知能及工作負擔等，都是重要的影響因素（單文經，2004；鄭玉卿，2011；Kliebard, 1992）。在相關因素中，學校教師文化仍是最為關鍵，因為在革新課程實驗的過程中，教師必然要改變過去習以為常的教學行為，也必須增加新的任務，同時要面對家長和同事的質疑（Tyack & Tobin, 1994）。如果教師沒辦法跟上革新課程實驗的腳步，通常會讓實驗課程只停留在書面或制度面的革新，而無法深入課堂中的教學實際。

四　實驗學校課程中價值的「混種化」現象[4]

回顧過去實驗學校的興起，主要是基於對公立學校課程過度學術導向與僵化的不滿。「實驗教育三法」通過後，一般公立學校也可申請成為實驗學校，加上主要申請者又以偏鄉小校為主，這些學校在發展實驗課程時，必然會面臨許多課程價值選擇的兩難困境，包括族群文化認同、學術競爭力或學生中心等價值衝突的問題。本研究初步分析一些公立實驗學校的課程發展計畫後發現，多數學校的實驗課程背後通常會權宜的混合各種價值信念，例如：一些推動生態取向和原住民文化取向實驗課程的學校，它們為避免造成學生學術基本能力的落後，多會同時在學校課程架構中增設英語、數學等課程。

Kliebard（1998）在回顧美國課程改革史時曾指出，所謂的美國課程，其實是各種具競爭性學說與實際的集結。分析國內公立實驗學校的

---

[4]　「混種」是借用Kliebard（1995）對該用詞的界定，指在說明課程改革過程中所產生之各種學說或意識形態彼此摻混的現象。

課程發展狀況，亦有類似情形產生，此種混合各種價值觀所形成的實驗課程方案，通常是各種具衝突性之課程價值信念，彼此互動、妥協下的產物，這也顯示單一的課程價值信念很難生存在實際的學校教育情境中。

## 肆 重要議題討論

根據上述對臺灣歷年實驗學校課程發展之歷史特性的分析，以下再提出四個重要的課程議題進行探討，特別是聚焦針對「實驗教育三法」通過後的公立實驗學校課程發展。

### 一 誰需要實驗學校課程發展

由於學校課程的精神、形式、內容與方法本來就應該處於不斷發展革新之中。因此，任何推陳出新的嘗試性活動都可以概稱為學校課程實驗（陳惠邦，2000）。然目前規範申請實驗學校者，主要針對小型學校，原因是相關教育行政當局希望透過此一實驗學校機制，解決偏鄉小型學校招生不易及文化不利所造成的教育問題，可見此種公立實驗學校的出現，明顯是特定社會歷史脈絡下的產物，但本研究要擔心的是，此現象是否會讓一般人誤認實驗學校課程發展就是偏鄉小型學校的專利，大型學校不需要進行課程實驗。

其實每一所學校和每一間教室都是獨特的，都是課程的實驗室（歐用生，2000）。即使不申請實驗學校，或進行另類理念的課程革新，所有學校也都要針對國定課程進行課程實驗與研究。因此，以目前所推動之「實驗教育三法」下公立實驗學校課程發展可能產生的一個迷思，即會讓多數人以為課程實驗是偏鄉小校的專利。至於另一個要提出的質疑是，這些欲成為實驗學校的公立小型學校，是否都有資格成為實驗學校，包括是否已為課程實驗做好充足的準備？真的是為了某一特殊教育理念而進行實驗嗎？其所推動的實驗課程又是否真的符合學生和家長的需求？如果上述問題的答案皆為否定，實驗學校中的學生將可能會成為

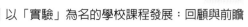

實驗課程推動過程中的白老鼠。

## 二　如何從實驗學校課程發展史中獲得教訓

　　透過對臺灣歷年來的實驗學校課程發展進行分析後發現，雖然許多重要的實驗課程總無法持續很久，但本研究認為，仍可從這些歷史案例中歸納出一些經驗與做法，供當前實驗學校進行課程發展與實踐的參考，例如：在師範專科學校時期，師資培育機構與實驗小學間夥伴協作關係的建立；在生活中心課程實驗時期，提倡師生共同參與實驗課程的教學實施；以及在「板橋模式」課程實驗時期，強調教師的教學自主，及對實驗教師進行專業成長。

　　雖然如此，過去的研究發現並無法告訴我們要做什麼，而是提供我們一種機會，讓我們依據這些研究發現重新加以檢驗我們的教育作為（Kliebard, 1992）。換句話說，過去實驗學校課程的經驗並不能完全套用到現今任何實驗學校的課程發展，實驗學校中的相關課程發展者仍需與其所處的情境脈絡進行對話，包括當前的社會氛圍、教育政策的方向、學校教師的能力與價值觀，以及社區資源與文化背景等，再透過集體慎思的過程，提出合乎在地脈絡的實驗課程發展原則與策略。

## 三　誰來決定實驗學校的課程內容與做法

　　關於實驗學校到底要發展何種實驗課程？這些實驗課程是誰的理念？是誰來決定實驗課程的做法？其又是如何產生？是校長或是全部教師？有關上述問題的探討，除了為課程社會學所關注，近年也受到課程史研究的青睞，研究目的不再只探討何種知識是真實或有效的，更強調針對何時、何地和以何種方式，將何種知識納入或排除於學校課程之中（楊智穎，2015b）。

　　根據上述，反思現今各公立實驗學校課程發展，仍多是某一校長主導下的實驗課程，例如：研究者對一些實驗學校教師進行訪談時，常會聽到這樣的說詞，「如果把實驗學校的某個校長拿掉，這個實驗課程可能就不存在。」其實，公立實驗學校所進行課程發展亦為學校本位課

程發展的一種類型，其精神更應重視在地學校教育的主體性，此觀點即 Elliot（1998）所強調的「社會實驗觀」（social experiment），其係指教師必須要在學校場域中一起設計實驗課程，並驗證其是否符合學校現場的需求，這種強調所有成員共同參與實驗課程發展的過程，即在彰顯民主學校課程的精神。

## 四　實驗學校課程發展的本質

　　分析當前「實驗教育三法」通過後各公立實驗學校課程發展的本質，有些並不完全是為了達成某些教育理念，而會傾向是在進行一種社會或文化實踐，例如：原住民實驗學校課程即同時在落實族群與文化認同的理念，而偏鄉小校所實施的生態實驗課程或混齡教學的實驗課程，某種程度也是為了解決偏鄉學校存廢，及後續衍生的在地文化維繫問題。此現象凸顯學校現場中所謂的「實驗」或「實驗課程」，已不是一種本質穩定的概念，其對各實驗學校而言，就猶如一張空白紙，每個學校會依自身脈絡與需求對其進行著色，甚至摻雜教育、政治、文化及社會等的建構。

　　本研究並不反對實驗學校對於社會或文化實踐目的的落實，但在此要強調的是，其不應成為推動實驗學校的唯一或最重要的目的。其實，任何課程改革的推動，都需要對目的、意義、定位、價值與學理基礎等本質性的問題進行深入探討（宋明娟、甄曉蘭，2013），實驗學校課程發展亦然。換句話說，推動實驗學校課程發展還應提供一個更為積極的教育目的，如某一教育理念的實踐，或是某一教育理念與實踐相互對話與修正，而不只是在進行一些技術性的教育操作，或只為了解決當下學校遭遇到的教育困境，如：小校存廢問題。

## 五　實驗學校課程發展過程中的陷阱

　　從過去課程改革的歷史可發現，過程中總常會出現一些不易察覺的陷阱，阻礙改革的進行，難怪歐用生（2000）會指出，課程改革是一個非常複雜、多面向的過程，易受時尚、流行和儀式的影響，而且容易產

生「迷思」和「陷阱」。由於實驗學校課程發展同時也具「改革」的意涵，因此其推動過程無可避免地會出現一些陷阱，當課程發展者不自覺時，便可能讓實驗課程推動的過程產生一些意想不到的負面影響。

例如：對於那些要被實驗的課程，總會認為其應該受到重視，但其他未被實驗的課程，則可能會被忽略或邊緣化。其次，則會認為凡是掛上「實驗」的課程，就代表是新的或進步的，是不容質疑的，而傳統的課程就被視為是落伍或退步的，這種論述也是相當危險的。其實，任何的課程革新都非價值中立，背後都會隱含特定的知識觀、社會觀或課程觀，課程發展者有必要時時反思實驗課程相關理念的合理性與正當性，如大多數人在探討課程「實驗」的概念時，通常會關聯到「研究」，然這裡的「實驗」或「研究」，其界定如果視為是自然科學視角下的概念內涵，則可能會忽略社會、歷史或文化等視野下的探討，進而錯誤地假設「實驗課程」的研究是可放入一個真空環境下進行，而其成效也可純由量化的指標來檢視。

## 伍 對未來公立實驗學校課程革新的啟示

本研究在「實驗教育三法」通過後，各種學校型態實驗課程又蓬勃發展的重要歷史時刻，對臺灣歷年實驗學校課程發展的演進進行分析後發現，在1990年代之前，較偏向由國家政策主導下所推動的學校實驗課程，1990年代後的實驗學校課程發展，逐漸從體制外對抗，轉移到體制內的合法化，2014年「實驗教育三法」通過後的公立實驗學校課程，則呈現多元發展樣貌。透過上述分析，有助於從中獲取值得借鑑的歷史教訓，同時避免讓現今實驗學校的課程發展犯下非歷史的弊病，特別是對於過去未曾實施的公立實驗學校課程發展。

除了借鑑實驗學校課程發展的歷史，研究者應持何種觀點對此一歷史進行分析，也應受到重視。回顧過去國內對於課程改革的研究，大多會採行政管理的取向，較著重於討論如何推動改革（卯靜儒，2014），也就是強調問題解決，但卻不重視脈絡理解，常預設解決方案的提出，便等同進步的教育主張，對於社會文化意涵缺乏深層的瞭解及批判

（劉曉芬，2007）。此現象同樣也發生在各種以「實驗」為名所進行的學校課程革新。其實，任何時期的實驗學校課程都是特定歷史脈絡下的產物，因此在對這些實驗學校課程進行評析時，必然不能脫離當下的社會、政治與文化等情境。依此邏輯，在對「實驗教育三法」通過後之公立實驗學校課程進行探討或評鑑時，也應放入其所處的社會歷史脈絡裡面，跳脫純技術性操作的課程探究取向，或是績效導向的評鑑思維，轉而要強調與社會歷史對話，及與地區文化對話，從中發現結構性的限制，藉此探討公立實驗學校課程發展背後更為深層的問題。

最後，本研究認為還要從課程史中反思實驗學校課程是否存在一些儀式性的改革習性，或蘊含一些習焉不察的陷阱而不自覺，特別是一些因應時代和社會需求而推動的實驗學校課程，一定也要對其相關的課程本質性問題進行省思，例如：「實驗」是否真能解決學校當下所遭遇到的問題？其是否忽略了學校的功能？在推動某一實驗課程方案時，是否曾思考其中的課程理念為何？以及實驗學校課程發展的「名」與「實」之間是否相符？這些課程本質性問題的探討，有必要成為實驗學校課程發展的過程中不斷要去思考的問題。

# 參考文獻

王俊斌（2008）。臺灣政治解嚴以來另類學校的變革。載於蘇永明、方永泉（編），解嚴以來臺灣教育改革的省思（頁273-309）。臺北市：學富。

卯靜儒（2014）。改革即改變嗎？：教育改革理解路徑之探索。教育學刊，**42**，1-37。

尹弘颷、李子建（2008）。課程變革：理論與實踐。臺北市：高等教育。

臺灣省立臺北成功中學（編）（1963）。十一年來的生活中心教育實驗：初級中學發展之途徑。臺北市：教育部中教司。

宋明娟、甄曉蘭（2013）。從八年研究實驗課程經驗反思高中課程改革的挑戰。教育研究集刊，**59**(4)，47-79。

沈育如（2016）。教部修法放寬實驗教育校數比。國語日報，12月22日，12版。

柯啓瑤、林宜臻（1986）。自然科學課程研究發展。載於臺灣省國民學校教師研習會
　　（編），臺灣省國民學校教師研習會三十年紀念專刊（頁233-234）。臺北縣：
　　板橋。

教育部國民教育司（1973）。課程實驗研究（第三輯）。臺北市：教育部。

教育部國民教育司（1971）。國民小學課程實驗研究報告。臺北市：教育部。

張嘉育（1999）。學校本位課程發展。臺北市：師大書苑。

張瀞文（2015）。實驗學校招生中。親子天下，9月，102-109。

張瀞文（2016）。公立實驗學校就在你家旁。親子天下，11月，76-79。

陳美如、彭煥勝（2016）。探尋一段臺灣課程發展史：板橋模式的回顧與前瞻。教科
　　書研究，9(1)，1-36。

陳梅生（1986）。在研習會幾椿值得回憶的事。載於臺灣省國民學校教師研習會主
　　編，臺灣省國民學校教師研習會三十年紀念專刊（頁41-58）。臺北縣：臺灣省
　　國民學校教師研習會。

陳梅生（2000）。董群廉、陳進金訪談記錄。陳梅生先生訪談錄。新北市：國史館。

陳惠邦（2000）。學校教育實驗的回顧與展望。發表於國立新竹師範學院（主辦），
　　學校教育實驗回顧與展望國際研討會。新竹市：國立新竹師範學院。

黃政傑（1988）。教育理念的追求。臺北市：心理。

黃政傑（1999）。課程改革。臺北市：漢文。

單文經（2004）。論革新課程實驗之難成。教育研究集刊，50(1)，1-32。

單文經（2014）。反思J. Dewey教材心理化爲本的課程實驗所帶來改變。課程研究，
　　9(1)，85-110。

新竹師範學院（1990）。價值教學推廣成效檢討與分析。新竹市：新竹師範學院。

楊智穎（2015a）。探尋板橋模式社會課程發展時期的一段教學改革史。載於張新仁
　　（編），中小學教學改革（頁21-38）。臺北市：五南。

楊智穎（2015b）。課程史研究。臺北市：學富。

歐用生（1994）。鄉土教育的理念與設計。載於國立臺灣師範大學教育研究中心
　　（編），鄉土教育系列研討會（I）：鄉土教育的理念與實施座談會資料（頁
　　7-17）。臺北市：國立臺灣師範大學教育研究中心。

歐用生（2000）。課程改革。臺北市：師大書苑。

薛光祖（2000）。記生活中心教育實驗以慰亦珍先生在天之靈。載於沈亦珍教授百
　　齡冥誕紀念編輯小組（編），沈亦珍教授百齡冥誕紀念集（頁110-115）。臺北
　　市：三民。

蔡清田（2009）。課程研究與課程實驗。教育研究月刊，182，109-120。

鄧運林（1994）。現代開放教育。高雄市：復文。

鄭玉卿（2011）。戰後「教育即生活」理念在臺灣的實驗：以臺北成功中學的課程爲例。教育資料與研究，**104**，51-75。

鄭東瀛、簡馨瑩（1996）。故鄉的芬芳：臺北市郊區國民小學田園教學實施概況簡介。載於臺北市教育局（編），徜徉田園追求成長（二）。臺北市：臺北市教育局。

謝鍾詮（1958）。社會中心教育之理論與實際。臺南市：高長印書局。

劉曉芬（2007）。歷史、結構與教育：技職教育變革的探討。臺北市：冠學。

Elliot, J. (1998). *The curriculum experiment: Meeting the challenge of social change*. Buckingham: Open University Press.

Kliebard, H. M. (1992). *Forging the American curriculum*. New York and London: Routledge.

Kliebard, H. M. (1998). The effort to reconstruct the modern American curriculum. In L. E. Beyer & M. W. Apple (Eds.). *The curriculum:Problems, polities and possibilities* (pp.19-31). Albany: State University of New York Press.

Kliebard, H. M. (1995). *The struggle for the American curriculum: 1893-1958* (2nd ed.). New York: NY: Routledge Falmer.

McNeil, J. D. (1996). *Curriculum: A comprehensive introduction* (5th ed.) New York: Harper Collins College.

Tanner, D., & Tanner, L. (1990). *History of the school curriculum*. New York: NY: MacMillan.

Track, D., & Cuban, L. (1995). *Tinkering toward utopia: A century of public school reform*. Cambridge, Mass: Harvard University.

Tyack, D., &Tobin, W. (1994). The grammar of schooling: Why has it been so hard to change? *American Education Research Journal, 31*(3), 453-479.

Tyler, R. W. (1935). Evaluation: A challenge to progressive education. *Educational Research Bulletin, 14*(1), 9-16.

陳美如
國立清華大學教育與學習科技學系教授

## 壹　緒論

　　時序進入2017年，回顧2016是全球震盪的一年，英國脫歐、歐盟面臨崩解危機、恐怖主義流竄、川普決策的不確定性，世界經濟變化更加詭譎。臺灣在世代的長遠擘劃、民粹與團體利益的糾葛和論戰間停滯不前，而不只臺灣，全世界走向更混亂、更不確定的狀態。臺灣該走向何處？如何培育下一代未來的人才？除國家政策規劃外，教育扮演人才培育的關鍵角色。

　　回顧臺灣課程變革，自1949年以來，由少數人倉促編纂教科書、到臨時編組進行中小學課程標準修訂、依課程標準編寫教科書。課程標準內涵從早期國家意識與中華文化復興、到著重學科知識、再到著重教師教材教法的研發、九年一貫以後倡議學生為學習主體的概念，直到十二年國教，更關注學生為學習主體的概念如何落實。臺灣課程變革是從國家中心、教材中心、教師中心到學生中心逐步轉向的過程，該變革並非臺灣特有，而是在世界脈絡的劇變中，許多國家的走向。

　　學習，是人生旅途中最為根源性的成長途徑。透過學習，我們

構築與世界的關係，塑造在這個世界得以實現某種抱負的能力（佐藤學，2004）。如果我們認為教育的核心要回到學生學習，產生有意義的改革，就不能僅停留在個別老師的階層，需要透過學校教育的重建（Nieto, 2005）。學校即是教育實踐的現場，學校教育更是肩負學生學習的基礎地。

針對學校教育的關鍵地位，Silva與Rubin（2003）指出關注學生學習的學校教育的可能缺失，他們認為，近來課程改革雖以學校改革實踐中，常以「學生中心」及「學生意見」為倡議，但多半的情形是學生觀點常常被以固定和簡化的詞來代表，這樣反而貶抑了學生真正的動力、多元學習和學生經驗擴展。近幾年，對於學生不考試不學習（何琦瑜、賓靜蓀、張瀞文，2012）、無動力（Goodlad, 2004/2006；陳美如，2013）、學習落差（甄曉蘭，2007；甄曉蘭、李涵鈺，2009；宋曜廷、邱佳民、張恬熒、曾芬蘭，2011）、好奇心喪失（Sarason, 1999；佐藤學，2004）的探討日增。

Berry與Sahlberg（2006）認為，教育的重點應放在學習本身，而不是讓學生為考試而學習。此理念創建了芬蘭高品質的教育，值得我們深思。自九年一貫至十二年國教課綱提倡以學生學習為中心，但回到教學現場，離學生學習中心的理想仍有一段不小的距離，Silva及Rubin的觀點提醒臺灣邁向學生學習的學校教育重建過程中可能犯的錯誤。

如何讓學生的觀點與學習自主不被化約？更能適應與開創未來，不僅教學需要有所調整，學校教育亦需重建，並經由政策、實務和架構影響學校氛圍，讓學校教育的利害關係人打從內心理解並認肯學生學習的重要性，進而回應學校教育的每一時刻與空間，學生學習才可能被認真且適切的對待。

本文即是在上述的脈絡下產生，採用文獻分析法，以臺灣當前課程改革脈絡為背景，蒐集國內外，以學生學習為中心之相關課程教學文獻，進行臺灣與國外學習變革之趨勢分析，並逐步釐清學校系統如何因應。首先，探討變革世界中的教育回顧與前瞻；其次，分析朝向學生學習的學校學習系統——核心價值與文化創建；再次，探討能回應學生學習的學校學習系統之內外部連結與資源應用；最後，提出朝向學生學習

的學校課程教學變革之特性。

 **貳 變革世界的教育回顧與前瞻**

**一 從變革世界看教育圖像的轉變**

在全球化、經濟開放與網際網路、數位革命與互聯，世界改變的量與質正以驚人的速度展現，我們都參與其中。面對世界劇變，2016年末，臺灣《遠見》雜誌團隊走訪日本、矽谷、波士頓等當前全世界創新能量最旺盛的地方，並訪問來自美國、法國、義大利與以色列各領域大師，從受訪者對未來的觀察中，提及與教育有關的四個大趨勢：(1)所有人都必須不斷「重新教育」；(2)程式語言是未來基本溝通方式；(3)工作被消滅，需要更多的「創業」；(4)社群就像暴風眼，讓你能在颶風中跳舞（林佳誼，2016）。而Schleicher（2016）認為，學校需要培養學生與各種文化差異的人一起生活和工作，瞭解不同的價值觀，學習各種差異並與其溝通，以建立信任關係與合作。Kalantzis與Cope（2016）進一步指出，知識社會時代的人具備多重身分，要有高度的自我認同，同時亦要有社會責任並尊重他人的認同，而以往重視的讀寫算（Old 3R），應轉為「新讀寫算」（New 'R's）—— 讀寫（literacy）除字詞句與閱讀外，但更重要的是以讀寫為基礎的溝通能力；以及新算數能力（Numeracy）—— 算術不僅在解數學題目，更是一種瞭解世界結構或系統的方式，並用來解決生活上的問題。

從上述的發展可知，每個人要重新教育，學習新技能，並重視社群的力量，多元認同及與不同的人一起合作，已成為世界的趨勢，回應到學校傳統的讀寫算也有不同的意義。Kalantzis與Cope（2016）回到教育的歷史脈絡，描繪十八世紀以來教育圖像的三個變革，如表1。

表1　變革中的教育圖像

| | 早期工業社會機構化的大規模教育 | 二十世紀現代學校 | 二十一世紀新學習型態 |
|---|---|---|---|
| **學習場域** | · 直行桌子<br>· 前面黑板<br>· 空白牆壁<br>· 貼圖或表 | · 圍繞式<br>· 學習角<br>· 學生裝飾牆面 | · 無須教室<br>· 群組工作、學生透過網路進行合作<br>· 網路合作<br>· 地點可能在家庭、合作工作區、學校訊息資源中心、社區 |
| **參與成員** | · 老師<br>· 學生<br>· 考核員 | · 父母<br>· 教育人員<br>· 社區成員 | · 開放空間<br>· 社區合作<br>· 線上教學平臺<br>· 學生組織 |
| **班級型態** | · 班級對話、教師中心 | · 更多學生對話、受傳統教室科層阻礙 | · 擴大、橫向的學生與學生的溝通<br>· 教師是學習的設計者與經營者 |
| **學習重點** | · 老師教導學科知識 | · 聚焦在經驗學習 | · 均衡學習、經驗、概念、分析、應用 |
| **學習方式** | · 學習同一頁課本<br>· 做同樣功課<br>· 學生死記硬背正確答案<br>· 背誦、問與答 | · 鼓勵學生發表見解和觀點、教師是主持人<br>· 差異化教學<br>· 個別化學習<br>· 受限於教室建築物與時間表的安排 | · 多樣化學習<br>· 體驗學習<br>· 尊重差異性（文化·興趣·能力）<br>· 彈性學習 |
| **學習評量** | · 紙筆測驗為主 | · 保有紙筆測驗<br>· 制定較為複雜的評定方式 | · 鼓勵同儕討論、出版品分享、學共合作、經驗分享 |

資料來源：Kalantzis & Cope, 2016: 9-10.

　　上述工業化大規模教育、二十世紀現代學校、二十一世紀新學習型態的學校教育圖像是累進式的發展，而非取代式，其變化的趨勢從規約走向開放、教科書與教師中心走向學生中心、概念理解走向應用創造、學習場域從課室走向無疆界。需強調的是，當前教育場域中三種類

型同時存在，因不同脈絡、學科與教育者而有程度上的差異。

## 二　臺灣教育課程變革分析

臺灣教育近30年來從1993年的課程標準、九年一貫課程、十二年國教課程綱要，也逐漸往學習者中心挪移，內容分析如表2。

表2　臺灣30年來課程變革分析

| 項目 | 82年課程標準 1996-2000 | 九年一貫課程 2000-2017 | 十二年國教課綱 2018- | 改變的理念 |
|------|------|------|------|------|
| 課程依據 | ·課程標準 | ·課程綱要 | ·課程綱要 | ·課程鬆綁，賦予學校、教師專業自主 |
| 教材編輯 | ·運用現成教材 | ·改編、自編教材 | ·改編、自編教材<br>·課程模組、素養導向課程設計 | ·依學生需要進行學校本位課程及教師課程發展 |
| 教科書 | ·分科編書 | ·學習領域編書 | ·除學習領域，亦含不同議題、專題。<br>·教科書定義改變，不限具體課本，混合各種媒材、網路平臺、載具與生活情境，教師和學生可彈性擷取 | ·資訊科技變革、學習概念不限於知識累積，而是能力、素養的培養，進而解決問題 |
| 教材內涵 | ·以教學目標連貫 | ·以能力指標串聯 | ·以學習表現、學習內容為依歸 | ·教材內涵之定位逐步走向培養學生素養所需的素材，而非學生學習評量的內容 |
| 教學重心 | ·知識為主 | ·能力為主 | ·素養：知識、能力、態度與遷移 | ·著重能力的展現與遷移，並有情意、態度的養成 |
| 教學方法 | ·總綱宣示性的強調激發思考、創造、解決問題的能力教學 | ·創新教學 | ·教學方法的考量更強調如何導引學生有效學習與多元學習 | ·不在展現教師教學能力，而是要幫助學生知識、能力、態度的養成 |

（續上表）

| 項目 | 82年課程標準 1996-2000 | 九年一貫課程 2000-2017 | 十二年國教課綱 2018- | 改變的理念 |
|---|---|---|---|---|
| 教學方式 | ·分科、單打獨鬥 | ·統整、協同教學 | ·統整、協同教學，引進外部資源人士 | ·教師更像環境營造者與教練<br>·教師形成社群，進行專業發展與課程研討 |
| 學習重心 | ·學科課程 | ·統整課程 | ·重情境、生活應用、問題解決 | ·學會學習、自主學習 |
| 學習方式 | ·個別學習 | ·分組、實踐學習 | ·轉為學生學習方式：個別化學習、分組合作學習、戶外探索、專題式學習等<br>·跨越班級、學校、國界 | ·逐步從教師中心回歸學生中心 |
| 學習地點 | ·教室為主 | ·多元空間 | ·多元情境、著重實際情境、與外部結合<br>·善用網際網路與學習平臺 | ·提供體驗、實作、探究與真實的學習情境 |
| 時間安排 | ·填滿時間 | ·彈性學習節數 | ·彈性學習課程（時間） | ·從空白的概念到透過規劃實踐，引導學生自主學習、高層次能力的養成 |
| 學習評量 | ·紙筆測驗 | ·多元評量 | ·更強調實作、情境、檔案評量、專題研究評量 | ·從象徵式的多元評量，回歸學生多元評量的具體落實 |

資料來源：李坤崇，2002；教育部，2014；范信賢、洪詠善，2015。

　　表2揭示了臺灣理想課程——課程綱要的演變；然而，回到實踐現場的運作課程與學生的經驗課程，部分學校教育仍容易依賴一成不變的教學型態，選擇最安全的方式進行教學，忽略學生的需要。Collard（2012）觀察英國學生學習有困難的學校，都有一個共通問題，就是學校裡有太多的「教」，但是太少的「學」，老師總是要把學校填滿教

學，卻不理會學生有沒有真正學習。Collard的發現與臺灣教育現場有某種程度的相似性。

我們的教育需要做某種翻轉。學校的課程並不只是關於「教材」而已，學校最主要的教材，如果從文化的觀點來看，乃是學校本身，學生在學校的體驗，決定學生所感受的學習意義（Bruner, 1996/2001）。學校，並不在學校建築，而是學校裡的人，因為交往互動、知識經驗分享與對話，建構了學習的素材，而決定學生在學校如何過生活，並且用什麼面貌與能力離開學校。

## 三　課程作為學校學習體系變革的策略工具

學校是存在於真實世界的學習場域，學校教育的功能，需要與世界的變革連結，顧及學生個性和社會發展，才不至於僵化。學校教育要營造學習情境與動力，讓學生意識到自己的不足，檢視自己的需要而學習；教師則要協助學生用其適合的方式學習；課程內涵朝向跨學科整合，透過合作來解決問題，並著重日常生活的實踐及創造力發展（Kalantzis & Cope, 2016; Schleicher, 2016; Schlechty, 2016）。為此，課程的整體規劃極為重要，Halinen與Holappa（2013）即從芬蘭長期的課程變革脈絡中指出課程作為學校學習體系變革的策略工具，如圖1。

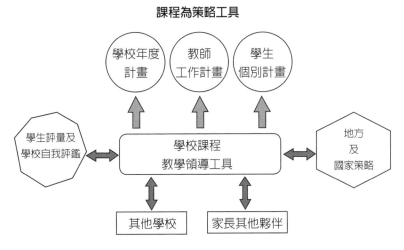

圖1　課程為學校變革的策略工具（Halinen & Holappa, 2013: 49）

　　從芬蘭的課改經驗中，學校已成為課程變革的核心，學校為課程發展的基地，而課程正是學校教育可運用的策略工具，課程的發展需揉合國家與地方政策、邀請外部資源的融入，連結家長與社區共同發展學校課程計畫，並自我評鑑與學生評量掌握課程的品質。為促成以學生學習為核心的課程發展，學校相關的系統、人員及組織也要自成學習組織，形成網絡並相互合作（Halinen & Holappa, 2013）。教育需整合硬體、軟體，及校內外教育者和資源，驅動學生、教師、家長與社區人士，形成綿密的網絡，支持學生的學習。為此，學校體系就需轉化為學習型的學校。

## 參 朝向學生學習的學校學習系統──核心價值與文化創建

　　朝向學生學習的學校教育即是一個學習型的組織。學校就有如社會當中的胚胎，必須提倡集體價值，同時學校需對互惠的規範、社會信任和民主的思考有所體現，避免過多指派和管理，而是利用持續性的領導以延續學校向上的力量（Hargreaves & Shirley, 2009）。長期專注在學生學習的芬蘭在課程改革方面，州、市政府、學校密切的合作與互動，以建立真正的學習循環（Halinen & Holappa, 2013）。

　　當教育目標被表達與融入教育內容時，當全部的系統運轉如學習系統時，目標的品質及工作的過程即會改進，所有的部門對目標有承諾，彼此的信任也會產生，教育者會有意義的回應每日的工作（Halinen & Holappa, 2013）。簡言之，當我們要啟動以學生學習為中心時，相關的人與組織也要成為一個動態、持續不斷對話溝通的學習系統，才能持續牽引學生的學習。

　　當前幾個先進國家之課程教學改革，例如：加拿大、芬蘭、英國，已逐漸掌握利用相關測驗的結果，來幫助老師專業的精進與增能，他們很清楚相關的數據在於幫助人而不是在控制人。數據的產生不是由學校做出來，而是透過相關的學生學習測驗結果之分析，加上教學現場的

觀察，瞭解學生學習的實質情形，並用以調整課程教學與教師專業的發展重點。變革的基礎是良善的學校教育環境重建，因為只有良善的學校環境，學生的學習才得以正向發展。而學校環境的重建不僅是行政人員的責任，每一位教師、家長、學生、社區人士，都應該視為自己的責任，即使因位置不同而有各自的盤算，但都應以營造學生學習的良善環境為前提，進行對話與行動。

為了滿足學習者的需求，教育者需瞭解這些新的基礎，改造他們自己以及他們與學生們從事的環境設計，學習的環境需開發並使用新的多模式訊息，進行溝通並審慎解釋訊息，並要有支持新的工作方式與新工具（Kalantzis & Cope, 2016）。然而，這過程並非一帆風順，而是長期的協作與自我挑戰，學校已經不是教育者的避風港，教育者需深切體認，學校與教育者的存在是因為有學習者，學校教育的功能即在透過教育者內外的協作，導引學習者向更好的方向前進。這個更好的方向包括學生應具備的能力、素養及各種生存在世界的心理特質。Hargreaves與Shirley（2009）進一步指出，二十一世紀的學校需包含更深的美德和價值，例如：勇氣、熱情、服務、犧牲、長期的奉獻和堅忍不拔。

如果忘卻這些學校教育應有的美德與價值，很容易陷入事務性的討論及個人權益的爭執。因此，學校需要如Stoll與Fink（1996/2010）主張的要有意識地對學校教育的文化規範和文化假定進行批判反省與分析，轉化式變革才可能發生。Fullan（1991）則清楚指明，教育變革需依賴教師的所做和所想，而教師內在價值觀的改變比表面的行為還困難。

因此，教師內在價值的建立需與學校價值和文化規範產生連結。以下提出朝向學生學習的學校核心價值與文化建立的努力方向。

## 一　建立個人與組織共享的目標

Rosenholtz（1989）指出，學校的成功、平庸與失敗的原因深存於組織目標中，而學校的目標是否真實存在，取決於人們如何定義和闡明目標，以及目標被組織成員分享的程度。學校教育實踐常會因不同

的位置的人而有不同的目標，紛爭也由此產生。教學改變是爲了學校行銷？上級要求？還是爲學生學習？學校成員應共同討論學生圖像爲何？ Kalantzis與Cope（2016）指出，學校目標在培養終身和寬廣生活的學習能力，以創建積極、自主有貢獻的公民，並盡可能讓學生從學校治理的支持中受益。該目標的訂定即包含了學生的個人目標與學校教育目標，如果學校行政與教師能審視課程教學革新是爲了學生的學習，這是組織的目標，也連結教師期望學生學得好的目標，此時，組織的目標、教師的目標與學生的目標是一致的，將可促使不同崗位的人爲共同的目標而努力。

## 二　型塑個人內在到集體的責任感

學校教育成功的判定，並不是學生入學的程度或社經背景有多好，而是學生在學校的受教期間是否因爲學校教育得到大幅度的進步，這才是檢視學校教育的重要指標。

Joyce、Shower與Murphy（1989）指出，如果學校文化認爲學生學業進步與失敗的原因大部分取決於校外因素、取決於遺傳和學生的社會背景，在這樣的氛圍下要學校致力於改進是無希望的，甚至是荒謬的。

學校要承擔起學生學習的責任，並與內外部的組織及人員相互合作，才能撐起學生學習的網絡。人們有所作爲的責任感通常與他們個人的績效感緊密相連，不可能來自外部績效的驅動（Stoll & Fink, 1996/2010）。學生學習的良窳，學校責無旁貸，這也是學校存在的理由，教育人員責任感的建立與維持是重要的，經由共同參與的集體信念得到加強，型塑爲集體的責任。

## 三　變革過程勇於冒險並保持幽默

如果我們期待我們的學生勇於冒險，敢於嘗試新事物，學校文化就應該營造鼓勵冒險的環境。學校需要跳脫習以爲常，從另類的眼光觀看學習。創新的過程在評估風險後應勇於冒險，參照多種來源的知識與資

訊，善用知識與多元方法來解決問題。

Stoll與Fink（1996/2010）進一步主張，勇於冒險的學校文化需要有「如果你做錯了也沒有關係」的安全網，保障學校成員的心理安全，讓他們勇於嘗試，尤其正處於艱難處境的學校更應如此。

除了鼓勵冒險外，在改變的過程中，意見的衝突與壓力是必然的，此時，幽默是很重要的潤滑劑。幽默最基本的作用就是能促使工作和合作變得饒富趣味，緩解教職員工的緊張情緒，並維持他們的歸屬感，凸顯全員分享的意義，促使困難問題得到公開的討論（Nias, Southworth, & Yeomans,1989）。

## 四　互相尊重與開誠布公

校內的成員彼此互為批判的諍友，在學校運作中有其必要。透過開誠布公與尊重，不同的意見與個人的特長才能進行視野交融，互為補充。共善的學校文化的重要價值是每個人都可以有所作為，並可以公開討論彼此的分歧。Stoll與Fink（1996/2010）進一步主張，每個人都有其獨特的價值，個人的差異性和多樣性是學校的正向資產，人們之間的差異被視為讓彼此更豐富的泉源，學校成員可以自由選擇，採用不同的方式來實現共同的目標。

實踐的過程，意的分歧與負面的情緒是正常的，而教師間的爭論對同行合作小組非常重要，難題的產生才會啟動教師的習以為常，這時，教師的學習才真正發生（Stoll & Fink, 1996/2010: 100-101; Kalantzis & Cope, 2016）。而當教師能互相溝通並開誠布公面對爭議時，教師對學生即是正面的潛在課程，教師們用自己的身體實踐該價值，即能影響學生並要求學生們以協同團隊合作的方式思考和行動，鼓勵學生提出問題，尊重彼此不同的特質，發展應變能力及創造性的解決辦法。

## 五　共好的人文素養

學校不是職場的延伸，也不會是國際市場和國外競爭戰場的前線機構。學校是民主的公共場域，可以有意義的對話和行動，讓學生有機

會學習社會責任的語言（McLaren, 1998/2003），並導引學生關心在地社區，同時關切外部世界與全球（Kalantzis & Cope, 2016）。

　　經由教育培養學生自發的素質，透過人與環境的互動，最後要導向共好的人文素養。在此過程，Stoll與Fink（1996/2010）認為，學校要營造好的環境，讓學生從體驗行動中學習，以激勵式的教育實踐，促進學生情感發展，也促進學生的認知發展，幫助學生從自身的改變，建立對自己的認同——有能力、有責任感、有價值的人。

　　人，是學校教育中最重要的資產。共好源於社群成員對美好生活的共同觀念，教育實踐需要由人去影響人，要共同成就教育，導向「人的發展」的任務，進一步逼近社群主義中共好的理念，將個人的善與社群的善合一（陳美如，2013）。在追尋美好生活的觀念下，學校是一個公共場域，培養學生社會責任的「可能性場所」，培養學生能力、自身在社會中的定位與關係，並在社會參與及社會行動中朝向共好，同時也堅實了富涵知識、能力與社會責任的人文素養。

　　此共好的理念，在臺灣已經不是一個口號，而是正在發生的事實。臺灣近幾年的教師自主學習，透過網路自主串聯，由下而上、個人到群體，因網路推波助瀾，從網路集結到實體互動成長，回到教育現場後，再將實踐經驗回饋至網路平臺的對話[1]。此來回反饋的過程充滿活性及對教育的熱情，前文所指的知識社會特徵學習無疆界、持續學習、重視社群、人的多元認同已在教育界萌芽。

## 肆　朝向學生學習的學校學習系統——內外部連結與資源應用

　　我們需體認教育不是對學生或為學生做什麼，教育的歷程是建構教師團隊的教育信念與教學取向，找出學生願意用心學習的方法

---

[1]　請見翻轉教育2.0網站，這網站集結教師組織、教師社群及個別教師教育實踐經驗的交流互動。

（Glasser, 1986/2010）。當我們將學習的權利交給學生時，在成人的導引下，學生會持續不斷地尋求改進之道。這過程需整合學校的內、外部資源，建置良好的環境基礎。

## 一　建立互善的學校學習網絡

Illich（2004）提出互善性制度（convivial institutions），主張運用知識與技術去促進各種良善的教育行動，讓教育互助的網絡成形，讓行動本身構成學校教育的價值。Hargreaves與Shirley（2009）在《第四條路》（*The Forth Way*）一書中，也提及需要創造一些激勵因子、期待性，以及結構性的支持網絡，讓強的學校可以幫助較弱的學校，並在協助的過程相互學習。

同時，學校的學習網絡擴及學校外與學校內。學校外部網絡的連結係指透過先進的統計系統或數據，找出需要協助的學校，並由與前述學校學生背景相近的標竿學校進行協助（Hargreaves & Shirley, 2009）。此學校網絡應不只在區域內，也該跨區進行。學校內的變革包括學校文化的變革、學校與社區間關係的變革，以及將教師發展、學校改進、領導和課程整合起來，以朝著更加注重學生和教師的學習方向發展的變革（Fullan, 1990）。芬蘭的課程發展即鼓勵實踐過程，不同運作層級與陣營對於教育關鍵議題的持續對話（Halinen & Holappa, 2013）。在學校學習網絡的架構與協助下，導引教師團隊回到教學的平常與正常，讓老師在平日的教學裡可以關注在教學並能相互協助，進行學生學習的引導。

## 二　以學生學習為學校發展的核心——政府與社區提供經費、制度、資源與建言

學校教育發展常會接受許多教育目標或任務，如未能聚焦，常會忘卻學校存在的目的。Kalantzis與Cope（2016）指出，學校教育實踐的最有力的方式，莫過於圍繞學生的學習來組織學校生活的節奏，而不是圍繞教師的教學活動。課程政策在提供可能性而非限制，制度的設定讓

教育更貼進學生的需要，而不用來限制人。因此，資源到位，以及時時刻刻的連結與彈性是需要關心的。以芬蘭為例，校長及教師在課程改革中扮演重要的角色，常常是力促政府制定法律的人，而不是被動參考課綱的人（Halinen & Holappa, 2013）。

政府或社區發起並支援學校網絡，但不過度干涉，讓學校有更多自己的資源和時間。同時，學校也需要教職成員以外的批判性朋友或團體，在適當的時機聆聽學校聲音並幫助學校整理思路做出理性抉擇；能適時告知學校對自己和他人的期望值太低，學校的作為與學校存在的目的不相符，而這些潛在夥伴和批判性朋友，可能是家長、社區、社會團體或教學輔導團，甚至是學生（Hargreaves & Shirley, 2009; Stoll & Fink, 1996/2010）。學校要成為一個自我負責與自我組織的開放系統，與外部的觀念和資源進行互動交流，在互動與實踐過程，學校也不斷發展，而更有能力協助學生進行有意義且有效的學習。

### 三　學校的治理體系：服務教與學，民主參與，同行共治

將學生學習與利益的核心價值成為學校發展的核心後，學校面臨到的挑戰是如何讓不同的人為了共同的目標，熟練且有效地工作，進而提升學生的素養（Hargreaves & Shirley, 2009）。學校的治理體系與教師社群是同行共治並相互支持的，行政服務教學，教師、學生與家長民主參與。

在同行共治的過程中，常會面臨績效的壓力，學校應該如Hargreaves與Shirley（2009）所言要將「責任置於績效責任之前」（responsibility before accountability），並透過持續的專業領導，發展協助學生學習的理念與作為。Stoll與Fink（1996/2010）認為，同行共治的概念不僅包括工作中的合作，它也意味著私人關係中的互相幫助、照顧，在被需要時能夠隨時出現，學校呈現的是「讓我們一起解決問題」的文化氛圍，包含了教職員間的相互分享和幫助，它是自發且自願的，以發展為導向的、沒有時間表、不可預測的，人與人間相互依賴並有集體承諾，共同分享責任並能透過回顧和討論，掌握學校教育實踐的意義。

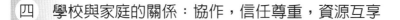

## 四 學校與家庭的關係：協作，信任尊重，資源互享

學校與家庭之間並不是主顧關係，兩者是共同經營學生受教環境的協作關係，此協作關係建立在相互信任尊重的基礎上，雙方在各自的責任中努力，並伸出雙手架起學生的學習網絡。Gallimore、Ermeling與Saunders（2009）指出，家庭與學校需建立彼此之間的信任……，並不是以一種批判的方法來經營，而是以一種為了「對學生好」，以及「讓每個人都能參與」的有效方法來經營。

如果平時就建立觀念溝通與互信之機制，親師衝突便會降低，促進雙方攜手帶領學生。芬蘭學生近來在國際評比表現優異，Hargreaves與Shirley（2009）認為這與芬蘭的學校明顯的平靜，伴隨平靜和長期尊重教師的教和學生的學習有關。

除尊重互信與協作外，學校也應提供資源共享與交流的平臺。學校學生的背景、經濟、社會、文化資本各有差異，學校應提供各種機會讓資本多的家庭，將資源分享給資本少的家庭，鼓勵家長間的合作與互助，用村落的概念共同照護學生。

學校教育環境的重建，有賴於教育者的啟動，並與外在環境及學生的利害關係人協力合作。其背後的學校哲學，Ornstein、Pajak與Ornstein（2004）有很精采的註解：

> 作為教育工作者，我們的工作是尋求一個中間區域（the middle ground），這是一個高度抽象和令人困惑的概念。在中間區域裡，既不過分強調學科，也不過分強調學生；既不過分強調認知發展，也不過分強調社會心理的發展；既不過分強調卓越，也不過分強調平等。我們需要的是一種明智的學校哲學，它在政治上和經濟上都是可行的，還能滿足學生和社會的需要。（Ornstein, Pajak, & Ornstein, 2004）

在多方的期待下，學校可以朝向努力的是一種平衡、明智的教育實踐，不走極端，而是在通盤瞭解後，所作的堅定的學校教育哲學與實

踐,並能以點滴(piecemeal)工程的實踐逐步實現。

## 伍 朝向學生學習的學校課程教學變革

學生學習需要在良善的學校環境、行政支持教學提供資源、社區及家長支持學校、教師團隊相互支援教學、相關人員持續自我學習與相互學習中彼此互助,才能被彰顯。朝向學生學習的學校教育並非新的論述,而是回到學校教育本來的樣子,而此「回歸本來的樣子」,除需要上述學校文化與環境營造外,課程教學變革更是其核心,課程教學的設計與實施在促發學生的自主與有效學習。回歸教育本來的樣子也是芬蘭長期以來努力的方向,1990年以後,芬蘭的課程教學經歷三波變革。

表3 芬蘭的課程發展與教學變革

|  | 第一個十年<br>1990-2000 | 第二個十年<br>2000-2010 | 第三個十年<br>2010-- |
|---|---|---|---|
| 課程特性 | 1. 缺乏課程順序的一致性<br>2. 學科間內容過多與重疊 | 試圖重整學科順序及學科間的平衡,以漸少負擔與科目間的重疊 | 1. 學習者的課程<br>2. 中小學生每年至少參加一項主題式跨科學習(phenomenon-based) |
| 目標、結果、標準與評量 | 1. 重要的目標數量<br>2. 強化內容的闡釋<br>3. 詳細的教師指引<br>4. 缺乏明晰標準的期待<br>5. 透過國家評量確認標準(國中) | 1. 附加的目標(國小)<br>2. 成果的引入(國中)<br>3. 傾向減少內容(國中)<br>4. 增加指引(國小)<br>5. 缺乏明晰標準的期待<br>6. 透過國家評量確認標準(國中) | 1. 最重要的目標是「高品質的學習」,學生學習成果取代目標<br>2. 國家評量和校內評量的結果,不用來分辨失敗的學校和學生,而是用來砥礪,找到如何改善和做得更好的回饋<br>3. 採用學生的工作為學習評量的重要來源 |

（續上表）

|  | 第一個十年<br>1990-2000 | 第二個十年<br>2000-2010 | 第三個十年<br>2010-- |
|---|---|---|---|
| 學生與<br>教師角色 | 1. 教師聚焦於課程<br>（輸入的角色）<br>2. 重視內容順序<br>3. 學生在課程文件中<br>的能見度是有限的 | 1. 探討教師引導及學生<br>引導活動間的平衡<br>2. 探討核心素養的可能<br>性<br>3. 與學校一同工作，蒐<br>集課程行動（照片、<br>影像）的案例 | 1. 強調並增加學生引<br>導及學生中心的學<br>習<br>2. 教師是支持學習的<br>人與教練<br>3. 透過學校網絡，增<br>加教師在校內外分<br>享實踐的機會，以<br>相互學習 |
| 課程發展<br>與實施歷程 | 1. 課程發展中心化，<br>透過支持服務進行<br>發展與散播<br>2. 用單一方式提供訊<br>息及執行 | 1. 在發展及探索階段初<br>期，逐步和學校一起<br>工作<br>2. 提供地方／客製化的<br>學校、支持學校聯盟 | 1. 學校網絡是課程發<br>展的最前線<br>2. 聚焦在學生素養的<br>建立<br>3. 更聚焦與支持個別<br>學校，及學校網絡<br>間的相互協作與共<br>學 |

資料來源：整理自Halinen & Holappa, 2013; Halinen, 2016.

　　從表3可知，芬蘭的課程教學改革是漸進而非取代式的變革，課程逐漸強調學習者的課程及跨領域的統整，學生學習成果與表現的設定成為課程發展的重點與評量依據；強化學生中心的學習，並鼓勵教師成為跨界的分享者；透過學校網絡的協作，形成專業與協力系統，營造適合的學習環境，課程發展與實施更聚焦於學生核心素養。

　　此變革趨勢與前文所提知識社會的發展、Kalantzis & Cope（2016）描繪之變革中的教育圖像，及前述朝向學生學習之學校教育核心價值與內外資源運用成為一股世界的趨勢。特別的是，該變革趨勢並非由某些創新理論所帶領，而是教學現場誠實面對學生學習的難題與需求，而逐步形成的變革，涉及的理論早已存在。綜觀前述，以下提出朝向學生學習之學校課程與教學變革的特徵。

## 一　整合快樂學習與體會學習的快樂——有意義感的學習

　　快樂學習可吸引學生進入學習狀態，重要的是，學生因教師的帶領而領略學習的快樂，高品質的學習需要整合這兩者。高品質的學習，應該是有意義的、有樂趣的、且有永續性的（Halinen, 2016）。

　　「什麼知識最有價值？」長期引導著教育，但也限縮了教育者聚焦於「學什麼」。然而，引導學生為何學習、如何學習、喜歡學習與學什麼一樣重要。「最好的教學不是教會學生學會所有的內容，而是在教師離開學生後，學生還能在教師所教的領域中持續探索。」[2] 學生內在的動力被引發，學習才能跨越時間與空間的限制。McLaren（1998/2003）主張，老師必須去處理、面對學生如何經驗、仲介和生產、型塑社會世界的問題，瞭解學生之所以會產生獨特的聲音、觀點背後的動機、情緒和興趣，以培養學生學習的動力。

　　此外，亦需善用學生好奇的天性，揉合學生的知識背景設立長遠目標，採納科際整合課程，保持教學靈活性，協助學生發現達成目標的中介行為、事物與觀念，由長遠目標來主導系列的觀察與探究，再把探究與觀察結果連結成完成目標的手段，此過程將協助學生好奇心的延續，並使經驗朝向理智化發展，同時也培養學生對自己的學習負責，有更多反思什麼和如何讓他們學得更好（林秀珍，1999；Hargreaves & Shirley, 2009; Stoll & Fink, 1996/2010）。學校教育的職責需要從知道教什麼、怎麼教、到帶領學生學習、共學，誘發學生內在學習動力。Doll與Gough（2004）認為，教育者的使命是讓學生知道我們也曾是學生，我們在某科目中的學習也不會總是一帆風順，這會使學生們明白學習並不總是坦途，這條道路教師們也曾經走過。

　　因此，學習過程的困頓、挫折、傷心、快樂、驚喜與成功都是學習的一部分，快樂並不是學習的全部。更重要的是，學生由教師帶領與陪伴，從原本的不會、困惑中慢慢釐清，而真正學會，讓學生發現自己也

2　該論述為1994年黃政傑教授在臺灣師範大學碩士班上課的發言。

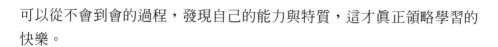

可以從不會到會的過程，發現自己的能力與特質，這才眞正領略學習的快樂。

## 二 教師主體的彰顯，促發學生主體展現

多年來臺灣的課程綱要一直強調學生爲學習的主體，而有不少教師質疑：「僅強調學生主體，教師的主體在哪裡？」教師與學生的主體並非分立而是同謀，學生主體的體現，需要教師主體的投入才得以體現。

McLaren（1998/2003）指出，老師的功能不能只是停留在批判社會，老師也必須瞭解學生的經驗源自多元的論述和主體性，型塑一種希望的語言，鍥而不捨地協助學生個人的「自我增能」，以及學生集體作爲社會改革代言人的「增能」，在實踐自由和正義的原則下，帶領學生經驗新的社會和物質關係。在此理念下，需以關愛爲出發點，而關愛不只是使人們變得親切可愛的溫暖和模糊的感覺，關愛更意味著對能力（competence）不懈的追求（Ornstein, Pajak, & Ornstein, 2004）。

爲此，教師需具觀察、理解並認肯學生的專業素養，體認每位學生是獨特的。教師要能回應學生的獨特性與需求，善用各種教學策略，如：體驗、觀察、翻轉學習、專題探究、差異教學、分組合作、情境學習、講述、討論等方法協助學生。爲了能幫助學生，教師需持續專業成長，透過自學、社群共學、網路學習、校內外的共同備課、觀課、對話討論，進行課程發展以促動學生學習。教師爲學生自覺地進行專業學習與實踐，即彰顯教師的主體，也帶動學生主體的展現，師生主體的關係爲：「當學生主體展現時，教師主體也同時被看見；教師亦會從學生主體的展現裡，看見自己的主體與價值。」

## 三 線上學習，結合生活與實境學習，成為學習的重要成分

學習是從已知世界到未知世界之旅，教育中眞正重要的變因不在課堂上，也不在學校裡，而是存在於學校之外，學生的學習應與社區結合，並將學生背景的多元性與社會連結，包含主流與少數文化，以培

養互相的同理與參與，並非僅僅是容忍與消極的支持（佐藤學，2004；Ornstein, Pajak, & Ornstein, 2004; Hargreaves & Shirley, 2009）。上述的論點拉大了學校教育的框架，學生以世界爲學習的教室，進入生活與眞實情境，與眞實場域的人、事、物接觸，進而發現問題，進行問題的探究學習；利用網際網路縮短與世界的距離，成爲學習的重要成分。網際網路、平臺或相關設備並非爲了使用而使用，而是有意識的融入課程教學。

　　線上學習、結合生活與實境學習的規劃目的，在幫助學生從學習過程中建立個人與內、外部群體間交往互動與互助的機會，跨越人己的界線，帶領學生從課堂內到課堂外、從學校內到學校外的學習，結合線上學習，擴大學生學習視野。而領域學習成爲支援跨領域的專題學習的基礎，學生也會在跨領域學習中，建立正向的學習態度，強化並加深領域的知識與能力，而實境學習也提供學生學習遷移的機會。

### 四　問題解決與實作學習爲學習的重要歷程

　　學生主體的學習環境中，實踐被定位是學習的重要成分，教師會鼓勵學生投入大範疇的實作，透過時間與歷程整合，並思考先前所學的知識與印象以產生新的思想（Hooley, 2009）。在變革的知識社會中，擁有知識多少已不是關鍵，而是能否發現問題、提關鍵性的重要問題、並透過各種方式提出問題解決的策略且付諸實行，知識在此過程扮演的是協助問題解決的要素之一。實作與實踐設計思考已經是從小學到大學愈來愈重要的學習方式，該學習路徑提供不同天賦的學生在學校教育中找到可以展能的空間，領域內的學習到跨領域，甚至設計思考，都是可以著力之處。

　　即便是學科疆界較強的大學，近年來也強調實作與問題解決。哈佛大學發展超過十年的設計思考，帶領學生觀察、同理人類的需求、發展模型、實作、修正；史丹佛大學建立數個能力中心，將不同專業領域的教授聚集，開發和整理出各種課程，這些中心以能力區分，有科學分析、量化推論、社會批判、道德推論、美學解讀、創意、有效溝通中心，每一個中心有一位院長，就是一個學習基地，學生在這裡可學會分

析和運用知識的方法，可以不斷地學習、體驗、運用、修正、再學習（陳雅惠，2016）。而臺灣大學也開設相同精神的課程，引發學生搶修的熱潮[3]。長期以來最難撼動的大學課程已回應世界變革，引領創新，中小學教育要培養什麼樣的人才，以銜接大學教育及未來發展？該變革已非由上而下或由下而上，更是學校內部與外部，不同教育階段、相互影響、相互擾動的變革，特別的是，這樣的變革通常是學校自覺並自主的變革。

## 五　落實學生學習表現評量與教學應用

在朝向學生學習的課程教學變革中，國家評量和學校考試的結果，不是拿來作為分辨失敗的學校和學生，而是用來砥礪並找到如何改善和做得更好的回饋（Halinen, 2016）。如何掌握學生學習起點，透過教學過程時時掌握學生學習情形，利用情境的設計，導引學生專注在他們想做的事情，評量學生能否學以致用，是學生學習導向的教學成功與否的重要指標。因此，課程教學的設計與評量是結合的，評量是學習過程的一部分，不同的表現評量的設計，透過專題、討論、作品、檔案，利用展演、觀察、討論、反省、自評與互評，從多面向、多路徑，幫助教師瞭解學生並依據評量結果的分析，發展教學的改進策略，進一步協助學生掌握自己的學習，成為重要課題。

## 陸　結語

課程由人所開展，課程的利害關係人要能覺察，學生學習這件事並非僅是教科書、課表、考試而已，而是在整體的學校脈絡下，師生為彼此的當下及未來的幸福而攜手共學的歷程。在該過程，不僅教學需要有所調整，學校教育亦需重建，並經由政策、實務影響學校氛圍，讓學

---

[3]　臺大的創新設計學院集結不同科系的專家，帶領跨科系的學生進行設計思考並結合人文關懷，詳細資料請見http://dschool.ntu.edu.tw/。

校教育的利害關係人打從內心理解並認肯學生學習的重要性，進而回應學校教育的每一時刻與空間，學生學習才可能被認真且適切的對待，最重要的是相關的成員與系統也要進行學習，才能支持並深化學生的學習。

同時，在前行的路上，要認清課程與教學的實踐，不是爲建構華麗的課程，或是爲各種獎項服務，而是爲學生、爲自己的實踐。最後，要保持彈性，瞭解沒有完美的課程。更珍貴的是明知不一定會成功，仍能勇於嘗試，並在該過程中，磨練出教師教學與學生學習生命可能性的持續追尋。

**謝誌：**

一、本文爲科技部專題研究計畫MOST103-2410-H-134-011MY2之部分成果，感謝科技部經費支持。

二、感謝審查者提出深入且具建設性之意見，幫助作者對論文有不同面向的省思，特此致謝。

# 參 考 文 獻

宋曜廷、邱佳民、張恬熒、曾芬蘭（2011）。以國中基本學力測驗成績探討學習成就落差。教育政策論壇，**14**(1)，85-117。

李坤崇（2002）。國民中小學新舊課程銜接理念。載於教育部主編九年一貫課程銜接手冊，1-21。

何琦瑜，賓靜蓀，張瀞文（2012）。搶救「無動力世代」。親子天下雜誌，**33**期。2012/04/22取自http://www.parenting.com.tw/article/article.action?id=5031634&page=1。

佐藤學（2004）。學習的快樂：走向對話（鍾啓泉譯）。北京市：教育科學出版社。（原著出版於1999年）

林秀珍（1999）。杜威經驗概念之教育涵義。國立臺灣師範大學教育研究所博士論文，未出版。

林佳誼（2016）。八位國際級大師預言十大未來趨勢。遠見雜誌，**362**期。http://
www.gvm.com.tw/Boardcontent_31621.html。

范信賢、洪詠善（2015）。同行：走進十二年國民基本教育課程綱要總綱。新北市：
國家教育研究院。擷取自http://narst.org/about/mission.cfm。

教育部（2104）。十二年國民基本教育課程綱要總綱。擷取自http://www.naer.edu.tw/
files/15-1000-7944, c639-1.php?Lang=zh-tw。

陳美如（2013）。兒童所知覺的課程及其課堂生活探究。課程研究，**8**(2)，77-111。

陳雅惠（2016）。窺探未來：美國史丹佛大學願景二○二五。明日教育。臺北：親子
天下。

甄曉蘭（2007）。偏遠地區國中教育機會不均等問題與相關教育政策初探。教育研究
集刊，**53**(3)，1-36。

甄曉蘭、李涵鈺（2009）。理想與現實的落差：偏遠國中實施九年一貫課程的困惑與
處境。教育研究集刊，**55**(3)，67-98。

Berry, J., & Sahlberg, P. (2006). Accountability affects the use of small group learning in
school mathematics. *Nordic Studies in Mathematics Education, 11*(1), 5-31.

Bruner, J. (1996/2001). *The culture of education*. 宋文里譯，教育的文化。臺北：遠流。

Collard (2012). 學校要培養發明工作的人，陳雅慧訪談。20120602取自http://www.
parenting.com.tw/article/article.action?id=5032883。

Doll, W. E., & Gough, N. (2002). *Curriculum Visions*. N. Y.: Peter Lang.

Fullan, M. G. (1991). The meaning of educational change. In M. G. Fullan, *The new
meaning of educational change* (pp.30-46). New York: Teachers College Press.

Fullan, M. (1990). Staff development, innovation, and institutional development. In
*Changing school culture through staff development: The 1990 ASCD yearbook.* (pp.3-
25). Alexandria, VA: ASCD.

Gallimore, R., Ermeling, B. A. Saunders, W. M. (2009). Moving the learning of teaching
closer to practice: Teacher education implications of school-based inquiry teams. *The
Elementary Journal, 109* (5), 537-553.

Glasser, W. (1986/2010). *Choice theory in the classroom*。瞭解你的學生：選擇理論下的
師生雙贏（楊誠譯）。北京：首都師範大學。

Goodlad, J. I. (2006). A place so called school。一個稱做學校的地方（蘇智欣、胡玲、
陳建華譯）。上海：華東師範大學出版社。（原著出版於2004年）

Halinen, I. (2016)。面對未來的教育。芬蘭國家教育委員會課綱主席國際教育年會演
講，陳雅惠、張瀞文整理。https://www.parenting.com.tw/article/5072363。

Halinen, I., & Holappa, A. (2013). Curricular balance based on dialogue, cooperation and trust-The case of Finland. In W. Kuiper & J. Berkvens Eds., Balancing Curriculum Regulation and Freedom across Europe. CIDREE Yearbook 2013, pp.39-62. Enschede, the Netherland: SLO.

Hargreaves, A., & Shirley, D. (2009). *The Fourth Way: The inspiring future for educational change*. California: Corwin A Sage Company.

Hooley, N. (2009). *Narrative life: Democratic curriculum and indigenous cultural*. New York: Springer.

Illich, I. (2004). *Deschooling society*. London: Marion Boyars.

Joyce, B., Shower, B., & Murphy, J. (1989). School renewal as cultural change. *Educational Leadership, 47* (3). 70-77.

Kalantzis, M., & Cope, B. (2016). *Learning by Design*. Champaign, IL: Common Ground Publishing LLC.

Mclaren, P. (1994). *Life in schools: An introduction to critical pedagogy in the foundation of education*. Los Angelous: University of California.

Nias, J., Southworth, G.and Yeomans, R. (1989). *Staff relationships in the primary school*. London: Cassell.

Nieto, S. (2005). *Why we teach*. Chicago: Teacher College Press.

Ornstein, A. C., Pajak, E. F., & Ornstein, S. B. (2004)。當代課程問題（余強主譯）。杭州市：浙江教育出版社。（原著出版於2003年）

Rosenholtz, S. J. (1989). *Teachers' workplace: The social organization of schools*. New York: Longman.

Sarason, S. B. (1999). *Teaching as a performing art*. N.Y.: Teacher College, Columbia University.

Schleicher, A. (2016). *Global competency for a inclusive world.* Adopted from www.oecd-ilibrary.org/education/books

Schlechty, P. C. (2016). *From Community Institutions to Government Agencies: The Transformation of America's Schools.*http://s3.amazonaws.com/ www.schlechtycenter. org/tools/prod/8223/original/sc_pdf_philcommunitytogovagency. pdf?1296186805

Stoll, L., & Fink, D. (1996/2010). *Changing our schols: Linking school effectiveness and school improvement.*未來的學校：變革的目標與路徑（柳國輝譯）。北京：北京大學出版社。

Silva, E. M., & Rubin, B. C. (2003). Missing voice: Listing to students' experience with school reform. In B. C. Rubin & E. M. Silva (Eds.), *Critical Voice in school reform* (pp.1-7). New York: Routledge Falmer.

6　社會科的定義、目的與
性質：歷史性探究

鍾鴻銘
國立宜蘭大學博雅教育中心（通識教育中心）副教授

## 壹　前言

　　作為學校裡的一個學科，社會科究竟緣起於何時，論者每有不同見解。社會科課程史學者Saxe（1992）曾將社會科著作處理社會科起源的方式劃分為三類：其一為持續自發存在理論（continuous spontaneous existence theory），此類著作視社會科長期以來理所當然的存在於學校課程之中，故不處理其起源的問題。其二為1916年的大爆炸理論（big bang theory），此類著作視社會科乃旱地拔蔥似的出現，且與1910年代中等教育重組委員會（Commission on the Reorganization of Secondary Education）轄下的社會科委員會（The Committee on Social Studies）有關，其於1916年發表的《中等教育社會科》（*The Social Studies in Secondary Education*）報告書，正式確立社會科為學校課程中的一員。第三種則為歷史基礎理論（history foundation theory），此類著作雖不否定《中等教育社會科》的歷史意義，但彼等以為社會科乃歷史科演化而來，故彼等在追溯社會科的歷史起源時，會以歷史科確立為學校科目作為社會科的歷史起源點。例如：社會科課程史學者

Evans（2004）在其《社會科的戰爭：吾人該教兒童何等事物？》（*The Social Studies Wars: What should We Teach the Children?*），即從1890年代十人委員會（The Committee od Ten）轄下的「麥迪遜會議歷史十人小組」（History Ten of the Madison Conference）探討起。Saxe（1991, 1992）自己則另闢蹊徑，從社會科學的學術領域，尋找社會科的起源。但是不管社會科的歷史起源點為何，社會科被「正式」確立為學校課程是始自《1916社會科委員會報告書》，乃大部分社會科課程學者所共同接受之事（鍾鴻銘，2016b）。社會科委員會報告書不僅嘗試界定社會科的定義、目的，同時亦提出一套初步的課程計畫以供學校參考。社會科委員會報告書對之後社會科的發展與走向具有重大影響。是以，「此報告書通常被認為是社會科教育史上最具影響力者。」（Whelan, 1992: 10）

　　2016年適逢社會科生年滿百，儘管從其誕生伊始，社會科委員會即嘗試為其定義，但百年以來，社會科究何所指，仍存在一定爭議。此恰如Brophy與Alleman（2006: 429）所言：「從一開始，社會科的學術性論述其特徵即是對社會科的目的、目標與內容斷斷不休。」故長期以來，社會科可說是一直在尋找自己的認同（Stanley, 2001）。而Wesley（1978: iv）亦曾謂：「社會科領域長期以來苦於衝突的定義、功能的重疊，以及哲學的混淆。」Wesley並指出，社會科經常被界定為社會科學、社會服務、社會主義、激進的左翼思想、社會改革、反歷史、社會科目的結合、一種領域、一種聯合、一種統整的課程、一種支持兒童的課程改革，或是某種課程革新。社會科課程史學者Lybarger（1991: 9）亦指出：「社會科歷史最顯著的面向之一是對領域的性質、範圍與定義持續不斷的論辯。」此外，國內課程學者歐用生（2001: 1）亦謂：「社會科到底是什麼？其意義、本質、目的和內涵為何？關於這些問題可謂言人人殊，爭議不已。」由於社會科欠缺一致性的定義，以致如Barth與Shermis（1970: 743）所指：「任何稱之為『社會科』的事物也因此都是社會科。」儘管百年來社會科的定義、性質與目的略顯渾沌，但誠如渾沌理論（chaos theory）所指，在渾沌中往往亦有其一定的秩序存在（Doll, 1993）。「貫穿整個社會科的歷史，眾多的學

者已提供社會科的不同定義，及關於社會科之目的與取向的陳述。」
（Russell, 2012: 2）本文即嘗試從百年來社會科的重要文獻及相關學者
的研究中，探討社會科的定義、目的與性質。最後並嘗試從社會科的歷
史，省思我國社會科的定義與目的。

## 貳 社會科的定義

Shaver（1967a: 588）曾指出：「『社會科』此詞欠缺明確的意義
有其歷史根源。自從1900年代初期，在中小學課程裡，其為歷史及各
種社會科學提供一種無所不包的標籤。」Saxe（2003-2004: 93）亦謂：
「社會科之彈性的、無所不包的且具折衷色彩的性質，源出於1916年
首度發布之『官方的定義』。」1910年代美國中等教育重組委員會轄
下有各科委員會，其中的社會科委員會是首度以「社會科」掛名的委
員會。此一委員會先後發表三份文件（鍾鴻銘，2006b）。於1913年發
表的第一份文件《初步聲明》（*Preliminary Statements*）中曾指出：
「『社會科』此詞用以包含歷史、公民及經濟學。」（U. S. Bureau of
Education, 1913: 16）委員會1916年發表的最終報告書《中等教育社會
科》一開始亦曾指出：「社會科被理解為其學科材料與人類社會的組織
與發展，以及人作為社會群體之一員具有關聯性的那些學科教材。」
（U. S. Bureau of Education, 1916: 9）

由於《中等教育社會科》是社會科課程史的重要文獻，故有不少社
會科學者嘗試解讀其對社會科之界定。Alilunas（1949: 1）認為：「此
（社會科）委員會並非視社會科為單一學科，而是一種學科領域，其處
理的是人類關係之研究。」Hertzberg（1981）則是認為，委員會的定
義規避了社會科究竟是各個科目的聯合，或是多個科目環繞一個主題進
行融合這樣的問題，事實上，此一建議書包含上述兩種方法。或許由於
並未明確界定社會科的定義，Fallace（2009: 601）才會指出，自從1916
社會科委員會報告書出版之後，其起源、取向、意義、影響力即備受
爭議。《1916社會科委員會報告書》對社會科寬鬆的界定，雖導致其
後社會科定義的爭辯，但卻也使得社會科課程易於為教育人員接受。

Saxe（2003-2004）即謂，社會科之得以在學校取得一席之地且存活下來，乃因它像變色龍般，容許實務工作者不斷重鑄其形式與內容，以符合個人所欲。從上述社會科課程學者的論述中，吾人可知，《1916社會科委員會報告書》固然使得社會科正式成為學校課程的一員，但在報告書中並未給予社會科確切的定義，以致此後社會科課程學者從中解讀社會科的定義時，恰如盲人摸象般，難以獲得一致的定義。就其缺點而言，此使得長期以來，社會科課程學者對於課程範圍的界定、課程內容選擇的規準與組織的方法難以形成共識。就其優點而言，則是因其定義並不明確，使得社會科保有一定的彈性，得以因應時代的變化，使其在學校課程裡長期保有一席之地。

社會科草創之初，為了拓展其教育理念，一群哥倫比亞大學師範學院的教師倡議成立相關組織。首次會議於1921年3月3日在紐澤西州的大西洋城舉行。此一組織即全美社會科協會（National Council for the Social Studies, NCSS）（Murra, 1970）。NCSS是當前美國致力於推廣社會科教育最具規模且最重要的全國性組織。在其成立的組織章程中，曾對社會科進行如下的界定：「『社會科』此詞被用以包含歷史、經濟學、社會學、公民、地理、以及所有這些科目的改進及結合，彼等之內容及宗旨主要是社會性的。」（Alilunas, 1949: 1-2）社會重建論者H. O. Rugg是NCSS創建者之一，亦是社會科課程史上的重要人物。至哥倫比亞大學師範學院的林肯學校任職未久，Rugg即曾對社會科課程提出自己的見解。Rugg主張社會科應徹底重建，且以科際整合的方式發展社會科課程。對其主張的社會科課程，Rugg（1921a: 188）認為：

> 並非要教師嘗試「關聯」歷史、地理、公民、經濟學和社會學（以個別科目來教導）此種幾乎不可能的任務，我們假定逐課的將事實、運動、情境、原則，和社會的、經濟的以及政治的「法則」編織在一起，才能更有效的取得成果。它們彼此相互依賴，並且唯有當它們相互編織在一起，才能充分地被瞭解。從某一觀點來看，這是「融合歷史、地理與公民」。誠

然，在這樣的教學結果中，難以將歷史與地理以及其他科目作
一區分，但是假如我們更仔細的考量一下，我們將會看到，這
個程序絕不是融合學校科目而已，它不是「關聯的」或「聯合
的」或是「融合的」社會科學（借用晚近數學及科學運動的詞
彙），相反的，它是徹徹底底全新的及科學的編製學習內容的
技術，至少在其初始階段即忽視現行學程的內容。

由於打破學科的課程組織方式，故Rugg（1921a. 1921b）提出「社
會價值」（social worth）作為社會科內容的取捨標準。且以經濟、社
會、政治等領域所整理出的各種「法則」作為課程的組織基礎，其目
的在幫助學生進行通則化（generalization）。但Rugg並非全然使用社
會科乙詞，有時亦使用社會科學乙詞，其早期發展之實驗性質的社會科
教科書即名之為《社會科學手冊》（*Social Science Pamphlets*）（鍾鴻
銘，2006）。Rugg之所以交替使用社會科與社會科學，可能與社會科容
易受時人誤解有關。Rugg（1926: 605）曾指出：

> 在吾人的工作中，「社會科」此詞用以含括傳統公立學校課程
> 的歷史、地理、公民、經濟學等工作。雖然受到學校之人的廣
> 泛使用，「社會科」被公認為是不適當的詞語。學校課程的其
> 他組成部分，諸如英文與家庭經濟學，亦可以被視之為「社會
> 的」研究。但此詞現已被指稱傳統被稱之為歷史、地理、公民
> 的研究領域。在此文中余亦將遵此使用之。特別重要的是，讀
> 者應將吾等使用此字詞的意義秉之在心，因為門外漢不斷隨意
> 地誤解此字詞。最荒謬然而卻是經常受到的誤解是將「社會科
> 學」或是「社會科」與社會主義混淆。

社會科與社會科學字詞間的糾結，其來有自。事實上，中等教育
重組委員會轄下的社會科委員會成立之初本名為「社會科學委員會」
（The Committee on Social Science），在T. J. Jones出掌此一委員會
後不久即更名為「社會科委員會」，故Hertzberg（1981: 28）認為這是

「一個始自『社會科學』標題之名，而以放棄社會科學轉而支持社會科而結束的委員會。」從《1916社會科委員會報告書》正式使用社會科乙詞後，社會科學與社會科，甚至是社會學仍有交替使用的現象。Alilunas（1949: 2）即曾言：「社會科學此詞……從1921年開始即與社會學交互使用。它曾被等同於歷史與其他社會科而被使用著。社會科學與社會科這兩個詞彙，皆曾被用以指稱社會科中聯合的學程。」社會科學與社會科間難以割捨的關係，亦可從E. B. Wesley對社會科所做的經典定義窺出端倪。在社會科的早期歷史中，除Rugg外，Wesley亦是重要人物，因爲Wesley是「社會科運動的先鋒之一，且是此領域最被接受之定義的作者。」（Barth & Shermis, 1980b: 5）Wesley（1942: 6）對社會科所下之經典定義，即「社會科是爲教學之目的而加以簡化的社會科學」，無疑地，是從社會科學的角度來定義社會科。對於兩者的關係，Wesley（1950: 5-6）指出，社會科學指的是有關於人類及其相互關係的學術性材料。相對於社會科學，社會科主要是爲了教學目的而設計。它們是社會科學的某些部分及面向，是爲了在學校中或是在其他教學情境使用而加以選擇及調整因應的那些部分及面向。「社會科」此詞指的是其內容及宗旨主要是社會性質的那些材料，它是爲教學之目的而加以簡化的「社會科學」。Wesley（1978）認爲社會科的核心是關係，而且是存在於人類之間的「關係」。其以爲，「關係」對社會科的重要性，可對比於其他課程的核心字詞而獲得瞭解。Wesley認爲其他課程的核心字詞如下：

表1　不同課程的核心字詞

| 課程名稱 | 核心字詞 |
| --- | --- |
| 科學 | 事物 |
| 數學 | 數量 |
| 英語 | 溝通 |
| 藝術 | 創造力 |
| 職業 | 工作 |
| 地理 | 位置 |

（續上表）

| 課程名稱 | 核心字詞 |
|---|---|
| 娛樂 | 休閒 |

資料來源，整理自Wesley, 1978: iv.

　　Wesley（1978: v）指出，爲有助於組織與研究，社會科被劃分爲各種的科目與面向。過去關係的漫長歷史被指派給歷史，物質關係被指派給經濟學，以及各種其他的面向被指派給社會科不同的次級部門。1962年NCSS發表一篇名爲〈社會科的角色〉（The role of the social studies）宣言，文中論及社會科的定義與目的。就定義而言，其以爲：

> 社會科關心人的關係，其內容取自經濟學、地理學、歷史、政治科學及社會學等學門，且包括其他社會科學的成分，包括人類學、考古學，以及社會心理學。「社會科」此詞並不意指特殊的課程組織形式。其可應用至課程，在此課程中，每一學程乃取自單一學門的最大部分，或是其學程乃結合自數個學術學門的材料。（National Council for the Social Studies, 1962: 315）

　　NCSS的定義與Wesley的定義頗爲相似，但此種定義使得社會科與社會科學間的關係顯得模糊，且容易使社會科淪爲社會科學的附庸。故有學者認爲，若欲清楚界定社會科，理應辨明其與社會科學間的關係。1960年代是課程改革的年代，曾參與哈佛社會科計畫（Harvard Social Studies Project）的Shaver（1967a），以一篇〈社會科：需重新定義〉（Social Studies: The Need for Redefinition）呼籲重新界定社會科。Shaver 主要針對此前頗受歡迎之Wesley的經典性定義而發。Shaver（1967a, 1967b）認爲，從社會科學的角度定義社會科，使得社會科的課程內容與發展皆依循社會科學而行，此實有礙社會科課程發展的創造性，故其主張重新定義社會科。Shaver（1967a: 589）以爲，相較於社會科學是專門教育，

社會科是「普通教育」。在討論社會科時，吾人討論的是一套必修的學程，一套為所有學生的計畫。是以，此一計畫理應植基於某種原理，其考量的是為所有青少年設想的社會目標，而非僅為即將進入學院或是為了對社會及其過去的抽象描述感興趣而進入學校的學生。

根據此種理念，Shaver（1967a: 589）重新將社會科定義如下：「社會科是學校普通教育計畫的一部分，它關心的是為參與民主社會的公民作準備。」

與Shaver一樣倡導議題中心課程的S. Engle，不僅一再的否定Wesley的定義，亦嘗試從釐清社會科與社會科學的關係來定義社會科（Longstreet, 1985b）。Engle（1960）指出，社會科學包含歷史學者、政治科學家、經濟學者、人類學者、心理學者、社會學者等學術性的探究工作，以及生物學者和地理學者其研究工作中與人類行為相關的部分。與之關聯的尚有哲學、文學、語言學、邏輯學和統計學等。社會科則是包含奠基於社會科學基礎上之教科書、學程，以及學校為公民及社會事務所傳授之任何的內容，這些內容總是從社會科學提煉而出，且僅是社會科學的部分內容而已。Engle並從選擇性及目的兩方面探討兩者間的差異。就選擇性而言，社會科學總是為知識而知識，所有的知識因而具等量的價值，且社會科學並不關心知識的直接應用性。但是對社會科而言，中心考量必然總是決定何等知識最有價值。其次，就目的而言，社會科學的目的在於研究，且較諸統一、綜合和應用，社會科學更鍾愛分析、區分和傳布。與社會科學專注於嚴密研究取向不同的是，社會科在意的是公民教育。1970年，Engle出任NCSS的主席，其就職演講之主題為〈探求社會科的意義〉（Exploring the Meaning of the Social Studies），在演講詞中，Engle（1971: 283-284）指出：

社會科學的目的是描述與解釋人類現象之知識的發現。社會科學家主要投身於尋找新知識，並以新知識為基礎持續地重新檢視人類事務。社會科學的目標是發現人類社會的一般法則，其

或可用以解釋與預測人類行爲。

……

相對於社會科學，社會科的目標是發展完善公民。社會科的首
要關懷是知識的利用。公民運用從社會科學及其他來源的知
識，進行有關於其個人行爲及關於公共政策問題之決定，社會
科主要的目標是改善此一過程。

從Shaver與Engle的論述，吾人可知，社會科的內容固然主要取材
於社會科學，但是兩者的教育目標並不相同。社會科學的教育目標在於
使學生獲得專業知識，或是培育社會科學的專業學者，但是社會科雖然
亦在使學生獲得社會科學相關領域的知識，但是它更強調知識的應用
性，也就是培育學生將習得的知識，用以解決面臨的各種問題。質言
之，社會科學的教育目標在於培育學者或專家，或是具有專業探究習性
之人，但社會科的教育目標則在於培育公民。

在1960年代議題中心課程倡導者戮力於重新界定社會科的定義
後，有一段時期，社會科學者暫時擱置定義的論辯，轉而將焦點放
在課堂中教師所面對的實際問題之上。1990年代隨著聯邦政府推動
教育改革，作爲社會科最重要的組織NCSS又開始嘗試定義社會科。
1992年NCSS的通訊文件《社會科專業人員》（*The Social Studies
Professional*）中曾提及，NCSS將從公民能力的角度爲社會科進行界
定。文件中並提出社會科的初步定義以供探討，也就是「社會科是
歷史、社會科學與人文學科的整合以提升公民能力」（Shaver, 1996:
41）。此一定義明顯將歷史界定爲社會科的核心科目。1994年NCSS
發表社會科課程標準，名之爲《卓越的期待：社會科課程標準》
（*Expectations of Excellence: Curriculum Standards for the Social
Studies*）。在此文件中對社會科採取如下的定義：

社會科是社會科學與人文學科的整合研究，其旨在提升公民能
力。在學校計畫中，社會科從人類學、考古學、經濟學、地
理、歷史、法律、哲學、政治學、心理學、宗教與社會學等諸

學科，以及人文學科、數學與自然科學的適當內容援引資料，
以提供調和的、系統的研究。（National Council for the Social
Studies, 1994: 3）

與1992年的定義相較，以歷史為核心科目的社會科定義轉向社會
科為統整性課程的定義。NCSS之所以提出課程標準，實受此前美國國
會所通過之《目標2000：教育美國法案》（*The Goals 2000: Educate
America Act*）的影響。《目標2000》要求部分科目應訂有全國性標
準，社會科雖未名列其中，但NCSS仍回應全國性課程標準的主張，
自行訂定課程標準，以供相關單位參考。在2010年NCSS所出版之修
訂版的課程標準《社會科全國課程標準：教學、學習與評估的架構》
（*National Curriculum Standards for Social Studies: A Framework for
Teaching, Learning, and Assessment*）中，仍然採取前述的社會科課程
定義（National Council for the Social Studies, 2010）。

從上述歷史可知，百年來社會科的定義雖處於不斷論辯之中，但略
觀其梗概，大致呈現兩極，一具保守傾向，認為社會科乃社會科學各科
目之聚合，且主要以歷史為核心，故此定義仍具學科傾向。另一極則具
進步主義傾向，從學生的學習經驗出發，認為社會科應是統整性的學習
領域。但是晚近的課程標準運動中，學科的地位提升，相對地，強調統
整的社會科則相對受到忽視。社會科學者（Nelson, 1994: 475）即曾謂：
「《目標2000》完全忽視社會科，而是聚焦於歷史、地理與公民。」
在危機感提升之際，社會科學者僅能更勉力地提倡社會科的教育意義與
目的──培育公民資質，以捍衛社會科在美國課程的疆域。以下即嘗試
探討社會科目的的歷史演變過程。

## 參 社會科目的

雖說自二十世紀初社會科成為一門學科伊始，對其原理及組織方式
並未有確切的共識，但是社會科的主要職責在於公民資質，則為社會科
學者所共同接受（Stanley, 1985; Whelan, 1992）。社會科的主要職責在於

公民資質的培育，在相關文件中早已述及。即便將歷史科視爲社會科的溫床，確立歷史科爲學校正式科目的文件中，亦已提及歷史科的目的在培育公民資質。1894年十人委員會報告書正式確立歷史科爲學校課程之一員。在其報告書中即曾指陳：「歷史長期以來被推薦爲完善公民資質教育的一部分。」（National Education Association, 1894: 169）是以，就歷史之教學目的而言，「十人委員會正式確立歷史即學校中公民資質教育的首要載體。」（Correia, 1998: 64）接續麥迪遜會議十人委員會由美國歷史協會（American Historical Association）召開的歷史七人會議（Committee of Seven）所提交的報告，對學校的影響力更大（Evans, 2004; Hertzberg, 1981）。在其報告書中亦曾提及：「（歷史）研究的主要目標之一是帶給男童與女童某些環境的知識，且使其成爲睿智的公民。」（American Historical Association, 1899: 20）1913年社會科委員會發表的《初步聲明》中進一步確立社會科的目的在於公民資質。《初步聲明》中指出：

> 中學社會科教師可能有最佳的機會爲這塊土地的任何社會團體改進其公民資質。……良善的公民資質理應是中學社會科的目標。雖說整個學校的行政與教學皆應致力於社區的社會福祉，但社會科在此一領域有直接的責任。事實、情況、理論與活動若非對評價改善人類的方法有所裨益，便無權要求納入。在此一考驗之下，幾乎只專注於研究政府機制的老舊公民，需讓位於研究所有改善人類境況之社會作爲的新公民。學生知道如何選舉總統，不如瞭解健康官員對其社區的職責來得重要。（U. S. Bureau of Education, 1913: 16-17）

1916年發表之最終報告書《中等教育社會科》在其序言中亦再次開宗明義地指出：「委員會是帶著如下的信念發布此報告書：即中等學校社會科教師有顯著的機會改進本國度的公民資質。」在論及社會科的目的時，報告書亦指出：「美國中等學校社會科應將完善公民資質的培育當作有意識地且持之以恆的目的。」（U.S. Bureau of Education, 1916:

5, 9）NCSS成立之後，E. U. Rugg隨即在雜誌上發表短文介紹該組織，Rugg亦是從培育公民資質的角度召募會員，Rugg（1921: 190）指出：「社會科──歷史、政治、經濟學、社會學及其他相關學科──廣泛引入公立學校之中，需要對公民訓練有興趣之人的共同努力。」

　　1960年代的課程改革運動亦含括社會科的課程改革，此次社會科課程改革統稱爲「新社會科」。「新社會科」同樣認同社會科目的是公民資質教育（Evans, 2011a, 2011b）。其後，諸多學者亦多爲文論證公民資質教育即社會科的目的（Barth, 1992; Barth & Shermis, 1980b; Dynneson & Gross, 1982; Foshay & Burton, 1976; Parker, 1990; Parker & Jarolimek; Remy, 1978; Shaver, 1984），甚至有學者認爲在探討社會科定義前，應先釐清公民資質的內涵（Longstreet, 1985a）。迨至晚近，NCSS（1994, 2010）所發表社會科課程標準及其後的修訂版中，對於社會科的定義則是作了如下的說明：

> 社會科的首要目的是幫助學生，在相互依存的世界中作爲文化多樣之民主社會的公民，能爲共善（public good）發展做睿智與合理決定的能力。（National Council for the Social Studies, 1994: 3, 2010）

　　由此可見，從社會科正式成爲學校課程一員時，其目的便是設定爲公民資質教育。但是即便公民資質教育一向爲社會科的核心目的，但是在社會科的發展過程中，對於公民的界定卻曾出現過重大轉折。此一轉折約於二次大戰後開始發生，1960年代議題中心社會科學者大力倡導，其後經由提倡批判教育學的社會科課程學者加以強化。概括言之，自二十世紀初社會科肇興後以迄中葉，所謂的公民是「完善的公民」，從二十世紀中葉起，社會科課程學者提倡的是「負責的公民」。完善的公民關心的是非批判性的順從而非睿智的決定，或是立基於社會分析與批判反省的決定（Houser & Kuzmic, 2001）。即便二十世紀初社會科正式成爲學校課程時，早已提倡議題中心或問題本位教學（鍾鴻銘，2016a），但與1960年代的議題中心社會科課程仍

有很大不同。社會科的創建者們受到當時社會科學盛行之實證主義（positivism）的影響，認為物理世界與社會世界皆受某些法則支配。彼等以為，只要找到這些法則並妥善運用知識，便能循序以進的改善社會（Barth & Shermis, 1980a）。是以，根據實證主義哲學觀所設定的問題與問題解決教學材料與教學法，是事先套裝好的社會問題與審慎選取的材料，在教學過程中，教師甚至會給予學生某種提示，以幫助其獲致特定的結論。當已有人為學生設定問題，且提供解答問題所必備的資料，甚至提點學生獲得預定的解答，則課程發展者雖為積極的創造者，但學生終將淪為被動的接受者（Shermis & Barth, 1982: 32）。此外，被動公民的概念亦與當時盛行的社會效率論頗有關聯。社會效率論者主張學生應為參與未來社會、有效履行公民職責做準備。但彼等強調的是公民的義務面而非權利面，且將社會的不平等歸諸個人及族群文化發展因素，而非制度的不平等，故草創期的社會科重視的是道德的矯正與服從性格的養成，而非社會制度的批判與改造（白亦方，1997；Watkins, 2001）。

職是之故，即便認為公民資質是社會科的中心目的，但對於公民資質的內涵，學者間仍有差異。Barth與Shermis（1970）即嘗試從公民資質的角度，解析不同社會科教育學者所提倡的社會科教育模式，並依其性質劃分為三種不同的社會科傳統，分別是：社會科即公民資質傳遞（citizenship transmission）；社會科即社會科學；社會科即反思性探究（reflective inquiry）。其後，Barr、Barth與Shermis（1978）進一步於《社會科的性質》（*The Nature of the Social Studies*）以專著詳細探討此三種傳統。「Barr、Barth與Shermis三種傳統模式的影響力是廣泛且普遍的。」（Stanley, 1985: 316）三人於1977年所出版的另一本著作《界定社會科》（*Defining the Social Studies*），亦在闡述此三種傳統，此著作「可能是社會教育中最常（最受喜愛）受到引用的當代作品」（Stanley, 1985: 319）。Barr等人對社會科三種傳統的劃分，對於瞭解社會科的性質，具有莫大幫助。

Barth與Shermis（1970: 744）曾謂：「吾等將社會科界定為一組目標，其描述公民資質教育的內容如何選擇、組織與教授。……不管社會

科教育工作者的哲學預設如何多樣，很明確地，彼等皆將社會科視爲獲致公民資質的一種手段。」故對彼等而言，不管任何傳統，皆視公民資質爲社會科的目的，是以，Barr、Barth與Shermis（1978: 18）從公民資質的角度視「社會科是社會科學與人文學科出於公民資質教學目的的一種統整」。Barr等人再從公民資質的內涵、達成目的的方法、與社會科內容的選擇，解析三種不同的社會科傳統。Barr等人並將其整理成表2。

表2 三種社會科傳統的描述

| 社會科傳統 | 社會科即<br>公民資質傳遞 | 社會科即社會科學 | 社會科即反思性探究 |
|---|---|---|---|
| 目的 | 提升公民資質的方式：培育正確價值作爲決定之參照架構。 | 提升公民資質的方式：透過掌握社會科學的概念、過程與問題，以便作決定。 | 提升公民資質的方式：透過探究過程，其間所涉及之知識，乃公民作決定及解決問題所必具之知識。 |
| 方法 | 傳遞：以教科書、背誦、演講、一連串的提問與回答，以及結構性的問題解決練習，傳遞概念與價值。 | 發現：每一門社會科學皆有其自身蒐集與證實知識的方法。學生應該發現與應用適合於每一社會科學的方法。 | 反思性探究：透過反思性探究過程，使作決定變得有結構與條理，其目的在於指明問題以及藉由測試不同識見來回應衝突。 |
| 內容 | 依據教師解釋的權威選擇內容，其具有闡明價值、信念與態度的功能。 | 個別與統整的社會科學學術學門兩者的結構、概念、問題與處理過程是合適的內容。 | 解析個別公民的價值以獲取需要與興趣，這些需要與興趣形成學生選擇問題的基礎。問題是反思的內容。 |

資料來源，轉引自White, 1982: 2.

美國社會科教育向來重視公民資質的傳遞，也就是重視社會固有價值與信念的直接授予，以幫助學生社會化。長期以來，公民資質傳遞皆位居美國社會科教學的主流地位。社會科即社會科學、社會科即反思性探究雖有其不同歷史淵源，但1960年代的社會科課程改革運動卻是兩者的主要歷史舞臺。兩者雖皆重視問題解決，然前者強調學科結構，也

就是重視學科的概念與知識結構，教學法則以發現教學法爲主。反思性探究則是重視公共議題與價值議題的探究，強調的是科際整合，教學法則是重視探究教學法，其倡導者主要受到J. Dewey教育思想的影響。

此外，由於認爲社會科是社會科學與人文學科的統整，故Barth與Shermis（1980b）亦曾從「統整」的角度，詮釋三種傳統的差異。彼等以爲，就公民資質傳遞而言，公民資質意謂著遵循被認可的途徑，且懷抱對社會有利的價值參與社會，故所謂的統整即是各種欲勸服學生接納之特定的價值或社會圖像的統整。對社會科學傳統而言，公民資質即作決定，而作決定的最佳方式是依循各種社會科學學門嚴謹的蒐集知識方式爲之，故統整是指依循概念路線所做的統整，或言之，即某種或多種社會科學學門之各種概念、理論、態度與技能的統整。就反思性探究而言，公民資質是在相對模糊的道德情境中作決定。彼等以爲，作決定者應接受問題解決技能的訓練，在此過程中，這些問題應被學生所「擁有」及「內化」。所謂的統整，實際上是一種哲學的重建，在此過程中，從外部所蒐集的資料被用以助長學生教育經驗的重建。

在公民資質傳遞、社會科學與反思性探究之外，P. H. Martorella曾另外再整理出兩種不同的社會科課程傳統，此兩種傳統同樣認爲社會科的目的是公民資質教育。Martorella所附加的兩種課程傳統是睿智的社會批評（informed social criticism）與個人發展。睿智的社會批評指的是社會重建論及批判教育學的社會科課程傳統，此傳統認爲，實現公民資質教育的方式是提供學生檢視、批判與修正過去傳統、現行既存體制，與問題解決模式的機會，從而促進社會轉化。個人發展的社會科傳統，主張公民資質教育應包含發展積極的自我概念與強烈的個人效能感（Vinson, 1998; Vinson & Ross, 2001）。

## 肆 從社會科的歷史省思我國社會科的定義與目的

國民政府遷臺後，小學社會科以合科教學爲主，中學則以分科教學爲主。在臺灣的小學社會科課程史上，所謂的「舟山模式」、「板橋模式」、「南海模式」具有舉足輕重的地位。就社會科的內容而言，臺灣

的社會科亦是整合不同的人文學科及社會科學學術內容而成。「舟山模式」的社會科課程主要整合歷史、地理、公民三個科目而成,其中,歷史科又是整合的核心,課程目標則是偏向人文精神的培育。「板橋模式」的社會科課程則是整合歷史學、地理學、政治學、經濟學、心理學、人類學、社會學七個科目而成,且從社會科學的角度看待上述科目,亦強調以科學的方法進行科際的整合。「南海模式」亦是根據七個社會科學的科目整合而成,但以文化人類學代替人類學。「南海模式」主要在於修正「舟山模式」、「板橋模式」的缺失。故相較於後兩者在社會科課程內容的選擇與組織上缺乏明確的依據,「南海模式」則以概念與通則作為課程組織的要素與核心(歐用生,1989,2001)。然不管是「舟山模式」、「板橋模式」抑或「南海模式」,率皆強調科際整合。

合科與分科究係何者為佳,考百年來雙方論辯之著力點可略知一二。主分科者,認為統整課程欠缺學術的嚴謹性;主合科者,則認為分科教學著重學術內容,易導致與學生生活經驗相疏離。就社會科百年發展史而言,筆者以為,理想的社會科定義應是兼顧某種程度的學術嚴謹性,同時又具有啟發學生主動探索社會問題,並練習作決定的內涵。Engle窮畢生之力推展社會科教學與研究,其心目中理想的社會科是以「作決定」為核心,且兼顧學術性與統整性。1990年代當NCSS準備著手修訂社會科的定義時,在辭世前,Engle曾寫信給當時NCSS的主席,抒陳其對社會科定義的見解。Engle在信件中指出:

> 社會科是民主社會中關於發展合格公民之廣泛的研究領域。其成分是歷史、地理、社會科學、人文學科——在某種程度上,它們彼此相關——以及社會所面臨的問題。研究這些科目,或言之,即要加以記憶之孤立知識片段,本身並非目的,而是必須將其當作用以理解與思考過去曾面對與現在正面臨之重要問題的資訊。就某種意義而言,組成此領域的科目因聚焦於這些問題而被整合在一起。(Previte, 1997: 23)

我國課程學者歐用生（2001: 10）對社會科的定義亦屬整合性的定義，其以為：

> 社會科是教導兒童熟悉社會科的知識結構（內容）和探究方法（過程），澄清價值，以作理性的決定，並依據這種決定採取行動。兒童在此過程中獲得的經驗的總和就是社會科。

　　Engle與歐用生的定義皆兼具學術內容與主動探究的內涵，是較為妥善的社會科定義。其次。就社會科之目的而言，一如美國將社會科之目的界定為公民資質教育，國民政府始設社會科之初，亦是從公民教育的角度來界定社會科的目標（陽光寧，2007）。政府遷臺後，不管就教育學者的見解、課程標準的內容，抑或「舟山模式」、「板橋模式」、「南海模式」發展出的課程材料而言，皆是從公民資質的角度界定社會科的目的（歐用生，2001）。然就公民資質內容而言，我國傾向於從完善或被動公民的角度，而非主動積極之負責任的公民來定義公民資質的內容。不管是早期著重於三民主義內容的瞭解、戰時著重於精神國防的建設（呂湘南，1936），以迄遷臺後民族精神的培育，皆是著重社會科教育內容的傳遞，而非培育探尋社會問題並尋繹解決之道的主動公民。迨至發展「南海模式」的社會科課程時，方檢討此前臺灣社會科課程的兩點不足之處，並加以補足之。此兩點不足之處，一為社會行動與社會參與；另一為民主社會公民的必備資質（歐用生，1989）。就屬性而言，「舟山模式」、「板橋模式」的社會科偏向公民資質傳遞。「南海模式」的社會科因受J. Bruner學科結構觀及螺旋型課程（spiral curriculum）的影響，主張從社會科學各科目間提取概念與通則，作為組織課程的要素與核心，故有社會科即社會科學的色彩。但除了重視社會科學知識的概念與通則外，「南海模式」的社會科亦強調科際整合、探究教學法與價值澄清的教學，故亦有反思性探究的精神。除此之外，鑑於以往臺灣的社會科過於偏重「社會」因素而忽略「個人發展」，故「南海模式」的社會科亦將Martorella所倡導的個人發展加以納入（歐用生，2001）。

如同Barth與Shermis（1980b: 1）所言：「化約至最簡潔的觀點，大多數人皆會同意，社會科的目標是公民資質教育。」百年來，社會科的目的是公民資質教育從未變動過，但不同時期對公民資質卻有不同定義，其中主要的轉折即從完善的公民轉向負責的公民，從被動的公民轉向主動的公民。職是之故，吾人的社會科教育亦應從著重於知識與價值的灌輸，轉而強調主動關心社會問題精神與態度的培育，以及相關知識的涵養。但是社會問題亦有時代之別，早期公民關心的社會問題，多屬社區與國內問題，但是隨著全球風險時代的來臨，吾人更應關注的是全球所面臨的問題。社會科課程史學者Halvorsen（2013: 4）即曾謂：

> 二十一世紀社會科教育的公民資質與社會責任任務並不亞於社會科首度進入小學之時，二十世紀初所臚列之對人性的威脅，諸如飢荒、人類遷徙與戰爭，現已增加恐怖主義、氣候變遷、核子戰爭及環境破壞等存在的威脅。拋開個人與組織所為之進步不言，吾人仍與腐壞的和劃分性的經濟、政治、宗教與種族失序鬥爭。是以，教導兒童成為一有責任感的國家與世界公民，仍是社會科教育有價值的目標。

總而言之，即便以公民資質為社會科的目標，但吾人應從更寬廣的層面重新定義公民資質的內容，公民資質不僅應與學校所在社區與國家的議題連結，同時亦應與全球化、多元文化、環境與氣候變遷等議題連結。

## 伍 結論

Nelson（2001: 26）曾謂：「定義對社會科在學校裡如何受到處理、組織、教導與評鑑具有重大影響。」但與其他學科相較，社會科的定義具有更大的爭議性。Saxe（1992: 267）曾謂：「社會科有一過去，且此過去對未來至關緊要。」本文嘗試透過梳理社會科歷史發展過程中，較具歷史意義的經典性定義，來管窺社會科的意涵。百年來，社會

科的定義主要在兩極中擺盪，一極較具學術傾向，認為社會科是各社會科學科目的集合，是出於教學目的而簡化過的社會科學。另一極則視社會科為通識教育，認為社會科是一門跨科際的研究領域，其目的在為民主社會培育公民，社會科課程內容的選擇、組織與評鑑，是依據民主公民資質的養成為選擇規準。本文以為，理想的社會科定義應兼採兩者之長。即一方面應重視社會科學重要概念、學理的介紹，以避免內容流於空洞化，同時應盡可能打破學科間牢固的界限，增加這些概念與學理的橫向連結。就其屬性而言，社會科屬普通教育而非專門教育，故應從所有學生的共同課程角度出發來發展社會科課程，不應從培養學術專才的角度來構思社會科。此外，課程內容亦應有助於理解當前社會問題的各種因由，或盡可能與學生生活經驗產生連結。

其次，社會科旨在培育學生的公民資質，厥為社會科的目的。而此實為社會科領域內，不斷論辯課題中較具共識的主張。此恰如Whelan（1992: 2）所指：「自從二十世紀初期社會科作為學校科目出現以後，有關其原理、目的與課程組織即少有共識。實則，一般所同意之唯一議題是社會科對公民資質教育負有特殊職責，幾乎其他每一事物則皆持續在爭辯之中。」但儘管如此，對於公民資質的內涵亦應有一定的主張。也就是，社會科不應是特定知識與價值的傳遞和灌輸，除了著重習得社會科領域重要的概念與學理外，亦應使學生學會如何依據上述知識解析社會問題，並練習作決定的過程與技能。當學生練習探索問題時，應鼓勵彼等打開視域，將目光與視野從所在的社區延伸至全球，以世界公民自居，使其具備世界公民該具有的公民資質。

## 參考文獻

白亦方（1997）。美國社會科課程的歷史探究。教育研究資訊，**5**(3)，61-73。

呂湘南（1936）。國防教育與社會科教學。進修半月刊，**5**(6-7)，265-267。

陽光寧（2007）。民國時期社會課程史論：以小學社會課程標準為核心的考察。華東

師範大學學報（教育科學版），**25**(2)，79-86。

歐用生（1989）。「南海模式」的課程發展：以國民小學社會科課程發展為例。現代教育，**4**(2)，40-52。

歐用生（2001）。國民小學社會科教學研究（六版）。臺北市：師大書苑。

鍾鴻銘（2006）。H. Rugg教科書爭議事件。教育研究集刊，**52**(3)，103-139。

鍾鴻銘（2016a）。社會科中的議題中心課程：歷史性探究。課程與教學季刊，**19**(2)，103-128。

鍾鴻銘（2016b）。T. J. Jones與《1916社會科委員會報告書》對社會科緣起之歷史意義探究。教育研究集刊，**62**(3)，35-71。

Alilunas, L. J. (1949). Major controversies over the "social studies" in American secondary education. *Harvard Educational Review, 19*(1), 1-15.

American Historical Association. (1899). *The study of history in schools: Report by the Committee of Seven*. New York Macmillan.

Barr. R., Barth, J. L., & Shermis, S. S. (1978). *The nature of the social studies*. Palm Springs, CA: ETC Publications.

Barth, J. L. (Ed.). (1992). *Citizenship as social studies education*. Washington D. C.: NCSS.

Barth, J. L., & Shermis, S. S. (1970). Defining the social studies: An exploration of three traditions. *Social Education, 34*(7), 743-751.

Barth, J. L., & Shermis, S. S. (1980a). Nineteenth Century Origins of the Social Studies Movement: Understanding the continuity between older and contemporary civic and U.S. history textbooks. *Theory and Research in Social Education, 8*(3), 29-50.

Barth, J. L., & Shermis, S. S. (1980b). Social studies goals: The historical perspective. *Journal of Research and Development in Education, 13*(2), 1-11.

Brophy, J., & Alleman, J. (2006). A reconceptualized rationale for elementary social studies. *Theory & Research in Social Education, 34*(4), 428-454.

Correia, S. T. (1998). Coming full circle: 100 years of citizenship education. *Midwest History of Education Journal, 25*(1), 64-69.

Doll, W. E., Jr. (1993). *A post-modern perspective on curriculum*. New York: Teachers College Press.

Dynneson, T. L., & Gross, R. E. (1982). Citizenship education and the social studies: Which is which?. *The Social Studies, September/October*, 229-234.

Engle, S. H. (1960). Decision making: The heart of social studies instruction. *Social Education, November*, 301-306.

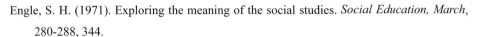

Engle, S. H. (1971). Exploring the meaning of the social studies. *Social Education, March,* 280-288, 344.

Evans, R. W. (2004). *The social studies wars: What should we teach the children?* New York: Teachers College Press.

Evans, R. W. (2011a). *The tragedy of American school reform: How curriculum politics and entrenched dilemmas have diverted us from democracy.* New York: Palgrave Macmillan.

Evans, R. W. (2011b). *The hope for American school reform: The cold war pursuit of inquiry learning in social studies.* New York: Palgrave Macmillan.

Fallace, T. (2009). John Dewey's influence on the origins of the social studies: An analysis of the historiography and new interpretation. *Review of Educational Research, 79*(2), 601-624.

Foshay, A. W., & Burton, W. W. (1976). Citizenship as the aim of the social studies. *Theory and Research in Social Education, 4*(2), 1-22.

Halvorsen, A. (2013). *A history of elementary social studies: Romance and reality.* New York, NY: Peter Lang.

Hertzberg, H. W. (1981). *Social studies reform, 1880-1980.* Boulder, CO: Social Science Education Consortium.

Houser, N. O., & Kuzmic, J. J. (2001). Ethical citizenship in a postmodern world : Toward a more connected approach to social education for the twenty-first century. *Theory and Research in Social Education, 29*(3), 431-461.

Longstreet, W. (1985a). Citizenship: The phantom core of social studies curriculum. *Theory and Research in Social Education, 13*(2), 21-29.

Longstreet, W. S. (1985b). Social science and social studies. *Social Education, 49*(5), 356-359.

Lybarger, M. B. (1991). The historiography of social studies: Retrospect, circumspect, and prospect. In J. P. Shaver (Ed.), *Handbook of research on social studies teaching and learning* (pp. 3-15). New York, NY: Macmillan.

Murra, W. F (1970). The birth of the NCSS－as remembered by Earle UL Rugg. *Social Education, 34*(8), 728-729.

National Council for the Social Studies (1962). The role of the social studies. *Social Education, October,* 315-318, 327.

National Council for the Social Studies (1994). *Expectations of Excellence: Curriculum*

*Standards for the Social Studies*. Washington, DC: National Council for the Social Studies.

National Council for the Social Studies (2010). *National Curriculum Standards for Social Studies: A framework for teaching, learning, and assessment*. Retrieved from http://www.socialstudies.org.

National Education Association (1894). *The report of the Committee of Ten on secondary education*. New York: American Book.

Nelson, J. L. (1994). Contemporary social education literature: An essay review. *Theory and Research in Social Education, 22*(4), 461-481.

Nelson, J. L. (2001). Defining social studies. In W. B. Stanley (Ed.), *Critical issues in social studies research for the 21st century* (pp.15-38). Greenwich, CT: IAP.

Parker, W. C. (1990). Assessing citizenship. *Educational Leadership, November*, 17-22.

Parker, W., & Jarolimek, J. (1984). *Citizenship and the critical role of the social studies*. Washington, DC: NCSS.

Previte, M. A. (1997). *Shirley H. Engle: Decision making in social studies education*. (Unpublished doctoral dissertation). Pennsylvania State University, Pennsylvania.

Remy, R. C. (1978). Social studies and citizenship education: Elements of a changing relationship. *Theory and Research in Social Education, 6*(4), 38-59.

Rugg, E. U. (1921). A National Council for the Social Studies. *The Historical Outlook, 12*(5), 190.

Rugg, H. O. (1921a). How shall we reconstruct the social studies? An open letter to Professor Henry Johnson commenting on Committee Procedure as illustrated by the Report of the Joint Committee on History and Education for Citizenship. *Historical Outlook, 7*, 184-189.

Rugg, H. O. (1921b). Needed changes in the committee procedure of reconstructing the social studies. *Elementary School Journal, May*, 688-702.

Rugg, H. O. (1926). A preface to the reconstruction of the American school curriculum. *Teachers College Record, March*, 600-616.

Russell Ⅲ, W. B. (2012). Contemporary social studies: Issues, perspectives, and thoughts. In W. B. Russell Ⅲ (Ed.), *Contemporary social studies: An essential reader* (pp.1-4). Charlotte, NC: IAP.

Saxe, D. W. (1991). *Social studies in schools: A history of the early years*. Albany, NY: State University of New York Press.

Saxe, D. W. (1992). Framing a theory for social studies foundations. *Review of Educational Research, 62*(3), 259-277.

Saxe, D. W. (2003-2004). On the alleged demise of social studies: The eclectic curriculum in times of standardization-a historical sketch. *International Journal of Social Education, 18*(2), 93-105.

Shaver, J. P. (1967a). Social studies: The need for redefinition. *Social Education, 31*, 588-592, 596.

Shaver, J. P. (1967b). Whereto, the social studies: Social studies, or the social science. (ERIC Document Reproduction Service No. ED064 189)

Shaver, J. P. (1984, November). *Reflections of citizenship education and traditional social studies programs*. Paper presented at the Annual Meeting of the National Council for the Social Studies , Washington, DC. (ERIC Document Reproduction Service No. ED250 257)

Shaver, J. P. (1996). NCSS and citizenship education. In O. L. Jr. Davis (Ed.), *NCSS in retrospect* (pp. 35-43). Washington, DC: NCSS.

Shermis, S. S., & Barth, J. L. (1982). Teaching for passive citizenship: A critique of philosophical assumptions. *Theory and Research in Social Education, 6*(1), 17-37.

Stanley, W. B. (1985). Recent research in the foundations of social education: 1976-1983. In W. B. Stanley (Ed.), *Review of research in social studies education,1976-1983* (pp.309-399). Washington, DC: NCSS.

Stanley, W. B. (2001). Social studies: Problems and possibilities. In W. B. Stanley (Ed.), *Critical issues in social studies research for the 21st century* (pp.1-13). Greenwich, CT: IAP.

U.S. Bureau of Education. (1913). *Preliminary statements by chairmen of Committees of the National Education Association on the Reorganization of Secondary Education.* Washington, DC: Government Printing Office.

U.S. Bureau of Education. (1916). *The social studies in secondary education.* Washington, DC: Government Printing Office.

Vinson, K. D. (1998). The "traditions" revisited: Instructional approach and high school social studies teachers. *Theory and Research in Social Education, 26* (1), 50-82.

Vinson, K. D., & Ross, E. W. (2001). In search of the social studies curriculum: Standardization, diversity, and a conflict of appearances. In W. B. Stanley (Ed.), *Critical issues in social studies research for the 21st century* (pp.39-71). Greenwich,

CT: IAP.

Watkins, W. H. (2001). *The white architects of black education: Ideology and power in America, 1865-1954.* New York: Teachers College Press.

Wesley, E. B. (1942). *Teaching the social studies* (2nd ed.). Boston: D.C. Heath and Company.

Wesley, E. B. (1950). *Teaching social studies in high schools.* Boston: D. C. Heath and Company.

Wesley, E. B. (1978). Foreword. In R. Barr, J. L. Barth & S. S. Shermis, *The nature of the social studies* (pp.iv-vi). Palm Springs, CA: ETC Publications.

Whelan, M. (1992). History and the social studies: A response to the critics. *Theory and Research in Social Education, XX*(1), 2-16.

White, C. S. (1982). A validation study of the Barth-Shermis Social Studies Preference Scale. *Theory and Research in Social Education, X* (2), 1-20.

# 課程改革對小學教學文化的影響：九年一貫課程之後的觀察

周淑卿

國立臺北教育大學課程與教學傳播科技研究所教授

## 壹 前言

　　面對二十一世紀的教育，臺灣和許多國家都在問一個相同的問題：「如何培養面向新世紀的下一代國民？」隨著這個問題而來的是諸多教育改革的政策與行動，而國民教育階段的課程與教學則為改革的重點所在。課程改革所檢討的問題是：課程偏向學術理性主義，關注學科知識的系統性，卻忽略學科知識的生活應用；教學以課本教材的講授為主，忽略實際情境的問題解決；課程內容傾向一致化，未能因應學生的學習需求。所檢討的這些課程與教學問題乃是由於過去的課程傾向工廠模式，視學生為原料，教育為加工過程，希望所有學生都達成預設的特定目標；而教學則偏向行為主義，試圖訓練學生逐步精熟層級化的知識。

　　2000年，臺灣實施國民中小學九年一貫課程，倡導以「統整課程」和「協同教學」聯繫學科領域的學習；以「學校本位課程發展」活

絡在地情境素材,陳顯在地學習經驗。十餘年來,雖然課程綱要迭經調整,原先訴求的理念內涵在實務運作上也有所變化,但是追求「以學生為主體」的教學革新路線不變。這十餘年間,除了官方以多項競爭型計畫和教學獎項鼓勵學校進行教學創新,來自學校的草根力量也帶動課堂改變。近幾年,翻轉教室、學習共同體、學思達、分組合作學習等,已成為教育界耳熟能詳的名詞,許多教師也開始在課堂中採行某些觀念或方法。2014年11月,十二年國教課程綱要總綱公布,延續「以學生為主體」的精神,強調「學生是自發主動的學習者,學校教育應善誘學生的學習動機與熱情」,以引導學生開展各種互動能力,謀求群體的互惠與共好(教育部,2014:1)。為落實此理念,更企圖以「核心素養」引導學校改變教與學的方式。這些教學革新的訴求,事實上都希望課堂朝向「自主、探究」的學習。

　　課程改革要改變的並不是文件課程,而是實質課程(黃顯華、朱嘉穎,2005)。實質課程就在課堂的師生互動經驗中,而這也正是最難改變的部分。因為教師在累積了一定的教學經驗後,即形成某種特定教學觀念與行為模式;在他們與學生的課堂互動過程,也就塑造某種特定的教與學模式和規範,而這也構成了教室生活的穩定型態。此種存在課堂教學中固定的教與學規範、價值、慣性與行為模式,也就是「教學文化」(culture of teaching)(肖正德,2007)。課程改革要求教師與學生改變視為當然的觀念和習慣的行為模式,如:師生關係、教材在課程中的地位、學習方式等,這也正是要求改變教學文化(周淑卿,2013)。課程政策所倡導的是最上位的「理想課程」,但教學文化直接涉及學習者的「經驗課程」;理想課程與經驗課程的差距原本就大,要透過課程政策改變課堂的教學文化當然不可能立竿見影。在迎接即將實施的十二年國教課程之際,我們更應回顧過去多年課程改革究竟對課堂教學產生了什麼實質影響,以利未來改革方案之擘劃。

　　本文將根據2010年、2012年兩項個案研究的資料[1],討論九年一貫

1　這兩項以小學教學文化為主題的研究,以臺灣北部地區三個學校為個案。這三個

課程實施以來，課程改革的方案對小學教學文化的改變。

## 貳 教學文化的概念與內涵

　　正如教學社會學是由社會學角度研究教學，教學心理學是由心理學面向探討教學，教學文化則是由文化角度看待教學現象而產生的一個概念。肖正德（2007）認為，文化與教學的關係可以從兩方面來看。一方面，文化的深層部分——人們的價值觀、思維模式、行為習慣總是潛在的制約著教學；另一方面，教學本身也是一種文化，因此，教學中的現象、人的生存狀態和行為模式都可以用文化的角度來詮釋。在考察文獻的過程中，發現有關「教學文化」的討論，有人談論的是社會文化如何影響教學，以致構成了某種型態的教學規範與行為；有人是以「教學本身即文化」的觀點來探討教室生活方式；甚至也有人將教學文化視為教師文化的同義詞。

　　1986年出版的教學研究手冊第三版開闢「教學文化」的主題，被視為教學文化的重要文獻。其中，Feiman-Nemser與Floden（1986）以〈The cultures of teaching〉為題的文章中所界定的教學文化是：「體現於與教學工作有關的教師共享信念與知識」，包含教學的互動規範、教學生涯報酬、教師知識。然而，此定義的內涵其實即是教師信念與知識。Hargreaves（1992）以〈Cultures of teaching: A focus for change〉為題的文章，所定義的教學文化是「由教師團體的信念、價值、習慣與假設的行為方式所構成的，教師依此而行事」，並且將教學文化的形式分為個人主義、協同合作、勉強合作、巴爾幹化四類，而這四類形式又是指稱教師之間的關係與行事方式。此界定顯然將教學文化視同教師文化。教師文化是屬於教師這個群體的規範與習俗，然而，牽

---

　　學校皆位於新竹以北，包含大型學校民和國小、中型學校永寧國小及明文國小（均為化名）。三個學校皆致力於參與課程與教學方案，也獲得多項教育部競爭型計畫、教學創新競賽獎項。研究者認為，當學校願意參與那些來自課程政策的計畫與獎項，才能觀察到究竟學校的教學文化是否受到政策的引導或影響。

涉在「教與學」活動中的除了教師，還有學生，若將教師文化等同教學文化，則忽略了學生的存在。

探討教學文化，其實即是在探討「教學活動所具有的文化意義」。何以稱教學當中有文化？因為教學是一個師生互動的過程，教師與學生的長期關係構成了某種型態的教室生活以及「教與學」的特定模式。在這當中，教師與學生共同認可某種價值，對事物與行為有某些共同的理解，從而表現為習慣性的教學行為、儀式、規則或制度。而教學文化的研究即是去「追問那些物質、制度、行為背後的價值層面意義，探尋其所蘊含的精神文化」（謝韋韋、楊輝，2008）。

有關教學文化的定義，許多研究者的說法也大抵相近，如：

- 教學文化是教師與學生作為集體主體在教與學的互動中，構建的關於教與學的價值體系與行為模式（李秀萍，2006）。
- 教學文化是教學生活過程及與之有機成為一體的教學生態整體（劉慶昌，2008）。
- 認為課堂教學文化就是在課堂環境中，由教師與學生在教學、學習、生活、交流的相互作用中所創造出來的一切物質的和精神的產物，以及創造的過程（李斌、孟凡麗，2008）。
- 「課堂教學文化」的概念是從整體上來把握課堂教學的文化特質，其在表層體現為課堂教學的心理氛圍，在深層則體現為師生共同的教育觀、價值觀（謝韋韋、楊輝，2008）。

由這些相近的定義，可以掌握到兩個重點：

1. 教學文化是由教與學的主體，也就是教師與學生在互動中形成的，而非屬於教師群體。
2. 教學文化包含顯性的教與學行為模式，以及隱性的有關教與學的共同規範、價值、信念，兩者具有密切的相互作用，而呈現出某種整體特質。

由於文化具有共享、習得、表意、象徵之特質，且涵蓋精神、社會、物質等面向，故教學文化之表徵也可在這些面向來尋獲（引自郭丁熒，2005）。李斌與孟凡麗（2008）具體指出，教學文化也具備了「文化」的四個組成面向：物質文化、制度文化、精神文化和行為文化。物

質文化包含各種教學設施與條件；制度文化包含教學模式、群體行爲規則、習俗、儀式等[2]；精神文化包括師生所認可、遵循的共同規範、教室生活信念；行爲文化主要包括教學過程中各主體的行爲模式，以及在此基礎上形成的教學風格與學習風格等。這四個面向中又包含了外顯的表現與內隱的價值，其間相互牽涉，爲教學文化構成了有機整體，單獨由任何一個面向來看都無法代表一個文化的內涵。

余清臣（2005）特別關注制度文化面向中的教學儀式，認爲儀式中反映了深層的文化意義。他指出，課堂教學中有些活動具有穩定的形式，有鮮明的行爲規範，且對師生的行爲有細部的要求；這類活動帶給參與者的意義遠大於行爲本身，成爲一種富含文化意義的系統性社會活動，可稱之爲教學的儀式。課堂教學中的儀式，如：上下課儀式、提問、講授等儀式等。這些活動之所以成爲儀式，主要由於四種特性：

1. 象徵性：教學活動作爲象徵某種深層意義的符號，而不僅是活動而已。當某一種教學行爲逐漸失去原有的現實功能，卻又因其原有的意義而予以保留，這行爲就具有了指向原有意義的符號性。例如：上下課的「起立－敬禮」表徵了師生關係，而不是簡單的表示尊敬老師而已。

2. 表演性：教學儀式爲每個參與者分發一個固定的角色和固定的行爲規範，參與這個活動的人即以此角色規範來表現自身的行爲。

3. 文化規定性：意指教學儀式具有文化特色。例如：上下課的敬禮符合華人社會以鞠躬作爲致意的方式，而有些教會學校則要求學生在上課時要進行一個簡短的禱告。

4. 社會行爲系統性：意指教學儀式是由社會行爲構成的，具有人際的聯繫關係與互動性。

他以提問和講授活動爲例，說明在中國大陸的課堂中，教師與學生

---

2　事實上，習俗是約定俗成的行爲方式，與教學模式一樣，都非由社會成員透過共同認可之程序所制定出來的制度，所以納入作者所説的「行爲文化」更爲適當。

必須如何恰如其分地表現其應有的行為。提問，是由教師提出問題要求學生回答，或學生請教老師問題。在提問過程中，教師要耐心傾聽學生的回答，仔細解答；學生必須舉手，得到教師允許後才能站起來回答。在講授活動中，教師要做到語言清晰、環視所有學生；學生要注視老師、專心聽講。在這些師生互動的行為中，體現了師生角色規範以及其中所蘊含的師生關係（余清臣，2005）。Olson（1992, p.26）也指出，在教學的儀式與習俗中，教師與學生都熟悉每個程序，也瞭解自己應該表現出何種行為。教室裡的教學儀式、習俗、例行公事，往往成為教師與學生不假思索的行為模式。這些習俗告訴這些生活在其中的人該相信什麼、依循什麼。而這也反映了教師對於如何建構師生一天生活的判斷。

劉慶昌（2008）將教學文化構成要素分為外顯的表現形式與隱含的支持要素。外顯的表現形式即是教學生活模式，也就是某種規範下所呈現教與學的互動模式及行為特徵。但是，在看似相同的行為背後，卻可能是不同的思想理念，也就呈現不同的旨趣。於是，教學文化的探討更要深究隱含的支持要素。據劉慶昌的分析，有四種主要的隱含要素：

1. 教學集體無意識：即是指在歷史中形成，沉澱在教育人員群體心理中的教學心理傾向。這是一種難以明確追究來源的教學傳統，但是卻化為群體的基本理念與經驗，無形中影響著教學行為。

2. 教學風俗習慣：每個行業在發展過程中都會形成一些程式性的習慣，教學生活中就具有歷史沿傳、累積下來的習俗。例如：學生犯錯時，老師打學生手心，其實隱含著風俗化、習慣化的教師權力，以及不平等的師生地位。

3. 教學制度：教學制度一方面規定師生必須實施的活動及原則，另一方面也規定師生活動的「禁區」，所以既引導也約束人的行為。教學實踐的發展過程中，由於某種理念或價值的引導，

形成教與學的規範，具體化爲教學制度[3]。

4. 教學思想：包含教師所持有的教與學知識、理念與信念[4]。

這四項雖被稱爲「隱含」的要素，但是，風俗習慣和教學制度兩項卻有外顯的特質，列入「外顯的教學生活模式」更爲恰當。

依據前述說法，可將教學文化的面向與要素歸納如表1。由於精神文化的內涵與內隱價值的意義相同，所以將兩者重疊並列。

表1　教學文化的面向與要素

| 面向<br>要素 | 物質文化 | 制度文化 | 行為文化 |
|---|---|---|---|
| 外顯的表現 | 教學設施與條件的安排 | 教與學的規則、儀式 | 教與學的行為模式、習俗；教學風格、學習風格 |
| 內隱的價值<br>精神文化 | 教學的共同規範、教與學的信念、價值觀 | | |

在教學文化的研究上，所有外顯可見的行爲若未能參照其背後的信念價值，就難以確知其文化的實質。誠如董洪亮（2008）所言，物質環境和教學中的行動方式，都與教學文化有關，卻不是文化的本質所在。文化總是與人員對事物或行動的共同解釋有關，代表了人們「做或不做某些事情的理由」。所以，相同的行動模式卻可能蘊含不同的意義，正如不少教師在課程改革之後，將秧田形的課桌椅改成橢圓形或馬蹄形，但是卻不能據此而判斷其教學文化產生了改變。所以，構成教學文化的基礎是師生對事物或行動的共同解釋與賦義。當然，在共同信念

---

3　劉慶昌並未對此舉例說明，我認爲這裡所謂的制度，並非指政府在課程綱要上所規定的教學時數或教學實施原則，而是教室生活中形成的教學原則或成規。例如：學生在發言之前必須舉手徵求教師同意，在校外參觀或閱讀活動後必須寫學習單或心得報告。

4　有關教學的信念，主要是關於「教什麼」與「如何教」的信念。前者有關教學的內容界定，例如：在某些教室裡，數學課可能被認爲就是數字計算與圖形，而音樂課就是歌唱或吹直笛；後者則是關於如何進行「教與學」的概念，例如：數學課就是教師講解與習題演練，音樂課就是反覆練唱。

的基礎上，也就發展出物質、制度、行為三個面向上的教學活動。當人們賦予教學物質資源與行動模式的意義不同，所造就的文化形態就不同。例如：同樣是「起立—敬禮」的儀式，不同班級師生對此的理解可能各不相同，也因而令人感受到不同的班級氛圍（董洪亮，2008）。

課堂教學文化即是教師與學生共有的，有關教與學的信念與行為系統，提供成員日常學習生活的行事準則，也引導成員如何看待與解釋教與學過程中的事件。當一個新成員被納入一個教學文化中，即意謂著他不只是理解事情要怎麼做，也能瞭解深層的教室秩序規則，知道如何解釋所謂「好與壞」或「重要與不重要」（周淑卿，2005）。李秀萍（2006）的描述頗能反映一般中小學課堂教學的狀態：

> 教師與學生各有期望與理念，在形成共同認識、價值與行為的過程中，需經歷一段時間的磨合。在兒童進入學校初期，師生之間價值的衝突尤其明顯。成人都認為教學以認知為主要任務，而兒童覺得課堂是生活的一部分，應該是愉快的，而非充滿壓力和苦悶的。但是往往最終是兒童被學校制約，隨著年級漸高，也就愈符合當時教師的價值體系。

一個教室裡的教學文化是師生雙方互動的結果，但是由於教師具有較大的主導性，所以，教師的教學信念與特定行為模式也成為型塑課堂教學文化的重要因素。

##  個案學校的教學文化樣貌

### 一 永寧——整體性的教學改進

永寧國小在臺灣提倡開放教育的1990年代初期創校，其後參與九年一貫課程試辦，並積極發展校本課程。雖然歷經幾任校長以及校內人事更動，但是有些創校以來保留下來的措施仍然讓永寧國小維持課程革新的精神，例如：協同教學、教師共同備課、一學期至少三次邀請同事

觀課評論、每學期課程與教學方案發表與研討。這些措施體現了九年一貫課程倡導的課程革新內涵。

　　研究者的觀課對象鄭老師（中年級）和林老師（低年級），都是在創校初期接受永寧的師資培訓後，通過甄選而進入該校任教。觀察她們的教學，可以感受到她們努力實踐永寧所重視的「以學生為中心」精神。這兩位教師的教室都擺放許多小椅子，當學生分組討論時就回到大討論桌旁；若要集合起來聽教師講解，就拿著小椅子集中到白板前面。由這樣的桌椅設置方式，可以發現教室內平時慣於以分組討論的方式學習。

　　在永寧，教師每週有固定備課時間，採同年級或跨年級方式進行；這樣的制度，有利於校方推行某些教學理念或方法。高年級的崔老師說，由於他們長期以來都是以「活動」、「討論」的方式教學，後來發現學生從活動中所發現或體驗到的內容若未經過分析整理，不容易形成概念，學習不易深化，於是近年來開始推行「概念圖」的教學策略。「概念圖」廣義而言是一種協助學生分析與歸納整理概念的工具，它可以是任何形式的圖或表。在共同備課時，校方會積極鼓勵教師在教學設計中運用此策略。

　　永寧的教師具有「學生中心」的信念，重視「操作、體驗」的學習。例如：鄭老師語文課，有一課的主題是「下雨」，而那天也正好下雨了。教師問學生：「雨像什麼？你怎麼知道的？」學生回答，可以用聽、摸、看、聞的方式知道雨的感覺；其後，教師給學生一小段時間在走廊、窗邊觀察雨，再進行小組討論，寫出自己所感覺到的「雨」。這段教學的重點是「感官形容詞」的造句練習，要讓學生學習用形容詞描寫自己對事物的感覺。不過，後來學生所提出來的句子卻顯得缺乏「真實體驗」，如：「暴風雨像雪崩一樣可怕」；「雨下在牆角上，像弓箭一樣」；「雨下在草地上，像迷迭香的味道」（永寧觀，100308-2）。其實，學生提出的句子並不來自體驗，卻是複製自己在其他地方看過的景象，但是教師並未能對這些句子進一步討論。看起來是體驗式的學習，但學生並不是真的從體驗而產生學習。

　　在數學課的「時間」單元，鄭老師在黑板上畫出2公尺的線，讓學

生從黑板這一端起跑，再讓另一學生測量跑完2公尺的秒數。其次再給兩個任務：「1.寫自己的名字，量時間；2.用3分鐘做一件事。」（永寧觀，100330-3）這個體驗活動試著讓學生形成「時間感」，其後再進行分與秒的時間單位的換算；接下來的「換算」，就由教師指導計算式。其實，不同學生「在教室內跑2公尺」，不容易測量到時間的差異；「寫名字」的時間差別也只在一、兩秒，不易感覺到快慢。

二年級的數學課，林老師重視「操作」。例如：在「百與千」的單元，教師先說明一長條是十，一片是百，一個立方體是千，再讓學生操作積木以建立十、百、千的概念與數感。

教師：「10個10合起來是多少？」

學生：（要拿起積木）「100。」

教師：「再加一個10。」

學生：「110。」

教師：「怎麼寫？」（學生在白板上寫出110）「現在我要10個百。」

學生：「100。」

教師：「10個百是1000。」

（連續練習210加10，220再加10……到300）

其後要求學生不用積木回答教師的問題，如：「320再加多少是330？」以此類問題進行搶答遊戲。下一堂課「比較三位數的大小」，教師也同樣先說明比較大小的原則（先比百位數，其次十位數），再以搶答遊戲讓學生練習（永寧觀，100403-2）。

在這教學過程裡，其實較多是以教師為主的分析講解。林老師認為，低年級數學要先熟練數與計算，但是為了不讓學生感到無聊，所以會提供實物操作，並多以遊戲、競賽的方式進行練習。

原本研究者以為二年級的課堂應是更重視體驗活動，但是林老師在語文課裡相當重視課文內涵或結構的「分析」。在師生問答討論之後，總要求學生分組將討論的重點以圖或表的方式整理出來，例如：課

文中各個人物與事件的關係圖，依時間線畫出事件的開始、經過與結果。有一篇課文談到主動向鄰居問好，教師即以此延伸討論「和什麼對象、以什麼方式打招呼、對方的反應爲何、自己的感受如何」，最後要求學生寫在表格裡（永寧觀，100316-1）；這是相當結構化的歸納法。在分組討論的進行過程中，教室的氣氛卻是十分自由；即使學生翻躺在桌上，教師也不予以約束。

鄭、林兩位老師嘗試從操作、體驗活動讓學生建構知識的意圖，顯現其重視學生主體性的教學信念，只是在教學策略上需再琢磨。兩位教師的課堂皆可見到師生間平等的關係及密切的互動過程。

圖表分析與重點整理的方式，也常出現在崔老師的課堂上。數學課，通常她在布題之後，就會讓學生藉由操作、小組討論，提出對問題的想法，再經過比較、分析各組意見之後，歸納出重要概念，畫出概念之間的關係。例如：在「三角形」的單元裡，教師發給各組六種三角形的紙片，其中包含直角三角形、銳角三角形、鈍角三角形、正三角形、等腰直角三角形、等腰三角形。然後請各組測量之後，說明其特徵、判斷其類別。在各組提出報告時，學生提出組內爭論的問題：「我們這一組有人說鈍角三角形就是有兩個角大於90度；但是有人說這樣就超過180度了啊！」教師就這個問題再徵求其他學生的看法，藉以澄清鈍角三角形的特徵。當各種三角形的特性一一確認之後，師生共同在白板上以「特徵」和「類別」兩個向度繪製三角形的概念圖（永寧觀，100308-1）。

在分組討論的過程中，學生在課堂上享有相當大的自由，教室的聲量經常難以控制，在永寧這樣的開放教室空間裡，聲音很容易擴散。這三位教師並不在意學生討論時看似混亂的狀況，也很能接納學生千奇百怪的答案。崔老師指出，課程改革所強調的「以學生爲主體」的精神，應當體現在師生的平等對話，以及教師的開放態度中；而教師若期望學生建立數學的思考、解題能力，就應當邀請學生共同探究問題（崔老師，100503）。

永寧的課堂教學一方面重視學生的想法，希望藉由討論過程激發學生思考，但一方面教師又有預設的知識結構。這是因爲開放教育的原有

理念，讓教師一貫維持著「體驗」、「討論」的課堂學習方式，但是這些「以學生為主體」的活動或因教學設計上不夠精準，或是實際教學引導時掌握不佳，有時未能有效增進學習。後來試著引進「概念圖」以協助歸納學生的經驗，但有些教師尚未能運用得恰到好處，以至於概念圖或歸納表的整理還是回到教師主導的預設知識。

　　觀察三位教師的課堂，皆表現朝向「學生中心」的教與學行為，與傳統教師中心的講授教學型態完全不同；即使在教學策略方面尚有改進空間，卻彰顯了永寧教學革新的精神。

## 二　明文──傳統與革新的拼貼

　　明文國小在2001年遷校，以班群空間的設計重建校舍，此時適逢九年一貫課程推行。「班群」的設計，正適合九年一貫課程所倡導的課程統整與協同教學，學校也自然被期許積極投入課程改革。在九年一貫課程初期，該校以新穎的校舍、活潑的教學活動吸引許多學生跨區就讀，但後來社會各界批評課程改革造成學生的基本能力下降，有些家長開始將學生轉到「重視基本練習」的學校。該校教務主任表示，少子化的問題增加學校的危機感，於是該校積極發展特色以提高能見度；爭取各重要獎項或認證，也成為努力的目標。明文國小的大門外牆上懸掛著多項由教育部、市政府以及其他團體頒授的獎牌，試圖向外界證明學校人員的專業與努力。

　　有別於永寧國小的是，在明文的教室裡，可以充分感受到「繁忙」的氣氛。每次上課，經常有學生或行政人員前來傳遞訊息，通知導師何時該繳交何種資料或學生作品。有時候，原本的課程時間卻集合學生去看各種「宣導影片」（如：傳染病防治、性別平等、家庭教育、交通安全……等）。五年級的吳老師表示，學校申請很多計畫，活動自然就多，而這些活動本來應該在「彈性學習時間」裡進行，但是這些「彈性」時間早就被英文、電腦、閱讀等固定的內容填滿了，因而不得不利用一般課堂時間。她舉例說：

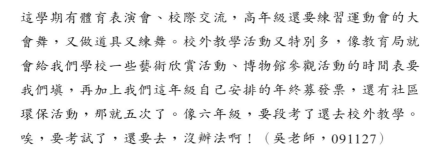

> 這學期有體育表演會、校際交流，高年級還要練習運動會的大
> 會舞，又做道具又練舞。校外教學活動又特別多，像教育局就
> 會給我們學校一些藝術欣賞活動、博物館參觀活動的時間表要
> 我們填，再加上我們這年級自己安排的年終募發票，還有社區
> 環保活動，那就五次了。像六年級，要段考了還去校外教學。
> 唉，要考試了，還要去，沒辦法啊！（吳老師，091127）

至於為什麼要募發票、做社區環保活動？吳老師說，那是因為學校要求每個年級都要配合課本教材或校本課程的主題設計幾個活動，「讓課程活潑一點，學生有多一點走出教室的機會。」（吳老師，091127）。矛盾的是，師生花很多時間做這些活動，卻擠壓各領域課程時間，以致教師趕進度的壓力更大。尤其到了段考前兩週，國語文、數學的課堂，幾乎是以「講重點、做練習」的方式飛快帶過。

學校的重要活動主要由五年級學生參與，高年級的學習內容較深，趕課的壓力相對較大。這樣的狀況對中低年級而言不是那麼嚴重，四年級的王老師說：「中低年級即使要參加不少活動，但是還好內容不深，容易趕上進度；而且，還好有綜合活動課可以上國語、數學。」（王老師，100106）所謂「內容不深、容易趕進度」、「利用綜合活動時間上國語、數學課」，此說頗堪玩味。

除了例行的校內外活動，教師還要因應「行動研究」、「教學檔案」，或配合其他正在推行的方案、競賽，而進行一些教學活動。例如：五年級的老師申請「讀報教育」計畫，規劃在綜合活動時間進行，但若是學校活動將綜合活動時間用盡，那麼讀報教育又得另外找時間。該校主任又商請吳老師參加「教學檔案」比賽，所以，吳老師必須特別設計一些學習單、讓學生做一些作品，以「充實」教學檔案內容。這些對外公開展現的校內外活動或競賽成果，固然為學校造就了「積極、革新」的形象，但實際上卻影響了原有課程的品質。

回到日常的領域教學來看，該校國語文、數學的教學模式即是「講解教科書內容─做基本練習─寫測驗題─討論訂正」，差別只在於每位教師的講解方式以及課堂上與學生問答的頻率。研究者所觀察

一、四、五年級教師的國語課，都有個共同流程：讀課文並試說課文大意－解釋生字新詞（加上造詞造句練習）－語文知識說明（詞性、修辭、句型、文體）－課文內容深究。中年級以上由學生自行查閱語詞，課堂的重點就在於語文知識講解和內容深究。在語文知識上，中年級起就高度重視「修辭」與「句型」。四年級學生就要分辨「轉化」手法裡的「借代」、「以物擬人」、「以人擬物」；五年級要學會分辨映襯、轉化、對偶、對仗、譬喻、設問、頂真……等多達十種以上的修辭技巧，以及「遞進複句、假設句、因果句、迴文……」等專業術語。這些都會出現在各次平時測驗與段考的題目中。中、高年級的教師仍要求學生背下「語詞本」中對各個語詞的釋義文字。四年級的林老師在課堂上會直接用語詞本向學生講解詞義，也造成一些問題：

> 師：「義賣，為了籌措經費而舉辦的活動。」
>
> 生：「什麼是籌措啊？」
>
> 師：……（遲疑）「就是要賺到一些錢，我們學校不是也有辦過義賣嗎？」
>
> 生：「籌措就是賺錢喔？」
>
> 師：「也不是……」（明文觀，091125）

在內容深究部分，通常隨著課文主題延伸討論，除了適時提醒文中的修辭和句型之外，其他討論內容與「國語文」關係不大。例如：一年級王老師對「過新年」這一課的內容深究進行兩節課的教學，與學生討論的內容是：吉祥話、年菜的象徵意義、壓歲錢，最後再配合「延伸閱讀」的補充教材，請學生將其中有關的吉祥話圈出來（明文觀，091228）。看起來這兩節課更像是「生活課程」，而不像國語課。

數學課亦是以教師講解為主，幾乎就是「題型講解、練習、複習、測驗、再講解、再測驗」的循環過程。三個班級的受訪學生也都指出，數學考試比國語多很多。教師對研究者說明「練習」的重要性：

> 在課堂上，你以為他懂了，但是學生很容易忘記，下次來他又

不會了。所以經常練習是很重要的。（林老師，091221）
數學的公式一定要背，但一定要知道原因；可是少數學生真的
無法理解，那如果真的聽不懂，至少要把結果記下來。常常做
練習，對他們的計算能力滿重要的。（吳老師，100107）

　　這「反覆練習、測驗」的學習方式，還可以由這三個教室裡堆積如
山的各類補充材料看出端倪。這些補充材料以國語、數學領域為主，包
括：詞語本、閱讀測驗、計算練習、各科評量習題等。據學生說，這些
練習本有些是利用晨光時間或者課堂上零碎時間寫的，有些則是家庭作
業；教師要求每一本都要寫完。其實「反覆練習」一事對臺灣大多數學
生都不陌生，令研究者不解的是，這情景在一個積極參與課程革新的學
校裡，竟也如此習以為常。

　　明文的課程似乎分成兩個世界，一個是傳統的學習領域課程，一個
是符應「革新潮流」的活動式課程。前者處理的是學校內部每學期段考
內容，後者應對的是外在的課程改革要求。學校教師似乎認為，「以學
生為主體」的革新即反映在「增加學生活動」，但是各個考科的課程
還是要回到教科書內容的講授。從明文的課堂教學來看，教師仍相信
「教師指導、反覆練習」的效果；這與那些繽紛多樣的、創意性的校內
外活動形成反差，表現出一種傳統與革新拼貼的教學文化。

## 三　民和──保守中的點綴革新

　　民和國小是一個大型學校；向來，大型學校由於教師人數多，要進
行任何革新措施，通常不易形成共識，遭遇的困難也較多。林校長曾
創立一所深獲肯定的實驗學校，該校的幾位教師及家長為了改革民和
的課程，而敦請林校長參與校長遴選。所以，林校長在上任前，對於
在民和將會面對的困難也早有心理準備。林校長表示，她的策略很簡
單：「帶著有意願改變的教師嘗試新做法，至於還不想動的老師，就讓
已經動起來的老師影響他們；再來就是等待他們改變。」（林校長訪，
120202）例如：雖然校務會議通過「教師專業發展評鑑」計畫的執行，

實際上參與的教師卻寥寥可數，但林校長並不感到挫折，反而樂觀地認為這是個好的開始。

　　除了特別約定的幾位教師之外，研究者只能利用「特意經過」其他教室的時間，「看看」大部分教室裡的教學情況。雖然多數課堂裡仍然是「講述、播放簡報、做習題」，但是該校積極改進課程與教學的教師，其課堂的教學文化已開始改變。

　　二年級的利老師與兩位代理代課教師在林校長的協助下，參與生活課程輔導團的增能活動，嘗試轉化生活課程「以學生為主體」、「做中學」的精神。研究者在利老師帶領下，拜訪二年級孩子建造的「螞蟻的家」——由許多大紙箱連接成四條大通道，每一條各通往不同的「窩」，這幾個窩被布置成「玩偶屋」、「點心屋」、「遊戲屋」、「休息屋」。整個課程的發想與設計都來自學生，家長也積極動員蒐集大紙箱作為建造的材料。這個課程讓利老師發現，「『探索感興趣的問題、在遊戲中學習』是低年級學生應當享有的學習經驗；低年級的孩子也是有想法、有能力的，老師應該放手給孩子發揮。」（利老師訪，120420）這些體會也讓她建立「學生中心」的教學信念。她也感慨：「其他班級學生到『螞蟻的家』來玩，回去都問老師：我們班為什麼不玩這個？即使學生有動機想做，低年級這麼多班級，大部分教師卻不願意跟我們一起做。」（利老師訪，120420）

　　五年級的學年社群在九年一貫課程的革新運動中，推動行動研究、教師敘事成長團體，進行課程討論，在學校中獨樹一格。但後來高年級的教師紛紛離開，有些新成員開始質疑「共同備課、討論課程計畫、交互批判」的做法。領導者秦老師說，「每個新學年度都必須與新成員重新磨合，以前好不容易培養的團體共識與默契很難維持，減少了持續創新的力量。」（秦老師訪，120521）包括秦老師在內的三位核心成員仍然與林校長合作，著力於校本課程方案的研發，並且將自己教學的構想與實施心得跟其他教師分享。在秦老師的教室裡，研究者看到學生常以分組討論、報告、辯論的方式在探討一個主題，教師也習於學生的反問與質疑；秦老師也經常大費周章，爭取經費為學生策劃校外參訪或考察活動，只為提供真實經驗。這是課程改革所期望的教與學改變，只是這

樣的改變僅出現在少數的課堂。

一位教師私下對研究者表示：「那些活動花了很多時間，其實學生學的很少，又讓老師趕不完課本的進度。這些教學方法，說真的，不比傳統的方法好。」這些教師仍然認真投入教學工作，但是課程改革的措施並未改變他們的觀念與作為。

## 肆 整體教學文化革新之不易——代結論

前述三個被認為積極回應課程改革的學校，呈現學校在九年一貫課程實施之後，教學文化改變的三種情況：

一、永寧承續創校之初的實驗精神，全校在既有的專業對話機制下，持續探索「以學生為中心」的教學。雖然在教學策略上仍有改善空間，但可見到整體學校朝向教學文化更新的意向。如永寧一般全校持續改進的學校不可多得，此類學校除了在創校時即奠下良好根基，後續也有能堅持理念的各層級課程領導者。

二、明文反映的是為凸顯革新氣息而繁忙不已的學校類型；學校認為「增加學生活動即可顯現與傳統教學的差異」，但常態性的領域教學，尤其是段考紙筆測驗的領域，則仍然停留在傳統窠臼中。

三、民和呈現的是常見的「點綴型」革新：學校裡只有少數教師亟思改變教學，他們的課堂開始展現學生的主體性，但大多數的課堂仍然紋風不動。

從前述研究完成的2012年至今，政府的競爭型計畫、獎助方案，民間團體的創新教學方案推陳出新，我們看到愈來愈多學校教師積極投入教學革新，誠為可喜現象，然而學校裡多數教師的課堂教學呈現何種景況？國內不少研究者針對一些實施教學新方案的教室進行探究，發現課堂教學文化開始產生變化。例如：吳俊憲、吳錦惠、楊家惠（2015）在實施「學習共同體」的學校發現，當教師改變教學方式和評量方法，課堂上就有更多學生參與；學生覺察到教師教學改變之後，變得更能表達和提問，而教師也會因為感受到學生的正向回饋，而在教學上更有自信，其課堂逐漸朝向探究、合作的方向。潘慧玲、陳玟樺

（2015）對學習共同體課堂的研究也發現，在師生共學的脈絡下，學生的真實學習與師生的密切互動，成為課堂的要素；一個由師生嘗試共同建構的「探究、合作與表達」之課室教學，漸次形成。丘愛鈴與黃寶億（2016）以實施翻轉教室（flipped classroom）和「學思達」的兩位教師為個案進行的研究發現，其課堂締造了學生為中心的學習文化。

相關研究指出，愈來愈多教師投身於課程與教學革新，而這些教師的課堂教學文化由教師中心朝向「學習者中心」的理想大步前進。誠如白雲霞（2014）的發現，這些教師的共同特質是：具有改變教學的意願與熱忱，以及勇於接受挑戰與持續進行教學改革的決心。在這些教師的課堂裡，我們看到教學文化的更新，而學校的一般教學文化又是如何？筆者並未進行後續的正式研究，只能藉由參與校務評鑑、公開觀課活動、學校課程討論會等機會，以及與小學教育人員的非正式談話，略窺一二。例如：新北市一個以實施學習共同體著稱的先導學校，外界人士應邀前來觀課，無不讚賞課堂中協同合作、彼此關照、思考探究的教學氛圍。當筆者進校與教師討論教學計畫，才發現該校其實只有兩位教師認真執行學習共同體方案，其他教師完全置身事外。這似乎屬於「民和」類型。又如：筆者在一次校務評鑑中，見某個小學文件上呈現的課程方案相當「適性多元」，各類學習活動熱鬧非凡；但走過各年級教室，教師大多在黑板前講解課本內容。筆者於下課時間詢問一名四年級學生：「綜合活動課很不錯唷，老師常常讓你們看影片、討論嗎？」學生天真的回答：「沒有啊，只有今天。」這似乎是另一個明文國小。

許多傳統的、集體的教學信念已成為一種根深柢固的隱形基礎，並非短時間所能改變，但課程改革所倡導的革新理念，確實影響了許多教師，也正在點滴改變我們的課堂教學。然而，為什麼九年一貫課程實施至今17年，許多教師仍然相信「教師中心式」的直接教導更有效？或許，誠如Bruner（1996）所言，凡是要進行課程改革的人，都應先瞭解潛存於社會中的庶民教育觀（folk pedagogy）。我們必須更深入理解這個社會裡大多數的人（包含教師）真心相信什麼樣的教學對學生而言才是「好的」、「正確的」，才能找到改變教學文化的適切方法。

# 參 考 文 獻

丘愛鈴、黃寶億（2016）。精彩翻轉、師生多益：國中英語、公民科之創新翻轉教學實踐。臺灣教育評論月刊，**5**(5)，125-131。

白雲霞（2014）。翻轉教學之探究——以實踐翻轉教室與學思達教學教師爲例。國民教育學報，**11**，1-48。

余清臣（2005）。論課堂教學中的儀式。寧波大學學報（教育科學版），第6期，10-13。

吳俊憲、吳錦惠、楊家惠（2015）。新竹縣中小學參與學習共同體試辦計畫之研究：以國中小各一所學校爲例。臺灣教育評論月刊，**4**(3)，132-157。

吳康寧（1999）。課堂教學社會學。南京師範大學出版社。

李秀萍（2006）。教學文化：師生生活模式的構建及呈現。天津市教科院學報，第4期，48-53。

李斌、孟凡麗（2008）。課堂教學文化的內涵與特徵。教育學術月刊，八月號，80-81，87。

肖正德（2007）。教學的文化研究：價值、進展與方向。高等教育研究，**28**(4)，64-69。

周淑卿（2005）。論教學文化更新爲課程革新之基礎。課程與教學季刊，**8**(3)，15-25。

周淑卿（2013）。一套理念，兩種演繹：中國大陸小學的教學文化。人文與社會科學簡訊，**15**(1)，60-66。

徐繼存、車麗娜（2007）。教學文化研究引論。天津市教科院學報，第4期，18-22。

教育部（2014）。十二年國民基本教育課程綱要：總綱。臺北：教育部。

郭丁熒（2005）。「爲何我們如此相近，卻又如此不同？」：從批判教學論談「關注差異」之教學文化。課程與教學季刊，**8**(3)，41-54。

黃顯華、朱嘉穎（2005）。課程改革：香港和上海的比較研究。教育學報，**33**(1-2)，25-50。

董洪亮（2008）。教學文化及其變遷機製。教育理念與實踐，**28**(8)，47-50。

劉慶昌（2008）。教學文化的意義探尋。山西大學學報（哲學社會學版），**31**(2)，73-77。

潘慧玲、陳玟樺（2015）。教師開展學習共同體的反思性實踐。中等教育，**66**(1)，40-57。

謝韋韋、楊輝（2008）。課堂教學文化研究：內涵、對象、模式與價值。內蒙古師範大學學報（教育科學版），**21**(4)，94-96，130。

Bruner, J. (1996). *The culture of education*. Cambridge: Harvard University Press.

Clarke, P. (2001). *Teaching & learning: The culture of pedagogy*. Thousand Oaks, Califormia: Sage Publications Inc.

Feiman-Nemser, S., & Floden, R. E. (1986). The cultures of teaching. In M. C. Wittrock (ed.), *Handbook of research on teaching*(3rd ed.), 505-526. New York: Macmillan.

Hargreaves, A. (1992). Cultures of teaching: A focus for change. In A. Hargreaves & M. Fullan (Eds.), *Understanding teacher development* (216-240). N.Y.: Teachers College Press.

Olson, J. K. (1992). *Understanding teaching: Beyond expertise*. Philadelphia: Open University Press.

課程發展的典範轉移與文
化建立：十二年國教課綱
之教育想像與課程實踐

卯靜儒
國立臺灣師範大學教育學系暨課程與教學研究所教授

# 壹 前言

　　教育部於2014年11月公布「十二年國民基本教育課程綱要總綱」
（以下簡稱十二年國教課綱），此課綱大幅提升校訂課程在學生畢業學
分數中的分量與地位。以普通高中為例，其校訂課程係依各個學校願景
與特色發展之校本特色課程為主。其中校訂必修課程占4～8學分，加
深加廣、補強性及多元選修課程占54～58學分。由上是鼓勵學校建立
教育願景，由下則是以學生學習為中心，提供學生適性發展機會，自主
選修，達成適性揚才的目標（教育部，2014）。此課綱不只規定必選修
課程學分數，增加學校本位特色課程與學生彈性學習的空間，並鼓勵教
師以團隊社群的協作模式研發課程、共同備課、協同教學，提供跨領域
（甚至跨校）共同開發選修課程。由此可見，新課綱不只是一種政策規
範，也提供教育工作者，理解與構繪不一樣的教師與學生圖像，並能參
與實踐，甚至創新一種與原本不同的課程運作模式，成為課程改革的倡

議者與行動者。

課程改革影響我們對於學校課程知識內涵、教師所教、與學生所學不同的理解和想像，也影響教育系統與制度中，師與生、知識與學習的關係。十二年國教課綱的理想性，是一種對新學校圖像的構繪與臺灣教育願景的型塑。課綱上路前，臺北市和新北市地方政府與國教署，也藉由各類競爭型輔助方案或輔導方式，引導學校準備新課綱的上路。研究者過去三年參與臺北市領先計畫、亮點計畫、前瞻計畫、新北市旗艦計畫與國教署優質化輔助方案等案，擔任初複審委員與訪視輔導委員，並在主持國教署委託專案研究過程中，與學校現場有長時間而深度的接觸。本文討論背景與資料來源，主要是基於參與的實踐經驗，以上述計畫書與歷年學校訪視和諮輔的田野觀察為主。資料來源包括：蒐集與研讀學校在輔助方案引導下撰寫（或「想像」）的計畫書，並參與訪視與訪談學校課程發展經驗訪談文本為主[1]。

本文首先討論「想像」與「實踐」一體兩面、相互展開的歷程，進而以作者過去三年參與臺北市領先計畫、亮點計畫及國教署優質化補助計畫的審查與諮詢輔導經驗和文本資料，討論十二年國教的課程政策如何塑造參與者對課程的想像、理解與行動。進一步討論課綱作為一種政策想像與課程發展作為一種實踐歷程中，臺灣中等學校層級課程發展典範的轉移。最後點出學校層級的課程發展能否升級成功，文化建立是主要關鍵。

## 貳 十二年國教課綱之教育想像與課程實踐

本文所謂「教育想像」是社會哲學家Charles Taylor提出的「社會想像」（social imaginary）之延伸意義。Taylor（2004）的「社會想像」，是一種人們集體的社會實作與共同理解相互展開的社會狀態與過程。他以「社會想像」的概念來指稱現代社會中的一種狀況，那就是人

---

1　詳細請參考卯靜儒、關秉寅、李哲迪（2015），國教署委託案的結案報告書。

們對於開展某些集體實踐，會有一種共同的理解，這種共同理解，就是想像促發集體實踐，而實踐結果也影響想像的發生。

Taylor（2004）認為，社會的變革，唯心和唯物不能截然二分。對教育而言，更是如此。新的課程改革的想像，往往是從一小群人或一批反思實作的教育者開始，再慢慢蔓延至整個體系。以課程改革為例，從九年一貫課程改革裡強調的領域學習、校本精神，到十二年國教中素養本位課程、高中強調的多元選修、適性揚才，甚至到教師的自我轉化、專業學習社群與教學創新等，這些可能是政策語言，卻也影響我們對於課程內涵、知識與教學、及教師所教與學生所學不同的想像，也影響教育系統中人與人之間的關係與學校文化。也就是說，我們可以藉由課程實務的「敘事模式」，看見某種「世俗性的教育意義」，經由一批人「想像」，然後「理解」、「實作」，而逐漸「改變」的教育改革過程。在Taylor（2004）的說法裡，用「想像」所欲指涉的就不是一種白日空想，也不是「概念的任意延伸」，而是可以被共同理解與實踐的「一整套規範性概念和圖像」。這些想像可能促發課程發展者與教學行動者的實踐行動，而不斷開展應對的課程與教學實踐，也讓想像被理解，逐漸落地生根，成為尋常課堂學習文化的一部分。

以國教署與地方政府的競爭型計畫為例，我們可看到學校一方面在理解十二年國教課綱中提競爭型計畫，一方面也在執行計畫試做過程中再進一步理解課綱，這樣實作與理解相互展開的過程，所構成的學校課程運作的事實，是教育的想像，是動態過程的imaginary，而不是靜態的imagination。

十二年國教新課綱的推行，一方面讓教育工作者想像邁向另一個與現今不同的「課程」如何可能的同時，另一方面也是他們在實作過程中，不斷質問學校制度設計與學習問題如何演變而來，又如何能夠改變的一種實踐過程。在學校現實與課程政策存在諸多制度矛盾與裂縫之際，過去三年的田野經驗，研究者看到學校實務現場在混亂中試著找出

路的學習動能與實作智慧[2]。

Goodlad、Klein與Tye（1979）曾將課程分爲學者專家的「理想課程」、教育主管機關的「正式課程」、授課教師的「覺知課程」、課室運作的「教導課程」及從學生實際感受的「經驗課程」。這樣的分類讓我們看到，課程運作之目的最終仍是以學生學習爲依歸，因此，課程發展是依學生學習搭起鷹架的一動態歷程，包括課程的發展、設計與銜接，強調演進、生長的有機課程發展，它不只是學校願景與學生圖像的對應，更是教育想像與實踐相互展開的歷程。換言之，在想像與實踐來回之間，所謂的「締造課程」（enacted curriculum），而不是官方論述的課程，才是眞正影響學生學習的課程實作（Bussis, Chittenden, & Amarel, 1976; Snyder, Bolin, & Zumwalt,1992; Pinar, Reynolds, Slattery, & Taubman, 1995）。

## 參 競爭型計畫是練功：外掛式開課與內建式培力

過去九年一貫課程改革論述中，曾提及學校本位課程發展、學校整體課程計畫、協同教學與統整課程等學術專有名詞。此課程改革效應，曾在學者論述以及小學的主題教學個案中，引起漣漪（如：課程與教學學會主編，1998，2000，2001）。但也有許多學者指出這波教改，由於影響的是教師角色與學校體制，若沒有相對應的一系列配套措施，只會流於改革理念的形式而無法具體落實與生根（方德隆，2004；陳伯璋，2001；歐用生，2003；甄曉蘭，2001）。教育部常以推出新改革方案作爲解決問題的方法，此思維模式鮮少質疑爲何不斷推出改革方案，而改變卻鮮少發生（Popkewitz, 1988, 1991）？若改革只是政策決定者由上而下提出給學校複製的模式，缺乏脈絡性理解制度文化的改革方案，只能處理表象問題。同時在沒有教育實務人員參與政策決定，鼓勵由下而上的

---

[2] 請參考卯靜儒與關秉寅（2016），高中優質化方案影響力評估及支持系統建置實施計畫成果報告。

能動性與實作過程，改革方案更可能造成現場教育人員對於改革的違和感，形成更多儀式性與僞裝的行爲（卯靜儒，2014）。

研究者近三年參與國高中計畫審查與輔導的經驗，看見107課綱對學校課發能力升級的挑戰，由於競爭型計畫部分層面是讓學校主動提出計畫，雖然有由上而下的計畫申請表格設計與引導，但更多是由下而上的理解與實踐，從計畫書撰寫到實施過程中，校內磨合的複雜性與困難度也許不足爲外人道，卻應該是教育行政高層需要瞭解以協助學校升級的政策推動規略，而不只是金錢補助與不斷參加研習就可以解決的。

就學校端而言，經審查通過補助的學校，其提出與執行計畫的歷程，某種程度而言，也是一種練功的過程。在這過程中，筆者觀察到一現象，可稱爲「外掛式的科目」與「內建式的培力」（請參考卯靜儒、關秉寅、李哲迪，2015）。此兩詞源自電腦操作的概念，假設電腦外掛許多的軟體，CPU卻沒有升級的話，它的速度就會變慢。由於剛開始申請計畫，學校爲展現業績，大多著力於外掛式的選修科目開設，即便開發多元且具特色的科目，但整個學校的CPU若沒有升級，就會增加教師開課的負擔，全校行政與教學學習的速度也會因而變慢，忽略結構與制度的調整，影響學校課程發展的文化與學習的速度，對於學生學習與學校願景落實的助益有限，甚至有害。

所謂CPU升級，指的是學校課程發展歷程中，課務行政需建置能促進眞實對話的課程決策平臺，學校的課發會、各領域召集人若有跨域對話的平臺，使各領域教學研究會試圖去找課綱裡的知識階層與能力建立的關係性與邏輯性，也就是以學生學習歷程爲中心的課程重組思維。學校內部課程教學機制與理念的自我調整和定位，這些都是學習內涵與教學方法不可自相矛盾的一種課程與教學的自覺對話，也關乎課務行政實踐的機制建立。

就學校現場而言，由於長期以來，國高中課程以部定課程爲主，留給學校規劃其校本課程的空間不大，再加上諸多學校在升學至上的環境下，難以發展校本課程，課程發展的平臺通常仍是留給中央處理與規範。由於學校平常練功機會不多，面對留有學校課程發展空間的十二年國教課綱，學校課程發展的實務壓力不小。因此，在課程規劃上若只能

操短線增加外掛式選修科目，缺乏以學生學習爲中心的系統性課程規劃，這不只對學生學習幫助不大，也會增加教師開課負擔，許多教師無法在短時間開設新課程，或開設的選修課程無法搭配部定課程，以加深加廣學生學習或需求。因此，如何把開設選修課的思維，進一步提升到發展爲學校本位層級的課程發展，也就變成內建校內課程發展的能量與教師課程設計的能力過程，這是「內建式的培力」的思維。

因此，重要的是，學校能否理解校本課程並非只是增加科目，而是藉由在開發特色課程與設計教學的過程中，學校、行政人員與教師可逐漸發現課程發展的重要性與課務行政歷程，如科目和科目間的知識連結或加深，課程知識地圖的建構與學生的學習能力提升之間的關係如何建立？它不是開課的問題而已，更是課程發展的議題：是學科知識、課程架構、開設年段、學生能力、課程繪圖、課務行政協調與溝通的問題。學校需要在這樣的過程中去內建培力，包括組織的學習力、教師專業發展力，以及橋接課程發展與專業對話關係等。內建培力是要營造不一樣的課程發展文化，而課程的發展又繫於教師的專業發展（Stenhouse, 1975）。唯有課程發展與教師專業發展合而爲一，學校才有機會成爲更專業的學校，而教師也更能展現課程與教學的專業能力。

## 肆 不一樣的課程發展文化正在成形

筆者過去三年與學校人員一起參與課程實作過程中也發現，不一樣的課程發展文化正在形成，深刻體悟到我們教育研究的目光，不只需要把目光朝向國家教育政策，更需要朝向學校層級課程發展與教師教學實踐的觀察，因爲從事這種實踐的學校與教師，某種程度而言，也都在幫忙找尋化解矛盾與永續課程發展的一條路。舉例而言，臺北市以課程與教學領先計畫鼓勵高中學校提課程與教學革新的計畫書，強調學校的校本課程發展能力與教師專業社群的學習力。並於計畫推行一年後，舉辦特色課程博覽會，打開教室歡迎課程分享與交流。傳統學校課程主要是學術性課程，學生難以與生活產生關聯，造成學習無趣或無力。原

本官方課程裡，以學科科目為主，教授的都是精煉於人們與現象界互動的經驗，一種萃取的、結晶式的學術知識（黃政傑，1991）。然而，學校藉由提計畫練功的過程，正在發展一種新的課程的理解，試圖找尋科目與科目之間知識的關係，把原本一科一科的學術性課程，組合不同的學程，或開設專題研究、活動課程，以加深加廣學生的學習，嘗試把原先與學生經驗斷裂的學習連結起來。以某高中選修的「飛行中科學」課程為例，它嘗試把原本結晶式的學術知識置放在生活裡，雖然未必是學生的直接經驗，但課程安排試圖把斷裂的知識與生活經驗連結起來，幫學生搭起知識學習與周遭生活理解與改善的橋梁。也有學校的國文科課程提及感官感覺，如：嗅覺、味覺，把國文精煉的知識與素養能力，邀請學生加入自己的生活經驗，不止讓學生有機會把斷裂的知識與現象界連結起來，更能因此展現自己所學完成作品，學生對學習的意義感與成就感因此也提升，而不會只是古文研讀與國學素養提升而已。在一些研發選修課程的教學共備或社群運作過程中，教師也在想怎麼去把設計的單元作有機組合，逐漸加深加廣學生知識學習，並與生活連結。再以某學校的計畫為例，該學校規劃了四個學程，其實過去學校就是照著既有制度去配課，當學校開始想像素養本位課程時，便思索該如何在其所規劃的課程中培養學生達到其所期望的能力，如：如何培養學生自我管理、閱讀理解、理性批判、問題解決、溝通表達能力[3]。從以往都是問「教完了沒」、「考試考得好不好」，到現在，學校開始思考能否藉由其所安排的課程，發展校本特色課程，培養學生素養與提升能力，以及多元評量的可能性與設計。

以執行優質化輔助方案的學校來說，教師認為在執行計畫過程中，課程發展部分也逐漸形成學校內部的課程對話，如老師說：「溝通的第一步就是你必須先瞭解自己以外的其他科目或者其他年段的人在做些什麼，瞭解之後才比較有機會可以溝通。」學校不只藉由計畫案討論新課程，教師專業能量也不斷提升，課程與教學發展愈趨具體而精緻。如

---

3　上述學校案例是臺北市於2014年舉辦的特色課程博覽會的學校案例。

有位教師提到印象最深刻的課程發展經驗是：「很多畫面就是我們同科老師是在一起，無論是實際一起坐船預察（課程的活動設計），或是走在淡水或大稻埕的街道上，大家一起共同討論、學習成長」，這種共同設計課程的方式和老師過去自己備課的經驗很不一樣。教師們「需要不斷地動腦筋去想很多的特色課程……在型塑的過程當中就不是單一的一、兩個老師可以去完成的，而是需要合作」。學校行政人員也認為：「它（優質化計畫）是一個觸發點，然後學習讓我們用這樣的方式去開始有這樣的對話。我覺得上了這臺車（優質化計畫），要不然我們可能就會留在原地，就照我們原來舊的方法，做舊的事情。」（卯靜儒、關秉寅、李哲迪，2015）儘管競爭型計畫對高中學校有其他負面影響[4]，但在準備十二年國教課綱實施的進程中，學校不只藉此練習操作選修課程發展與個別課程的精緻化，同時也在創造不一樣的課程發展文化（卯靜儒與關秉寅，2016）。這些文化都在為未來新型課程發展典範鋪底。

## 伍 學理上的課程發展模式

在學理上，課程發展模式主要分為三類：目標、慎思與自然模式。目標模式以Tyler（1949, 1981）為主，強調課程規劃的程序性，其主要的四個步驟為：(1)決定教學目標，(2)選擇學習經驗，(3)組織學習經驗，(4)評估學習經驗的有效性。Schwab（1970）也重視教學目標、區別教學途徑與目的，以及堅持教學程序的順序性，提出「慎思」的概

---

[4] 在執行國教署高中優質化補助方案影響力評估的研究計畫時，曾訪問過幾間已有六、七年優質化計畫執行經驗的學校，從訪談資料中，大致可看出競爭型計畫案對學校在課程發展方面的影響，其可能是促進學校成員開始共同理解，同時也可能是教師與行政決裂的開端。競爭型計畫剛開始可能帶給學校的是一個外掛計畫的負擔，造成行政與教學的對立、矛盾或衝突；但也有些學校慢慢將其化解為助力，這其中存在時間歷程的發展。當阻力開始變成助力時，校務發展能力便會開始建立，逐漸發展出課程領導的改革。這是學校課程發展的內建培力的過程。

念，他強調課程規劃者需要整理相關事實，發現重要元素與概念之間的關聯，如四個架構（commonplace），即教師、學生、教材及內外在環境之間的關係，以思考對策以及權衡課程的成效。對Schwab而言，在課程發展中，慎思的概念是實務語言的一環。Walker（1971）則擴充Schwab的慎思模式認為課程發展模式需包括：課程立場、設計以及慎思三元素，強調發展的自然歷程，學界稱之為自然模式。

以下整理三位學者所提出的課程發展模式，對照如表1。

表1　課程發展模式比較表（參考Marsh, 2009; Posner, 1988）

| 類別 | 程序模式 | 理念模式 | 描述模式 |
|---|---|---|---|
| 主要關切點 | 課程規劃應該要依循什麼步驟？ | 課程規劃的元素有哪些？這些概念如何彼此產生關聯？ | 人們究竟如何規劃課程？他們做了什麼？ |
| 模式 | 理性規劃模式（或目標模式）（rational planning model） | 慎思模式（deliberation model） | 自然模式（naturalistic model） |
| 學者 | Tyler | Schwab | Walker |
| 重點 | ·簡化複雜的教學情境，以實踐教學計畫與程序<br>·課程建構四準則：選擇目標、選擇學習經驗、組織學習經驗、評量 | ·課程規劃者需整理相關事實，思考對策以及權衡成效<br>·課程設計包含四個架構，即教師、學生、教材及內外在環境 | ·擴充慎思模式，強調立場、設計與慎思<br>·描述課程實際如何實施 |

Walker提出從立場到課程決策與設計的自然模式。此模式的課程發展即是強調課程立場、課程慎思與課程設計三階段的課程發展歷程（如圖1）。

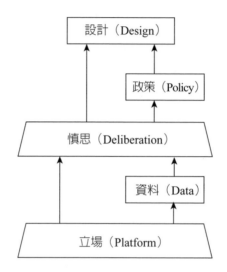

圖1　自然模式主要元件概念圖（Posner, 1988）

　　Walker（1971）的自然模式，其所謂課程立場指的是課程發展者帶入的信念或價值系統，導引了課程發展的方向。這立場包含概念、理論以及目的，哪些是可教可學的信念（如素養是否可教、如何教），或是更概括地說，是對於概念的信念。對於真實的信念便是理論，對於教育所欲的信念是目的。對Walker（1971）而言，課程不是物件或材料，而是藉由使用材料而來的事件，因此，課程設計可視為一連串的設計，設計的每個決定過程都需慎思，包含「形成決策點」、「策劃替代方案」、「思考決策點或替代方案的正反面論點」、「選擇最合適的替代方案」。課程規劃者在解決從立場衍生而出的難題後，他們對於後續的情境會持有先前理解，如在進行判斷時會依循過去的決議作為基礎來衡量。

　　Walker（1971）認為課程發展事實上並不是遵從著Tyler目標模式的基本原理，而是在課程發展初期，不同人員、不同勢力會分享與撞擊不同信念（beliefs），包含知識內容、學生需求、學生如何學習、學校、課室、教學與社會需求等；教育者會分享教育相關意象（images），如教學方法或教案、可依循的教學流程典範，課程發展者會花很多時間在陳述與修飾這些，而這些即為Walker所謂的立場

（Walker & Soltis, 2009）。質言之，課程立場包含上述實然的觀念（信念、假定、價值、目標、理論）及應然的識見（意象、程序），這些會指引課程發展團隊進一步行動。

Walker（1990）指出，受限於學校環境與設備，考量學生特質與能力，將正式課程的課程綱要轉化至課室裡實際運作的教導課程，課程發展的實踐過程中，選擇與決定是必經途徑。課程發展團隊有可能會發現「立場」彼此間存有矛盾，有時必須解決這些矛盾問題，澄清立場，所以，慎思過程會是一個爭論、澄清、接受、拒絕、改變、適應與衡量的過程。其中，「課程決定」是價值主導的集體審議藝術（group deliberative art），充滿了調解衝突觀點的爭鬥、競技、辯論與抉擇（甄曉蘭，2004）。

課程慎思概念源自於Schwab（1970）的實踐課程觀點，實踐的課程慎思發展過程是一門透過覺察情境與問題解決的課程發展歷程，既非歸納的方法，亦非演繹的方法，也不是應用某一原則，更不是將個案和細節抽象化，而是在具體的情境裡決定行動的方式。過去的評鑑都把課程當作未分化的整體來看它的效果，但未來的課程發展團隊所要瞭解的是課程中的某一因素（如：多元選修的學分數與年級時段安排，或翻轉教學方法）是否有效果，即可設法用其他變通方案來替代要瞭解的因素，進行小規模的密集教學後，看設計因素的學習效果是否存在；若學習效果都未出現什麼變化，則需要在課程發展團隊中進一步討論其存在價值。課程發展者無法單憑這些立場做成明智的決策與選擇，有時便需要尋找額外的資料，如：課程評鑑資料、學生學習的資料等。

由此可見，課程慎思過程是一複雜、費時，有時混亂的歷程，但卻是一個相當關鍵的階段。在課程慎思階段後所產生各種課程選擇的決策，即為設計。Walker（1975）曾研究一個美術計畫的實際課程發展工作，他發現課程發展工作主要由教授美術的老師和專家主持，而學生、其他科目教師及行政人員的參與極少。課程的設計以實用為由或慎思為主，通常工作涉及辨別、形成和陳述問題，思考和表達解決這些問題的方案，以及對不同方案的利弊進行辯論。課程設計所依據的資料，經常來自小組成員的普遍經驗，此普遍經驗也可能是侷限所在。譬

如Walker（1975）指出，在此課程發展工作團隊的課程設計慎思裡，有關社會的資料很少被提出或採用。Walker（1975）對於當年美國課程發展實務的觀察，其實對照目前許多高中的課程發展經驗，正是我們前面所提臺灣學校課程發展磨合歷程中的複雜性與困難度，而他所提醒的課程發展團隊的視野侷限，是否也在臺灣目前的課程發展典範轉移過程中重複出現呢？如相同立場的人是否有相同的慎思與設計？課程設計的立場是否訴諸於個人課程立場或課綱立場？不同學科課程發展人員的課程立場如何發揮作用？課程發展人員在作決定時，一般都考慮了多少變通方案？他們根據什麼資料來形成決定點和變通方案？

　　Noye曾點出公開分享（public sharing）在課程慎思歷程（引自Ornstein & Hunkins, 2002）的重要性。公開分享鼓勵課程發展小組成員對於課程的本質交換意見。例如：學生是什麼？什麼是最佳的學習環境？教師的功能是什麼？在此過程中，某種理論逐漸成形，對教育的想像被提出，也表達對某些教育議題的關注，同時揭露未被看見的課題。藉由公開分享，個人找出對課程本質與學校有關的相同觀點或共同興趣、信念與瞭解。例如：我們認為應該要教什麼？對師生角色最有價值的教學方式是什麼？爭論必會存在，而且爭論往往會存在於學生、內容、環境、教師這些課程的共同要素之中。課程發展團隊若能認知到這些爭論，對於衝突就會以比較開放的態度視之。有些人認為衝突是負面的，持這樣的觀點團隊成員可能就會希望避免或降低衝突，或個人會選擇與自己立場不同的人保持距離，以避免衝突。實際的課程發展，面對這類挑戰應是將有關課程及其他共同要素相反的觀點經由民主過程合法化，以避免令人感到有被強迫接受的感覺。一旦團體重視教育問題與課程選擇上有相同與相左的看法，成員們便需要學習如何解釋立場，課程發展團隊的成員需要尋找與整理資料，以解釋與釐清自己的立場。例如：為何我認為這是個問題？什麼資料支持所謂的缺失真的是錯的？某一群學生失敗了，他們真的需要這種課程的解決方案嗎？小組成員需要將自己視為「課程發展團隊」的一分子，將其他成員視為專家而非對手。課程發展團隊的領導者在引導課程發展時需要有相當的技巧，讓慎思過程中所有參與成員都平等地交換意見，當聽取其他成員解釋其立場

時，常常會再提供新的資料，觸發對課程觀點的再思考。當人們改變心意時，必須讓大家都知道這樣的改變是很平常自然的。如此強調立場的改變，實際上是爲了最後能夠協商出大家同意的觀點，尋求共識與解決之道。

對自然模式的課程發展者而言，有關課程將成爲什麼樣子、學生將要學習的主題、採用的教學方法，以及教育目的的標準等，都還是暫時性的。雖然愼思過程中不見得是完全協議，但是愼思的最終目的是透過愼思過程來說服別人、甚至說服自己。最後的決定，是課程發展團隊經由對具體的課程主題、教學、教材、學校環境、實施方式與評量方式的界定，對課程的本質與目的能達成共識，並做出選擇最後的課程方案。

上述課程發展過程是一民主的過程，也更顯示課程發展不只是技術性歷程，更是社會性、專業說服、政治的與教學理念的磨合歷程。如此也可以想見，十二年國教課綱的實施，對於學校現場推動校內課程發展是一項具高度挑戰的任務。從這一自然模式的課程發展歷程來看，學校未來會成爲更專業的學校，教師會成爲更專業的實務工作者，而且更需要學會與同儕互動協作，雖然需要領頭羊，但卻不是明星。

## 陸 從目前高中的課程發展實務預見未來典範的轉移

### 一 校本課程發展：從目標模式到自然模式

臺灣過去的課程發展環境中，當國家決定主要的課程目標與內容，此對學校而言是執行的問題（the question of implementation），因此，強調程序與達標的目標模式，比較容易被學校人員所理解。但是當十二年國教課程政策，其改革理念與方向強調校本課程發展，課綱釋放選修空間，教師可作爲課程設計者與研究者，使得學校課程發展的環境逐漸有了不同的氛圍，也使得參與的學校有重新思考校本課程發展的可能，他們需要整理相關訊息與事實，思考對策與衡量成效，更需要創造教師學習社群，甚至是實踐社群，讓課程與教學的實施成爲幫助學生學

習的「重要工具」。我們看到的是一種新型的課程想像與發展軌跡，若依據前述學理上的課程發展模式，可稱此現象是課程發展之目標模式到慎思模式與自然模式的轉移。

以目前的過渡期而言，以學科架構為主的部定課程與校訂必選修課程，究竟能如何搭配以培養強調素養的能力為本的學習目標，是目前許多學校面臨的校內課程發展與決定的挑戰。一方面，學校還是維持原先學科內容的知識學習，但另一方面又要強調核心素養、對社會的關懷，學校教育在這之中該如何去整合？過去學校的課程發展模式較類似目標模式，先有需求評估，而後設定具體目標、選擇學習活動、選擇教材，而今學校正在做的則類似自然模式的課程發展，這正是歷程式的課程發展，它需要同時考慮目標、考慮教材、如何發展學生優質的學習經驗。進行歷程式的課程發展前，學校需要先有一個起始平臺，這個平臺中有各種不同立場，要先想概念，也就是學校想往哪個方向走，此外也需要理論基礎、目標、想像、程序，然後在過程中需要考量很多現實，提出的案子是否可行、能否被接受。因為這樣的課程改革脈絡，研究者稱此現象為從目標模式到歷程性模式的一種課程發展典範的轉移（如圖2）。

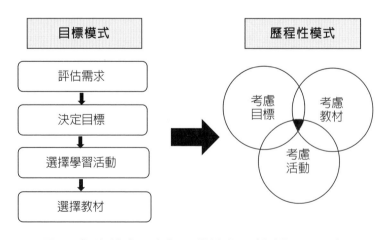

圖2　「目標模式」到「歷程性模式」（卯靜儒，2015）

## 二 校本課程發展需要民主與真實的對話

歷程性的模式需要更多人真實的對話，與發展具體可用的工具（如表格與課程繪圖工具）[5]，協助學校發展課程與實踐教學。學校的課程發展與教師的教學仍是依存於學校生活中，而不是一紙公文的課程文件或課綱規定。學校的生活是高度相互依存，課程與教學的實施，與學校體制運作方式緊緊相連，現實會經由一種符號構成而再現，而這符號的構成又成為學校社群的成員所共享。其中，語言是重要的文化符碼。

過去老師之間的對話會說「教完了沒」，學校大部分的語言裡面講的是進度的問題，比較少有關學生學習統整與實作的問題檢討。可是校本的特色課程發展展開後，教師辦公室語言會開始產生變化，不再只是考試與進度，教師們會去思考學生究竟有沒有學習，他們該如何去增能課程設計，然後評量應該要如何才能真正評量到學生學習的狀況。所以，多元的評量以及強調歷程性的描述、能看到學生學習變化的相關語言會愈來愈多。藉由這樣的過程，我們開始內建學校組織、老師跟學生的能力。這些語詞剛開始看起來可能情感多或理念表述多，可是經過兩、三年後，學校逐漸化成行動策略的語言，這語言轉變的過程，最後也會變成學校課程發展現實的一部分。

譬如在校本課程發展過程中，他們可能會爭辯是否增加科目，誰來開選修課，為何開這些課，此與學生學習有何關係，可能在開發特色課程與設計教學過程的對話中，學校、行政人員與教師能逐漸發現課程和課程、或科目和科目間的知識關係與能力建構的階段性，在這樣的過程中，教師們會思考如何重組課程。老師之間的對話可能會從問「教完了

---

5 在美國的課程實務發展中，Jacobs提出課程繪圖的概念與實作。與其說課程繪圖是一種概念，不如說它是課程發展慎思與自然模式中所需要的工具，把課程發展的焦點置於學校教師層級，讓教師和學校經由課程紀錄、同儕討論、反省探究、標準銜接及科技運用，進一步理解、檢討、修訂、監視及管理自己的課程（Benade, 2008; Jacobs, 1997; Jacobs & Johnson, 2009; Uchiyama & Radin, 2009; Udelhofen, 2005）。

沒」轉化到「學生究竟有沒有學習」、「他們如何學」、「如何去增能課程設計能力」、「如何評量才能眞正評量到學生學習」。這也暗喻有關多元評量以及強調歷程性評量，與討論學生學習變化的相關語言會愈來愈多、愈來愈普遍。

又如學校可能藉由課程發展實作，將課程架構設計爲三方面：學習領域、共通能力、價值觀和態度。在每個學習領域下，學習內容可採分科、學習單元、分段課程或專題研習等模式組織。這種課程架構改變以往將知識按科目分塊的學習方式，更強調培養學生對知識的融合共通能力。這也代表以領域替代科目課程架構，或目前強調素養能力的課程目標，可能藉由學校課程發展歷程中轉化學術知識爲主的課程內容，化解學科中心課程與能力本位課程之間的矛盾，產生學校層級課程發展的實作智慧。臺灣學校課程發展典範的轉移，會進入如美國課程繪圖的文化語境，不是考試進度的語言，而是眞實的課程與教學的對話所產生的實作智慧。也就是藉由教師語言對話所形成的共同理解與實作過程，讓想像的新學校圖像愈來愈具體化。

## 柒 結論

如上述的討論，一種課程發展的想像與實踐相互展開的過程，對個別學校而言是課程意識的捕捉，也是一種從課程發展技術的改變到結構與文化的改變（如圖3）。

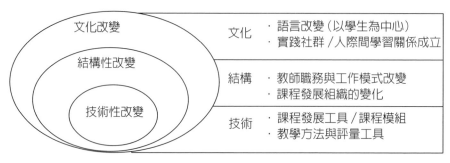

圖3　課程發展：從技術改變到文化建立（卯靜儒，2016）

Bruner（1996）文化心理學觀點的《教育文化》（*The Culture of Education*）一書認為，教育系統雖然本身是高度的體制化，但「（我們）要有敏銳的心靈，所有的課程計畫無論多周密，其中有一個重要的位置要留給教師，因未到最終之處，行動都只在那裡發生」（引自宋文里譯，2001，p.65）。學習與思考永遠都置身在學校文化情境裡，教師教學的思考與改變永遠都需依賴文化資源的使用。未來的課程與教學研究要產出一種紀錄，不只是敘說模糊存於心靈內在的記憶，我們要讓正在進展中的一些學校的課程發展工作可以外化，成為創造分享、可評論與可學習的一種群體思維方式，把學校裡實務工作者的心靈工作，也就是課程發展與教學實踐歷程，外化為一個可供學習的具體實例與作品。這些做事的習慣規則或符號，會被琢磨保留傳遞而成為一種固定的學校進行課程與教學的方式（Bruner, 1996）。

因此，如果說高中學校寫競爭型計畫是一種典範轉移的開始，從課程發展工具（如：課程繪圖）、教學方法與評量設計的技術改變，到教師社群與課程發展組織一種結構性的改變，到人際間學習語境與關係建立的文化轉型，那我們未來的課程與教學研究非常需要置身學校文化與結構，瞭解實務工作者在準備迎接十二年國教政策與新課綱的歷程中，如何在未能一夕之間就改變結構的教學情境裡，實踐與修正政策實施，甚至啟發政策者，這才是締造課程（enacted curriculum）的真諦所在，更是從共同理解與實作過程中，逐漸發展教育想像而成為校園日常文化與生活的一部分。

## 參 考 文 獻

方德隆（2004）。九年一貫課程改革的理論與實務。高雄：麗文。

中華民國課程與教學學會主編（1998）。學校本位課程與教學創新。臺北：揚智。

中華民國課程與教學學會主編（2000）。課程統整與教學。臺北：揚智。

中華民國課程與教學學會主編（2001）。行動研究與課程教學革新。臺北：揚智。

中華民國課程與教學學會主編（2002）。新世紀教育工程：九年一貫課程再造。臺北：揚智。

卯靜儒（2014）。改革即改變嗎？教育改革理解路徑之探索。教育學刊，**42**，1-37。

卯靜儒（2015）。**107**年課綱的理想性與現實度：素養本位課程與**RUBRICS**評量工具。專題演講於教育部國民及學前教育署主辦之「104年度高中優質化輔助方案成果發表暨專家諮詢輔導說明會」，臺中市。

卯靜儒（2016）。想像與實踐：高中課程發展與教學實踐之紮根理論研究。科技部研究計畫。

卯靜儒、關秉寅、李哲迪（2015）。高中優質化方案成效評估與輔導機制實施計畫成果報告。教育部國民及學前教育署專題研究計畫成果報告。臺北市：國立臺灣師範大學教育學系。

卯靜儒、關秉寅（2016）。高中優質化方案影響力評估與支持系統建置實施計畫成果報告。教育部國民及學前教育署專題研究計畫成果報告。臺北市：國立臺灣師範大學教育評鑑與政策研究中心。

宋文里（譯）（2001）。J. Bruner著。教育的文化：文化心理學的觀點（*The Culture of Education. Cambridge*）。臺北：遠流。

教育部（2014）。十二年國民基本教育課程綱要總綱。取自http://www.naer.edu.tw/ezfiles/0/1000/attach/87/pta_5320_2729842_56626.pdf。

陳伯璋（2001）。新世紀課程改革的省思與挑戰。臺北：師大書苑。

黃政傑（1991）。課程設計。臺北：東華。

黃政傑（1999）。課程改革（三版）。臺北：漢文。

歐用生（2003）。課程典範再建構。高雄：麗文。

歐用生（2004）。課程領導：議題與展望。臺北：高等教育。

甄曉蘭（2001）。中小學課程改革與教學革新。臺北：元照。

甄曉蘭（2004）。課程理論與實務：解構與重建。臺北：高等教育。

Benade, L.(2008). A critical review of curriculum mapping: Implications for the development of an ethical teacher professionality. *New Zealand Journal of Teachers' Work, 5*(2), 93-134.

Bruner, J.(1996). *The Culture of Education*. Cambridge, MA: Harvard University Press.

Bussis, A., Chittenden, E., & Amarel, M.(1976). *Beyond the surface curriculum: An interview study of teachers' understandings*. Boulder, CO: Westview Press.

Chai, C. S., & Merry, R.(2006). Teachers' perceptions of teaching and learning in a knowledge-building community: an exploratory case study. Learning. *Media and*

*Technology, 31*(2), 133-148.

Cho, J.(1998). *Rethinking curriculum implementation: Paradigms, models, and teachers' work*. Paper presented at the Annual meeting of the American Educational Research Association. San Diego, CA.

Goodlad, J. l., Klein, M. F., & Tye, K. A.(1979). The Domains of Curriculum and Their Study. In J. I. Goodlad(Ed.), *Curriculum Inquiry: The Study of Curriculum Practice*. New York: McGraw-Hill.

Jacobs, H. H.(1997). *Mapping the big picture: Integrating curriculum and assessment K-12*. Virginia: Association for Supervision and Curriculum Development.

Jacobs, H. H., & Johnson, A.(2009). *Curriculum mapping planner: Templates, tools, and resources for effective professional development*. Virginia: Association for Supervision and Curriculum Development.

Lave, J., & Wenger, E.(1991). *Situated learning: Legitimate peripheral participation*. New York, NY: Cambridge University Press.

Marsh, C. J.(2009). Using curriculum models as a planning tool. In *Key concepts for understanding curriculum*(pp.23-45). New York, NY: Routledge.

Pinar, W. F., Reynolds, W. M., Slattery, P., & Taubman, P. M.(1995). *Understanding curriculum*(5th ed.). New York: Peter Lang.

Popkewitz, T. S.(1988). Educational reform: Rhetoric, ritual, and social interest. *Educational Theory, 38*, 77-93.

Popkewitz, T. S.(1991). *A political sociology of educational reform: Power/knowledge in teaching, teacher education, and research*. New York and London: Teachers College Press.

Ornstein, A. C., & Hunkins, F. P.(2002). *Curriculum Development and Design*.

Posner, G. F.(1988). Models of curriculum planning. In Beyer, L. E., & Apple, M. W.(eds), *The curriculum: problems, politics, and possibilities*(pp77-97). New York, NY: University of New York Press.

Schwab, J. J.(1970). *The practical: A language for curriculum*. Washington, DC: National Education Association.

Snyder, J., Bolin, F., & Zumwalt, K.(1992). Curriculum implementation. In P. W. Jackson(ed.), *Handbook of Research on Curriculum*(pp.402-435). New York: Macmillan.

Stenhouse, L.(1975). *An introduction to curriculum research and development*. London:

Heinemann.

Taylor, C.(2004). *Modern Social Imaginaries*. Durham, NC: Duke University Press.

Tyler, R. W.(1949). *Basic principles of curriculum and instruction.* Chicago, IL: University of Chicago Press.

Tyler, R. W.(1981). Specific approaches to curriculum development. In Giroux, H. A., Penna, A. N., & Pinar, W. F.(eds), *Curriculum & instruction*(pp.17-30). California: McCutchan.

Uchiyama, K. P., & Radin, J. L.(2009). Curriculum mapping in higher education: A vehicle for collaboration. *Innovative Higher Education, 33*(8), 271-280.

Udelhofen, S.(2005). *Keys to curriculum mapping: Strategies and tools to make it work.* California: Corwin.

Walker, D. F.(1971). A naturalistic model of curriculum development. *School Review, 80*(1), 51-65.

Walker, D. F.(1975). Curriculum development in an art project. In W. A. Reid & D. F. Walker(Eds.) *Case studies in curriculum change: Great Britain and the United States.* London: Routledge and Kegan Paul.

Walker, D. F., & Soltis, J. F.(2009). *Curriculum and Aims*(5th ed.). New York: Teachers College Press.

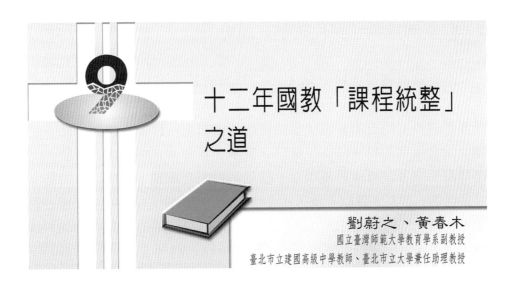

# 十二年國教「課程統整」之道

劉蔚之、黃春木

國立臺灣師範大學教育學系副教授

臺北市立建國高級中學教師、臺北市立大學兼任助理教授

## 壹 前言

　　當代臺灣推動中小學「課程統整」工作實際上已超過60年，但檢視相關發表、出版著作，大多集中於2000年前後「國民中小學九年一貫課程」推動之際；當時的理論引介、政策訂定、實務執行等卻仍存在不少侷限或落差，教育學界隨即展開各種解說和詮釋（黃春木，2016）。然而，這些解說和詮釋仍忽略了歷史演進與哲學理路，以致對於「課程統整」原初宗旨、變遷脈絡、發展的可能途徑或模式等未及慎思明辨或透徹瞭解及掌握。

　　本文將簡要回溯1949年之後關於「課程統整」的推動歷程，並重新針對其間得失、機會或限制展開探究。之所以必須再次探究「課程統整」，主要是隨著十二年國民基本教育（以下簡稱「十二年國教」）之推行，「課程統整」仍舊納為政策焦點之一，其意義儼然成為檢核政策成效的一項關鍵指標。然而，關於「課程統整」之規劃與執行，我們都準備好了嗎？以往的侷限、偏差或挫折，我們都知曉並克服了嗎？這正是本文試圖要重新思辨與處理的課題。

##  臺灣推動「課程統整」簡史

　　中央政府遷臺之後三年，1952年教育部籌辦「生活中心教育」實驗，隔年於臺灣省立臺北成功中學初中部正式展開，這是戰後針對「課程統整」的首次嘗試。當時初中課程部定科目多達17科，此一實驗簡化合併為七科（國文、英語、數學、社會、自然、康樂活動、生產勞動），並以社會科為核心，其他科目配合統整。值得注意的是，「生活中心教育」課程著重「真實性」、「實用性」兩原則之把握，教學活動力求以學生為主體，師生共同參與，依學生的學習興趣和能力進行，注重生活經驗的充實與改造（沈亦珍，1979；單文經，2004、2014；潘振球，1983；薛光祖，2000；臺灣省立臺北成功中學，1960、1963）。

　　可惜的是，1961年政府推動「省辦高中、縣市辦初中」政策，成功中學配合結束初中部，生活中心教育實驗計畫因而結束。1973年時，臺灣省政府教育廳委託高雄師範教育學院輔導高雄市五福國民中學繼續進行生活中心教育實驗，到了1981年，因人事異動、經費短絀等影響而宣告結束（單文經，2004）。

　　兩次「生活中心教育實驗」都只是一校的努力，而且與少數熱心人士（尤其是沈亦珍、薛光祖）有密切關聯，實際影響極為有限。數十年間，中小學校現場學習科目繁多、學科本位濃厚、教材內容重疊、學習經驗與生活經驗脫節等問題，始終存在（黃春木，2016）。

　　此外，兩次「生活中心教育實驗」都只限定在初（國）中，關切的主要是課程的橫向統整問題。若從縱向統整（銜接、連貫）的要求來看，各個教育階段之間的「課程統整」情況也不盡理想。針對此問題之處理，可回溯至1950年，教育部指定臺灣省立師範學院附屬中學從事「四二制」的學制實驗（沈亦珍，1986）；「四二制」實驗的焦點也在中等教育階段，試圖解決兩個問題，一是初中和高中課程不相銜接或內容重複的現象，二是初、高中之間有高中入學考試，不免造成師生精力與時間浪費的問題。這項實驗前後歷經十餘年，1961年仍因政府全面實施「省辦高中，縣市辦初中」政策，附中配合政策停辦初中部，實驗

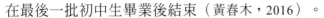

在最後一批初中生畢業後結束（黃春木，2016）。

　　1950年代主要是針對初中進行課程統整的實驗，可惜過程中所獲取的經驗和成果未能推廣，而課程分立、紛繁、重複等問題依舊；1960年代後期推動「九年國民教育」時，這便成為關注焦點之一。當時的改革主要仍是針對初中，維持三三制，政策焦點是依據國民教育精神進行課程的調整改進。

　　1968年1月27日總統令公布的《九年國民教育實施條例》第八條中即明確揭示：「國民教育之課程採九年一貫制，應以民族精神教育及生活教育為中心。國民中學繼續國民小學之基礎，兼顧就業及升學之需要，除文化陶冶之基本科目外，並加強職業科目及技藝訓練。」然而，依據這個宗旨來檢視，相關目標一直難以落實（黃春木，2014）。往後30年間歷次課程標準修訂，相關目標持續「宣示」，但消除學科本位，著重生活教育，使國民中小學課程得以連貫統整的理想始終落空。至於國民教育和後期中等教育之連貫銜接，也就更難以期待。

　　1990年代中期，新一波教育改革風潮湧現。「積極統整課程」、「減少學科之開設，……減少正式上課時數，減輕學生課業負擔」，成為教育改革重大工作之一（行政院教育改革審議委員會，1996）。1998年，教育部展開籌劃「國民教育九年一貫課程」，著手從體制上消除慣有的學科知識結構，整併統合為「語文」、「健康與體育」、「社會」、「藝術與人文」、「數學」、「自然與科技」、「綜合活動」七大學習領域，取代傳統的學科課程結構，並以十大基本能力作為課程和教學的目標，鼓勵學校自主發展課程、設計並實施統整課程（教育部，1998）。

　　隔年（1999學年度）起，九年一貫課程開始試辦，2001年則從一年級起正式推動，2002年進展至一、二、四、七年級，2004年全面實施。

　　歸納而言，九年一貫課程所進行的「課程統整」主要型態大致有二：一是採行科目整併，二是進行主題統整。然而，前者幾乎在實施之初便面臨挫折，所謂科目整併，通常只有併，沒有整，只是粗略使用一個語彙（如：「社會」、「自然與科技」）將數個科目框在一起，既無

概念上、更無組織上的關聯或整合；後者則是導致過多的主題統整，而且不少又是外加式的活動，只是爲統整而統整，欠缺整體知識概念與課程組織的規劃設計（甄曉蘭，2004；歐用生，2003）。之所以出現這麼多問題，原因相當複雜，但有一個關鍵是十分根本的，那就是「課程統整」之設計與實施勢必對於教師的學科知識及課程實踐能力帶來高要求，硬要把沒有統整課程能力和知識的教師推上統整快車，他們的教學品質自然受到影響（林智中，2002）。

臺灣在二十一世紀之初如火如荼推行的九年一貫課程，十餘年來面臨許多困頓，隨著十二年國教的推動，似乎已將於2018年新課程上路之際無聲無息地結束。不過，九年一貫課程在課程統整工作上的挫折，已成爲十二年國教必須克服的重要任務之一，因爲「課程統整」之落實依舊是政策焦點。

國家教育研究院於2014年發布的《十二年國民基本教育課程發展建議書》（以下簡稱《建議書》），明確強調「課程統整」包括知識結構的統整、生活經驗與社會情境的統整，以及視學習階段或學習內容性質、教學策略不同的彈性統整，而且直言統整課程是要彌補、而非取代分科課程，統整可以合科形式爲之，但合科並不是唯一的統整之道；爲了更加釐訂發展方向，《建議書》中還特別提供四種課程統整模式作爲參考（潘文忠等，2014）。教育部隨後公布《十二年國民基本教育課程綱要總綱》（以下簡稱《總綱》），「以生活爲中心」的目標不再特別強調，轉而著重在「生活情境」中培養「核心素養」，使學生能具備適應現在生活及面對未來挑戰所需的知識、能力與態度（教育部，2014）。

從《九年一貫課程綱要》到《十二年國民基本教育綱要總綱》，最明顯的轉變是後期中等教育納爲「國民基本教育」的一環，「課程統整」任務因此成爲必須連貫銜接十二年教育內容的行動，而「高級中等教育」儼然成爲課程改革的主角。換言之，1950年代以來主要針對「初（國）中」的教育改革雖迭遭困頓，諸多問題未解，但改革的行動並未停歇，當前課程統整的工作已正式延伸爲以「十二年」課程爲範圍。

　　關於後期中等教育階段課程統整的嘗試，在推行十二年國教之前，最值得關注的政策是「綜合中學制」（comprehensive school），從1960年代開始倡議，歷經多年的探討，到了1990年代教育改革風潮中，終於以「綜合高中」型態實現（黃春木，2008、2016）。

　　從政策原意來探究，1996年開始推動的綜合高中屬於實現十二年國教的一個關鍵，2001年之後教育部啓動「高中職社區化」方案，「統整後期中等教育」成爲政策優先目標，綜合高中扮演「社區化」的核心角色，教育部也搭配制定「後期中等教育共同核心課程」總計48學分，屬於所有後期中等教育階段學校的共同必修課程，同時也藉以活絡尚未轉型爲綜合高中之普通高中和高職之間課程銜接的基礎（黃春木，2008）。在十二年國教規劃中，「共同核心課程」之統整依然保留。

　　關於「課程統整」相關政策發展的回顧，還有一個重要課題應該注意；九年一貫課程雖然沒能完全達成預定的目標，但這個政策卻爲「課程統整」開展了一個新契機。這個在目前已成爲攸關課程統整品質和成效的契機，就是「學校本位課程發展」（school-based curriculum development）。

　　1990年代九年一貫課程綱要在規劃、研訂之初，已經把「學校本位課程發展」納爲落實改革的重點（林清江，1998；教育部，1998），這可視爲臺灣「學校本位課程發展」體制化的開始。「課程統整」與「學校本位」，正是教育部在1990年代推動課程改革的兩大核心（楊朝祥，2000）。

　　「學校本位課程發展」之所以與「課程統整」息息相關，關鍵在於開啓了一個活化、整合教師熱忱與行動的可能，得以直接針對學校特色、學生特質、社區環境等條件展開互動、對話及研討，進而匯聚相關的知識、經驗、議題、資源，研發符合在地學生需求的課程；同時，這樣的課程也比較能夠有效地打破課程發展和課程實施之間的隔閡，將課程從計畫、設計、執行到評鑑的流程緊密結合在一起。

　　經由「九年一貫課程」之執行而漸爲教學現場熟悉的「學校本位課程發展」，在十二年國教的推動中，隨著彈性學習課程、校訂必修與選

修課程等課程決定權力的下放而更加重要。從「學校本位課程發展」來理解十二年國教的目標，無論小學、國中或高中職，都是課程統整工作的主體，這不再是單一階段或類型學校的任務，而是整體教育體制與個別學校對話互動，並且經由個別學校進行轉化、創新與整合的教育行動。

以上針對「課程統整」所進行的歷史回顧，除瞭解「課程統整」各種可行途徑以及相關行動的得失之外，也發現主要的工作重點可歸納為「課程組織」（或「課程規劃」）和「課程發展」（或「課程設計」）兩大面向，但前者的主體晚近已逐漸從「政府」進而含括「學校」，後者的重心則出現由「政府」轉變至「學校」的趨勢。同時，「課程統整」工作已延伸至十二年為範圍，含括各教育階段、各類型學校。

這便構成了我們再探「課程統整」的視野，並在十二年國教推動的背景下，重新開啟一次與課程理論和實務的對話。

##  「課程統整」意涵的釐清

經由上述簡要的歷史回顧，產生一個必須在此緊接著探究的問題：何謂「課程統整」？要回答這個根本問題，自然得重新掌握關於「課程」內涵的多樣性。以下試以表1整理。

表1　不同課程定義下的「課程統整」

| 課程定義 | 課程統整的特徵 |
|---|---|
| 課程是學科和教材 | 每一領域、學科之教材都是完整自存的。一方面，課程具備了課程指引（課程綱要）、教科書、講義、學習單、教學媒體等套件；另一方面，課程內容所包括的各主題之間、各知識概念之間，以及前後不同學年度的單元和重點之間，都是互相連結的。 |
| 課程是經驗 | 學生是學習的中心，課程沒有必要區分為「正式課程」、「非正式課程」。學生以其需求、興趣或能力來選擇學習內容，從中探索、分析、歸納而統整不同領域、學科的學習。 |

（續上表）

| 課程定義 | 課程統整的特徵 |
|---|---|
| 課程是目標 | 關切的是「預期的學習終點為何？」。傳統上，這樣的目標或願景往往是政府由上而下指定或規範，但晚近來自於社會各界、教師團體、家長團體，乃至教學現場的教師或學生，也逐漸具備發言、參與決議的權力。但無論是由上而下或由下而上，理想的課程統整自然是含括認知、情意、技能三大目標領域的學習。 |
| 課程是計畫 | 課程是完整包含從計畫、執行到評鑑的系統。傳統上，全國性課程計畫最受矚目，但在「學校本位課程發展」廣受重視以來，全校性課程計畫的重要性與日俱增；至於從事課程計畫的主體，也從學科專家、課程專家，轉變為學校教師，促成課程（計畫）和教學（執行）、評鑑之間的更緊密整合。 |

說明：關於「課程」的四種定義，主要是依循黃政傑（1985）的分類。

　　雖然「課程」存在著四種定義，但是實務中，並不存在著必須四選一的限制，相對地，藉由四種定義的分頭提示，我們正可以反思自己的課程意識是否允當。

　　透過歷史回顧及表1的簡要分析，我們可以發現長期以來政府及學界所關注的「課程統整」，大致有兩個特性：

　　一、焦點大多集中於弱化、轉變「學科本位」的影響力，但實際的處理重點主要是針對內容重複、難易度及知識量等問題，「學科本位」屹立不搖。由於政府或學界所謂「課程」經常只限定在「課程是學科和教材」範圍，課程統整遂僅能觸及「知識統整」一個向度，至於「（學生）經驗統整」、「社會（議題）統整」兩向度或無暇顧及，或僅能外掛、附會，聊具一格；連帶地，針對「課程是經驗」（以學生生活經驗為中心）、「課程是目標」（認知、技能和情意目標之兼顧）、「課程是計畫」（完整課程計畫之研訂和落實）等面向的課程統整，長期處於知行難以合一的狀態。

　　二、模式往往是「整併」，且大多聚焦於單一教育階段；至於整併的根據或依歸，則從早期較為籠統、歧異的「生活中心／生活教育」，轉變為九年一貫課程籠統、抽象的十項「基本能力」。值得注意的是，1968年實施「九年國民教育」時，相當關注不同教育階段的縱

向統整，但仍欠缺周詳規劃，問題繼續延宕，得等到30年後，必須開宗明義，直接以「九年一貫」作爲改革名號，而十項「基本能力」則成爲據以同步落實橫向、縱向統整的核心。

由於1990年代開辦的「九年一貫課程」可視爲課程統整歷史上的里程碑，而其具體論述與推動經驗又成爲十二年國教檢核修改的基礎。以下將就前後兩大政策分別探究，藉以釐清臺灣實施「課程統整」的眞實意涵。

## 一　九年一貫課程之「課程統整」：能力或知識的取捨

1998年教育部公布「九年一貫課程」時，最初十大基本能力僅條列名稱，社會各界普遍認爲概念敘述過於抽象，缺乏具體內涵，教學現場也反應難以規劃，無法落實學校本位課程發展的理想。爲增進社會各界對於九年一貫課程的瞭解，並且能夠在學校落實，教育部認爲確有必要釐清十大基本能力之內涵，同時探究如何具體轉化爲教學策略（楊思偉等，1999）。因此，國教司委託臺灣師大教育研究中心進行《國民中小學九年一貫課程基本能力實踐策略》研究，期程是1999年4月至10月。此一研究成果發布於教育部國教專業社群網，日後成爲教育部解說「基本能力」的主要文件（教育部，2006）。就在這份研究報告中，研究小組直言十項基本能力制定的過程欠缺透明度，基本能力之間彼此區隔不清、相互重疊（楊思偉等，1999：1-2、6）。在這樣的「先天不良」之下，如何以「基本能力」爲主軸，將徒具形式的「領域」、依舊分科取向的「學習內容」、紛繁多樣的「重大議題」全部整合起來？此一課程統整工作顯然相當艱鉅。

此外，值得注意的還有教育部爲推動九年一貫課程而主導編纂的《課程統整手冊》（包含理論篇、分享篇、實例篇三冊），這是2000年出版、指引中小學課程設計與實施的文件，我們可以發現前後文存在著「課程爲什麼需要統整」及「哪些課程是統整課程」之間的論述矛盾。在「課程爲什麼需要統整」一節，批判了學科本位、分科教學的弊病，同時相當肯定統整課程足以提升學生學習興趣、回應社會生活需求，以及培養運用知識的能力和批判思考的能力。然而在「哪些課程是

統整課程」中，該文件則採取多樣、寬鬆的界定，其可能的課程類型包括：相關課程、融合課程、廣域課程、核心課程、生活中心課程、社會中心課程、活動課程、問題中心課程、跨學科課程、科際整合課程、多學科課程、複學科課程、超學科課程等。在這些類型中，有的僅是在課程內容上建立共同的關係，但仍維持分科型態；有的進一步調整學科界限，重新組織；有的則打破學科界限，並且改以主題、問題替代科目名稱。至於統整的內容，有的仍停留在學科知識範圍進行，有的則以學生興趣、生活問題或社會問題作為統整的範圍（中華民國課程與教學學會，2000）。

　　之所以出現這樣的矛盾，癥結就在於寬鬆彈性地處理「分科知識」或「學科本位」的態度，也可能淪為「模稜兩可」。就此而論，九年一貫課程推動之後，對於「分科知識」或「學科本位」的態度已有調整，並不像流傳的一般印象那般地對立或否定。

　　負責規劃編纂此手冊的學者們應該清楚教學現場的諸多限制，因此採取「務實」立場，然而「寬鬆彈性」和「模稜兩可」很可能僅是一線之隔，特別是對於「課程統整」並不清楚的教師們，很容易因此而望文生義，甚至捕風捉影。

　　若撇開現場教師的務實「策略」，編輯小組對於「學科知識」、「分科教學」的價值判斷究竟為何呢？該手冊指出，學科教學造成原本完整的知識體系顯得有些支離、破碎，加上各學科所顯現的面向不同，在不同的解釋觀點下，學生難以學到有系統的知識（中華民國課程與教學學會，2000：8）。

　　這一段針對「知識」的批判，很難具有說服力，而且隱含著威脅「課程統整」實施的思維。具體問題整理如下：

1. 何謂「完整的知識體系」？學科取向的課程與教學無法呈現嗎？

2. 何謂「有系統的知識」？這是由單一或多樣解釋觀點所促成嗎？每一學科僅能提供一種解釋觀點嗎？統整課程要讓學生學到有系統的知識，將只會提供一種解釋觀點嗎？

如果「課程統整」的界定包含表1的各種可能特徵，那麼，我們

確實該批判長久以來導致知識學習支離破碎的分科教材內容與教學方式，也正是因為此一形式的獨霸，壓縮或扭曲了「課程是學科和教材」、「課程是經驗」、「課程是目標」、「課程是計畫」等意義下的課程統整空間。

不過，相對於學習支離、破碎的分科教材內容與教學方式，我們依然應該肯定學科導向的課程與教學亦能「提升學生學習興趣、回應社會生活需求，以及培養運用知識的能力和批判思考的能力」。

無分理性主義或經驗主義的立場，知識形式的特質或邏輯是一個客觀的存在，而且是與人類心智或經驗世界結構環環相扣，至於「學科」的形成則是一個歷史事實，每一學科的建構歷程，無論是延續、變遷或斷裂，都自有其社會文化脈絡。不同「知識」形式可由不同學科所展現及運作，藉以探索心智、世界的真相或意義，但不同學科的關係並非互斥的，而個別或總體的「知識」形式是否已被不同學科所窮盡，真相或意義是否已完全揭曉，目前討論這些問題甚至仍言之過早。另一方面，所有的學科都需不斷回應社會發展與歷史變遷所發出的難題，各個學科知識其實一直處於動態歷程，而且彼此互動交流，不僅在內容觀點上，也在探究方法上日新月異，也因此，當代學科界線是流動的，而學科知識的典範亦難以迴避轉化或揚棄的可能。

所以，如果課程設計及實施的焦點是放在學科知識的這種發展脈絡、探究方式，以及與真實社會或歷史情境的關聯上，一旦學科導向的課程與教學強調「學生學習興趣、社會生活需求，以及運用知識的能力和批判思考的能力」，還是能夠自然而然地形成、並且提升其統整的範圍和層次。

換言之，我們應該批判的是傳統學科中心課程型態，或僵化的學科知識結構、科目內容，但這並不意味著學科知識導向的課程是沒有價值的，或者與基本能力、核心素養的培養毫無關聯。事實上，學科知識不但不是課程統整的敵人，更是有用而且必要的盟友（周珮儀，2000；歐用生，2003）。

教育部從1998年至2003年間針對「十大基本能力」、「學習領域內容及重大議題」主導多次的調整修改，結果教學現場交錯著基本

能力、分段能力指標、主題軸、重大議題，以及「欲蓋彌彰」的科目（知識）內容等。「知識是否成為盟友」的問題，只得留待十二年國教來回應。

## 二 十二年國教之「課程統整」：能力和知識的兼顧

九年一貫課程實施時，有意無意間導致「基本能力」和「學科知識」截然二分的偏執，這個偏執讓課程改革的目標與臺灣中小學當時所處的內外部情境、所有的主客觀條件差距太遠，這應該是限縮此一課程改革成效至為根本的因素。即將於2018年實施的十二年國教課程，在推動過程中顯然記取教訓，因此免除了在「能力或知識」、「分科或合科」之類二選一的難題。《建議書》指出（潘文忠等，2014：15、20）：

> 二、素養導向在資訊網路發達及社會快速變遷下，「帶得走的能力」仍是學校教育需持續努力的方向，例如：(一)未來使用核心素養作為課程綱要連貫與統整的主要組織核心，並關注其轉化的過程。……
> 目前國民中小學九年一貫課程綱要係以基本能力的培養為主，而高級中等教育階段的課程綱要係以學科知識的學習或群科能力的培養為主。在《十二年國民基本教育課程發展指引》中，研擬了「各領域／科目學習重點」要項，各領域／科目的學習重點需包含「學習表現向度」與「學習內容向度」，以兼顧能力導向學習與知識導向學習。……

關於「核心素養」，《總綱》則有具體的說明（教育部，2014：3）：

> 為落實十二年國民基本教育課程的理念與目標，茲以「核心素養」作為課程發展之主軸，以裨益各教育階段間的連貫以及各

領域／科目間的統整。核心素養主要應用於國民小學、國民中
學及高級中等學校的一般領域／科目，至於技術型、綜合型、
單科型高級中等學校則依其專業特性及群科特性進行發展，核
心素養可整合或彈性納入。

「核心素養」是指一個人為適應現在生活及面對未來挑戰，所
應具備的知識、能力與態度。「核心素養」強調學習不宜以學
科知識及技能為限，而應關注學習與生活的結合，透過實踐力
行而彰顯學習者的全人發展。

　　依據以上兩份文件說明可知，十二年國教是要以「核心素養」及
「學習重點」貫串國小、國中、高中十二年「一般領域／科目」課
程，而這些「核心素養」及「學習重點」將是兼顧能力導向學習與知識
導向學習。

　　此外，關於「分科或合科」的問題，十二年國教課程發展強調課
程規劃的「彈性」，譬如在第四學習階段（七、八、九年級）的自然
科學、社會、藝術、綜合活動、健康與體育等領域，除實施領域教學
外，經學校課程發展委員會通過後，亦得實施分科教學，同時還可以
在領域學習總節數維持的前提下，不同年級彈性修習不同科目，不必
每個科目在每學期都修習，以減少每學期所修習的科目數量（教育部，
2014：11）。

　　至於具體的課程統整模式，在《建議書》中有所規劃，也保有彈
性，包括：跨領域或跨科的課程統整模式、議題融入模式、專題設計或
專題製作模式，以及主題式課程統整模式等（潘文忠等，2014：24）。
相對於2000年的《課程統整手冊》列舉13種設計型態（中華民國課程與
教學學會，2000：8-12），顯得簡易許多。

　　歷史經驗是可以學習的。雖然「九年一貫課程」有許多未盡理想之
處，但是當年積極試探規劃、執行的許多配套措施，以及賦予中小學由
下而上課程研發的機會和支持，相對於先前數十年間多止於由上而下宣
示的狀況，已經進步許多（單文經，2002；蔡清田，2008）。若比對目前
十二年國教相關政策作為與配套措施，更可發現當年所累積的經驗與教

訓提供了高度的回饋，尤其在建構「核心素養」及「課程統整」時，許多的思維和策略源出九年一貫課程，但已有所調整、改變。

畢恩（James A. Beane）認為，一部「課程統整」的歷史，貼切地說是以「多學科」（multidisciplinary）、「科際整合」（interdisciplinary）、「跨學科」（cross-disciplinary）等「學科」基礎進行科目內容重新組合的過程；但他否定這些類型屬於「課程統整」。對畢恩而言，這些類型走的都僅是一種世俗之路，他採取的是更嚴格的標準，高度肯定「知識」在「課程統整」的重要性，但十分強調「知識」為「社會中心」、「學習者中心」所用，以及「教室層級」計畫在「課程統整」的必要性（單文經等譯，2000）。

從「九年一貫課程」到「十二年國教」，臺灣走的是「課程統整」的世俗之路，但已經重新表裡一致地接納「知識」成為盟友，而且致力於兼顧能力導向學習與知識導向學習進行課程的縱向和橫向統整，同時愈來愈倚賴「學校本位課程發展」和「教室層級」的教師專業自主實踐。

上述三個焦點構成了「課程統整」的真實圖像，以及認知、探索、規劃與設計的路徑，而且從「全國性」課程計畫與「全校性」課程計畫關係的調整，也確實為「課程統整」之實現增添一些機會；從理想面來看，「經驗統整」、「社會統整」可以在「全校性」課程計畫直接且具體地設定為校本的「預期的學習終點」，藉以構成課程（計畫）和教學（執行）、評鑑之間的更緊密整合。

上述從「九年一貫課程」過渡到「十二年國教」的「課程統整」新意涵似乎不太艱澀、高妙，但實施之時可能面臨的挑戰卻還是不小。

## 肆 十二年國教的「課程統整」考驗：從「全國性」至「全校性」的落實

以批判角度言，在學校教師的課程意識與專業知能不足，以及整體教育和升學機制並未配合的狀態下，導致「九年一貫課程」之敗，何以

相同的「校本」、「專業」期待可能作為「十二年國教」之成？

如此提問並不是否定寄希望於「學校本位課程發展」或「教室層級」的教師專業自主實踐之重要性，相反的，從「課程統整」本質來看，統整課程的產生總是在真實的生活情境、引發師生關注的議題，以及師生彼此互動後才實現的，所以我們該關注的是：「來自上層或外部的機會與支持力道夠不夠」，以及「學校和教師的課程意識、專業知能夠不夠」這兩個問題，而比對20年間之變化，雖然《建議書》提供一幅清晰的藍圖，但我們的疑惑依舊，根本原因就出在「核心素養」。

檢閱《建議書》，讀者最為鮮明的發現應該就是「核心素養」所占據的樞紐地位，這是確保橫向組織（課程領域或學習內容之寬廣度）、縱向組織（學習進程之連貫、順序、加深加廣）目標得以實現的關鍵。具體而言，有別於九年一貫課程「基本能力vs.學科知識」的截然二分屬性，「核心素養」作為十二年國教課程組織的主軸，既涵蓋認知、技能與情意面向的培養，兼顧能力導向與知識導向的學習，同時也能達成課程、教學與評量之間的一致（潘文忠等，2014）。

但賦予「核心素養」如此周詳完美的地位，會不會淪為政策研訂時的修辭行動呢？依照《建議書》之規劃、各教育階段各領域綱要研訂的作業實務，以及國家教育研究院依據「課程轉化」原則刻正進行的各學習領域／學科教材及教學模組示例、課程手冊、多元評量及診斷工具等配套之研發等，再加上建立協作平臺、具體指引的四種課程統整模式，顯然在落實「核心素養」方面的努力，陸陸續續有了系統性的產出，或者說，已逐步為學校及教室層級的「課程設計」建構一個支持系統。

然而，「核心素養」及上述支持系統能夠確保「課程統整」真正在學校及教室層級中扎根開展嗎？答案是：未必。

九年一貫課程推動時，針對十項基本能力是先逐項加以定義性的描述，之後再搭配轉化為各學習階段、各學習領域之學力指標，但經過層層轉化搭配之後，架構已相當龐雜繁複，十項基本能力本身反而變得模糊不清（劉蔚之、彭森明，2008）。十二年國教針對「核心素養」之推動模式並無不同，目前所見三面九項「核心素養」，每一項具體內

涵其實都不具體，不僅複雜而且高深，我們自然得期待經過各領域綱要、教科書，再到學校、教師，層層轉化，得以清晰、可行；然而，由於「核心素養」是兼顧能力導向與知識導向的，相關的轉化制定，難度自然比九年一貫課程時更高。簡言之，如何在各領域綱要、教科書、學校、教師中將知識與能力有效地相互轉化與結合，並且契合對應的「核心素養」項目內涵，是相當大的考驗。

關於三面九項「核心素養」內涵，以及在各教育階段發展的邏輯，相關反思、梳理及批判應由相關學科（譬如：哲學、政治學、社會學、心理學、人類學、科學教育、文學、音樂、藝術等）學者著手進行，本文目前的關注則是先從課程實踐的角度探究，讓「核心素養」之落實能出現更多積極性或制度化的條件。以下分從三個面向討論，並提供建議。

## 一　逆向式的課程設計：核心素養、學習表現與多元評量

「核心素養」其實就是十二年國教最為重要的「預期的學習終點」，從「課程是目標」的觀點來看，若能據以嚴謹周詳地涵蓋認知、技能、情意面向的學習，自然是相當重要的課程統整工作。更進一步言，相關「預期的學習終點」之設計發展，若能獲取課程、教學、評量之一致性，這便達成「課程是計畫」意義的課程統整。

要讓上述的理想有機會實現，關鍵在於和「核心素養」環環相扣的「各領域／科目學習重點」上。根據國家教育研究院的規劃，「學習重點」包含「學習表現」、「學習內容」，而兼顧能力導向與知識導向學習的「核心素養」在轉化為「各領域／科目之核心素養」時，自然要能夠在「學習表現」、「學習內容」上落實。顯然，「學習表現」、「學習內容」是達成課程、教學、評量一致性的所在。更進一步言，我們將如何知道課程與教學是否達成「學習表現」、「學習內容」，以及其更上層的「各領域／科目之核心素養」之學習呢？關鍵是「評量」。

從既有規劃來看，「評量」應該依循「學習表現」、「學習內容」

進行，但在目前各領域／科目綱要研修中，「學習內容」幾乎已直接等同於「科目內容」，於是我們將可能看到的是「被『科目內容』拖著走的『學習表現』」，「學科本位」及「分科知識」依舊強勢主導，針對「課程統整」而大費周章的種種努力便將毀於一旦。

其實，「學習表現」、「學習內容」怎能二分？「學習內容」本來就應該內含在「學習表現」中，如此二分，應是十二年國教規劃心心念念「兼顧」而產生的謬誤。

政府過往推動課程改革，基於務實考量，往往採行「寬鬆」（包括兼顧、彈性）原則，此一原則猶如「雙面刃」，教學現場多年施行的經驗是反而造成目標或概念上的混亂，極其容易淪為形式上的牽強附會，或比例上的高度壓縮，造成原來期待「先求有，再求好」，最後變成「只求有，不求好」。

本文主張，為避免領域／科目綱要研修、教科書編寫，特別是學校教師工作傾向於維護原先的「日常生活世界」而選擇「阻力最小的路」，同時也要確保各領域／科目能為「課程統整」保留機會，「各領域／科目學習重點」之設計應優先著眼於「學習表現」，亦即，先聚焦於何種「學習內容」之取捨編排適合何種「學習表現」，然後再和「各領域／科目之核心素養」比對、相互調整及確認。

本文以為，相較於「學習內容」，優先著眼於「學習表現」的原因是，這對於「課程統整」至關緊要：

1. 可順利地引導至認知、技能、情意目標之衡量與安排，這是屬於「課程是目標」面向的統整。
2. 有助於平衡「科目內容」（subject matter）及「探知」（ways of knowing）的關注，這可以提升「課程是學科和教材」的統整效果。
3. 表述的方式及內容比較容易與「核心素養」接合，亦有助於不同型態「評量」之轉化設計，這可以提升「課程是計畫」的統整效果。

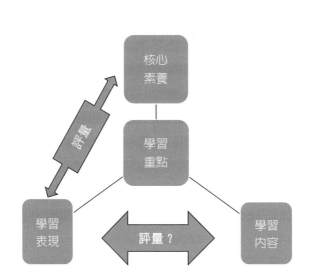

圖1 以「核心素養」為主軸的評量

　　關於「核心素養」的比對調整，無論是為了各領域／科目或各學校之轉化運用，均屬必然；面對原來內涵的複雜、高深，唯有經過重新理解、調整聚焦，方能具體可行。以下是一個「校本」示例。

表2 高中教育階段「A.自主行動」的校本核心素養示例

| 核心素養面向 | 核心素養項目 | 高級中等學校教育核心素養內涵 | 校本核心素養內涵 |
|---|---|---|---|
| A. 自主行動 | A1 身心素質與自我精進 | U-A1提升各項身心健全發展素質，發展個人潛能，探索自我觀，肯定自我價值，有效規劃生涯，並透過自我精進與超越，追求至善與幸福人生。 | A1-1具備良好的身心健康習慣 |
| | | | A1-2具備規劃生涯發展的能力 |
| | A2 系統思考與解決問題 | U-A2具備系統思考、分析與探索的素養，深化後設思考，並積極面對挑戰以解決人生的各種問題。 | A2-1具備邏輯或系統思考的能力 |
| | | | A2-2具備推理批判、思辨反省、有效解決問題的能力 |
| | A3 規劃執行與創新應變 | U-A3具備規劃、實踐與檢討反省的素養，並以創新的態度與作為因應新的情境或問題。 | A3-1具備規劃及執行計畫的能力 |
| | | | A3-2具備因應新情境與問題，發展調適、變通的能力 |

　　至於評量，則是依據相互對應的「學習表現」及「各領域／科目之核心素養」而設計，課程內容一樣是依據這個對應而安排，教學過程中提供給學生各種型態的學習機會或作業，在性質上即是為「多元評量」之進行所蒐集的「證據」；學生在教學過程中所參與的各種學習機會或作業，雖然屬於「教學」的一環，但學生個人或團體的表現成果，正是「多元評量」所需要的資料；透過「多元評量」過程而完成這些表現成果的分析評估，我們因此就能判斷學生離「預期的學習終點」還有什麼「質」或「量」的差距，這些資料就是評估「學」及「教」品質的寶貴證據。

　　這種「評量」規劃先於「教材教法」安排的逆向式設計（backward design）流程，以圖2表示。

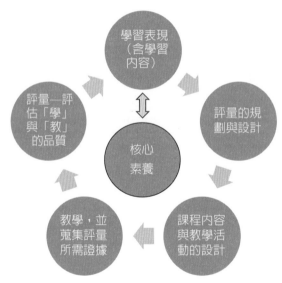

圖2　以「學習表現」前導的逆向式課程設計

　　從「課程統整」本質來看，這個工作流程只有在現場教師手中進行才具有真切的意義，但國家教育研究院必須確保整個流程的焦點及邏輯明晰，其優先工作應該是讓各領域／科目綱要研修「學習重點」時以「學習表現」作為前導，這其實也無礙於「兼顧」原則。

## 二　統整課程空間的擴大：課程組織與課程發展

要落實「課程統整」的關鍵有二，一在課程組織，一在課程發展；國家教育研究院目前所為屬於「正式課程」（formal curriculum）層次的課程組織，還待現場教師的「知覺課程」（perceived curriculum）轉化，但整個《總綱》所規劃的課程組織依然偏重學科本位導向，雖然我們可以整合核心素養、學習表現與評量進行逆向式的課程設計，但能夠進行「課程統整」轉化的空間總是受到侷限。因此，如何創造可能的空間，也是應該努力的方向。

傳統上，國中、高中的學科本位導向遠較國小明顯，而「普通型高級中等學校」的課程決定自主性比國中高，又是四種類型高中的主流，故以普通高中為例來探討，如表3。

表3　十二年國教「普通高中」各類課程比例

| 210<br>（學分、節） | 118學分（56.2%）<br>部定必修課程 | 81.0% |
| | 52學分（24.8%）<br>加深加廣選修 | |
| | 10學分（4.7%）<br>校訂課程（必修、多元選修） | 19.0% |
| | 30節（14.3%）<br>團體活動、彈性學習 | |

說明：校訂必修、多元選修與加深加廣選修課程合計為62學分，目前較多學校傾向於以
　　　4、6、52學分配置。

根據表3，部定必修及加深加廣選修課程合計占有81%，這都屬於學科本位科目課程，在這樣的架構和內涵之下，教師能夠轉化而落實的課程統整，大概就只能設法打破81%部定必、選修課程中的學科藩籬，最低門檻是進行「議題融入」模式的統整，值得進一步爭取的則是偏向跨科目、多學科、跨學科、超學科（trans-disciplinary）等型態的課程設計和發展。從單一領域／學科內到跨領域／學科的統整，直到以學

習者興趣及專精領域為中心的經驗／知識統整，雖然得經過一定時間的磨合，不過相關概念和方法其實已有簡明可行的指引（單文經等譯，2003）。

此外，《建議書》指出：「為避免高級中等教育階段的課程內容與國中階段重複性太高，假如國中三年的課程內容是以領域／科目的知識結構與邏輯次序進行編排的話，則在發展高級中等教育階段課程內容時，可以用科目的重要主題概念作為編寫教材內容的形式。」（潘文忠等，2014：22）這個原則確實在部分領域綱要修訂的前導研究，或現行草案研修版本中所採行，如果有機會在正式版本中實現的話，包括不同教育階段的縱向統整，或者同一領域（field of inquiry）不同科目間共通的探究課題、方法與範疇之統整等，都能發揮效用。

至於劃歸學校可以全權規劃、發展的19%，屬於十二年國教課程規劃的一大突破，應是推動「學校本位課程發展」的重要配套，理想上這可以有效避免「九年一貫課程」時常見的外掛或附加模式。從學校角度來看，19%相當多，如果這個約五分之一的範圍真能落實比較理想的課程統整，應該是相當了不起的課程改革成果。

但實際上，最有機會實施統整課程的部分，應該只有校訂課程中的四學分必修課程、六學分多元選修課程，以及不在19%範圍內的部定四學分「探究與實作」必修課程。至於新增的「彈性學習時間」，《總綱》界定的實施方式為：「依據學校條件與學生需求，可作為學生自主學習、選手培訓、充實（增廣）／補強性教學及學校特色活動等之運用。」可見其作為「課程統整」之可能性有限，或許有少數學校能創造一些空間，但多數學校應該難以實施。

如何在19%中創造出課程統整的可能空間呢？比較可行的做法有二。

首先是「團體活動時間」，雖然《總綱》有明確界定，但其規劃與實施的彈性仍大，足以設計與發展在必、選修課程中不易出現的「經驗統整」、「社會統整」課程。

其次，更創新的做法是就學校願景、學生圖像、社區條件、教師專長等設計與發展出某些跨領域／學科「學程」（program）。一個

「學程」（譬如：專題探究、經典人文、模擬聯合國、創造力、數學建模、生物科技與社會、能源科技與社會、世界的餐桌、未來的生活、伊斯蘭研究、貨幣與金融、戰爭與和平、視覺藝術設計、創客等）可以整合「多元選修」學分課程、利用「彈性學習時間」開設的「微型課程」（可以設計成6、9、12節課），加上一定時數或要求的課外活動、自主學習活動等，以便進行知識統整、經驗統整或社會統整的學習。達成「學程」學習規定的門檻，即由學校發給結業證明，認可其用心與努力，「學程」學習成果將是具有高價值的「學習歷程檔案」。至於學生要不要參與「學程」、參與何種「學程」、參與多少「學程」等，應由學生自主決定，老師可以從旁引導鼓勵。

《總綱》所提供的課程統整空間是有限的，因此，如何在學校本位的範疇進行課程組織與課程發展，以便擴大課程統整空間，考驗著學校經營者與教師們的專業智慧。

### 三 社群及生涯導向的制度面支持：教師課程實踐知能

無論就政府的期待或課程統整的本質來看，能在「學校」落實的課程組織或課程設計與發展終將成爲關鍵。爲何我們得如此重視「教學現場／教室層級」呢？因爲上層、外部所組織或規劃設計的學習內容或學習表現，即便是最理想的統整課程，也難以「忠實觀」（fidelity perspective）來執行，統整課程之設計與實施，在屬性上幾乎都會偏向於「創制觀」（enactment perspective），或至少是「批判的相互調適觀」（critical mutual adaptation）。換言之，實質的統整課程必須出於學校教師之手，在「學校本位課程發展」脈絡中，自有其從「理想課程」（ideal curriculum）、「正式課程」至「知覺課程」、「運作課程」（operational curriculum）的理路。

我們千萬不可因爲「統整」一詞，而將「課程統整」理解爲一致、單一、線性的，恰恰好相反，統整的課程往往是在地的、情境的、差異的、難以複製的，也因此，「課程統整」在縱向銜接連貫上的挑戰是很難的。受限於這樣的屬性，國家課程綱要針對「課程統整」的關注、規劃與提供相關配套等努力，幾乎僅能是「必要條件」而已。關鍵還是教

師的課程意識、教學實踐知能（甄曉蘭，2004），以及學校組織能否提供制度面的支持。缺乏這些條件，十二年國教的「課程統整」目標至多僅能形式達成，所謂課程改革僅止於「修辭」之訾議，可能難以迴避。

如何促進教師的課程意識、教學實踐知能呢？有太多的經驗告訴我們，各種形式的宣導、研習、獎勵或補助、種子教師培訓、評鑑等，效果都是有限的。如果不能針對學校進行組織改造，創造教師「行以致知」的動能，以及轉變其課程意識、提升教學實踐知能的有利環境等，一切努力都將事倍功半。

這層道理極為簡單。在歷經多年的課程改革、學校本位課程發展試驗之後，中小學已不再只是課程實施的機構，也同時是課程研發與實驗的機構，教師的專業角色和任務已與早年大不相同，現行法規的人力編制及職責要求都已不合時宜。教學現場專業能力不足、人力吃緊的狀況，政府其實是清楚的，但因應之道總是辦研習、培訓種子教師、提供獎補助等，簡要地說就是：「給錢（資源），不給人。」

其實，「給人」才是符合現況以及促進未來發展的關鍵。但是「給人」不是「量」的問題，目前學校的困境並非「人手不夠」這麼簡單，其實更是「人力配置不符需求」，根本上是質的問題，而非量的問題，如果不明就裡，只是單純加人，極可能毫無效用。

要讓「人力配置符合需求」，就必須依據目前與未來學校本位課程發展的要求進行教師任務、職責分析，而不是僵化的用「班級數」為基準來計算，那種將教師職責只定位在「教學」及「班級經營」的時代早已經過去了。因此，教師專業工作的再制度化，才是確保課程改革展現成效的關鍵。

在《建議書》中，我們已經看到值得期待的發展，例如：第67至70頁。歸納而言，政府承認學校歷經多次課程改革，課程與教學研究發展的行政事務相當繁瑣，因此必須規劃學校設置「課程與教學研究專責單位」，發揮統籌、規劃、協調與溝通等功能。同時，國家教育研究院應研發中小學各層級課程與教學領導人才核心能力指標，包括校長、行政人員與領域召集人等，並進行培訓。為強化學校教師社群協作

實務導向的專業發展，應建置隨著實務經驗累積與專業提升的教師生涯進階規劃，並同步規劃每一生涯階段角色的專業內涵與認證制度。最後則是規劃學校應提供適當的社群運作時間與相關資源，支持教師專業學習社群的經營，進行以促進學生學習之課程實施與教學精進爲核心的專業發展（潘文忠等，2014）。

為了凸顯上述內容的重要性，以下藉由《總綱》針對「專題與跨領域課程」一項立意良善的規劃來討論（教育部，2014：18）：

A. 各校開設跨領域／科目專題類課程，其專題小組人數及每位教師配置小組組數所需經費及相關規定由各該主管機關訂定之。

B. 教師進行跨領域／科目統整課程之協同教學，經學校課程發展委員會通過後，其協同教學節數可採計爲教師教學節數，所需經費及相關規定由各該主管機關訂定之。

要引導學校教師逐漸從「分科知識」走向「統整課程」教學，透過降低師生比、採計協同教學節數當然是必要的，但這只是從執行面來思考，針對統整課程如何研發的歷程與品質管控，似乎不在關注之內。《建議書》補足了這個缺漏，並且提供制度面的積極性支持和引導。

當然，既稱爲《建議書》，就還在「規劃」狀態而已。來自國家教育研究院、教育部或地方教育局處的支持，實際上絕大多數都屬於零件式、附加型、示範性的，於是長期造成「不想做的可以不必做」、「想做的一定累得半死」、「非得做不可就輪流做或菜鳥做」等怪現象。若要消除這些問題，根本之道就是必須在學校組織上重新建構，依據「社群運作」、「生涯發展」兩大面向將教師專業工作重新制度化（黃春木、劉蔚之，2012；劉蔚之、黃春木，2014）。

《建議書》已經明確地涉入「教師專業工作再制度化」的議題，從「社群」、「生涯」著手也掌握了關鍵，只是關於「教師生涯進階」之規劃，若實施「教師分級制」，將會面臨家長依照職級名稱判別教師的優劣、職級內涵與升黜標準訂定及執行的困難、競爭導致夥伴關係變

質等風險。相對的，實施「教師分工制」著眼的是「職務／職責」，而非「職級／職位」，將比較有機會讓有意願、有能力的教師自主地從「課堂教學」、「班級經營」中釋放出來，投入課程研究、社群經營、課程研發、同儕教練等課程領導或教學領導工作（劉蔚之、黃春木，2014）。這些教師專業工作的制度面支持，正是推動「課程統整」的堅強後盾。

## 伍 結語

回顧臺灣推動「課程統整」，尤其是從「九年一貫課程」到「十二年國教」，走的是「課程統整」的世俗之路，但已經重新表裡一致地接納「知識」成為盟友，而且致力於兼顧能力導向學習與知識導向學習，進行課程的縱向和橫向統整，同時愈來愈倚賴「學校本位課程發展」和「教室層級」的教師專業自主實踐。這正是我們當前「課程統整」的圖像，以及實踐路徑。

參照多年的探索與發展，以及十二年國教所設定「學校本位」為主的課程設計與發展，歸納前文所論，今後中小學實施課程統整的可能方式如下：

1. 針對學科本位的部定必修、選修課程，設計「議題融入」模式，這應是實施「課程統整」最低門檻。

2. 轉化學科本位的部定必修、選修課程，削減學科藩籬，進行跨科目、多學科、跨學科、超學科等型態的課程設計。

3. 在校訂必修課程、多元選修課程，或部定高中「探究與實作」必修課程中，全面進行「知識統整」、「經驗統整」或「社會統整」課程。

4. 運用「團體活動時間」，設計與發展在必、選修課程中不易出現的「經驗統整」、「社會統整」課程。

5. 在高中教育階段，依照一般科目的重要主題概念編寫教材，藉以進行與國中教育階段的縱向統整，或者在同一領域內不同科目共通的探究課題、方法與範疇之統整等。

6. 整合「多元選修」學分課程、「彈性學習時間」開設的「微型課程」，加上一定時數或要求的課外活動、自主學習活動等，發展「學程」式課程統整。

7. 整合核心素養、學習表現與多元評量，就部定、校訂所有課程進行逆向式設計，兼顧認知、技能、情意目標的學習，並提升課程、教學與評量的一致性。

基本上，無論選擇何種方式、設定什麼議題或主題，課程統整的首要目的應在於藉由專題、任務或作業的設計安排，促使學生的學習活動能夠連結豐富寬廣的「真實脈絡」（authentic context），以及合作學習的情境，統整不同領域學科知識，建構出具體的學習行動，經由一連串的主動探索，獲得多元智能的開展機會，以及問題解決的知能、知識活用的能力。

在這樣的認知下，進行課程設計及發展的教師們應該牢記在心的重點只有一個：學生是活在真實世界中，而非活在課本或考卷裡。

「課程統整」存在諸多限制或挑戰，不是萬靈丹，難以標準化，也不可能在課程組織中定於一尊。在臺灣的教育現實中推動，需要的是審時度勢、循序漸進。針對攸關課程統整品質良窳的教師課程實踐知能，唯有正視「學校已是一個課程發展機構」這樣的真實脈絡，並據以重新建置教師專業工作職責與對應的專業生涯進路，才足以提升教師課程實踐知能，創造出「課程統整」的價值。

每一個社會、每一個教育體系在推行「課程統整」時，都是一次獨特的實踐歷程。「學科本位」目前在多數國家，特別是在高中階段，依然占有十分顯要的地位，倡議「課程統整」最基本的價值是在提醒「學科本位」的缺失弊病，促發課程反思及改革的動能，而這樣的提醒乃至警示之所以必要，是因為世界的快速變遷，人類社會與所處的環境關聯的知識、能力與內在意義也正經歷挑戰。

如果各學科內、跨學科間或超學科等類型的課程設計能做到「提升學生學習興趣、回應社會生活需求，或培養運用知識的能力和批判思考的能力」，甚至促成「教師或學生」、「知識或生活」種種對壘之跨越，任何型態的「課程統整」都是深富價值的。

# 參考文獻

中華民國課程與教學學會（2000）。課程統整手冊1：理念篇。臺北市：教育部。

行政院教育改革審議委員會（1996）。教育改革總諮議報告書。2015年1月26日取自 http://b1.rimg.tw/floratien/0b7ed745.pdf。

沈亦珍（1979）。教育論叢。臺北市：復興。

沈亦珍（1986）。我的一生。未出版，臺北市。

周珮儀（2000）。論課程統整與學科知識。研習資訊，**17**(1)，33-40。

林清江（1998）。國民教育九年一貫課程規劃專案報告。2015年2月27日取自 http://www.mihjh.cyc.edu.tw/wwwsearch/九年一貫/9class.htm。

林智中（2002）。課程統整真的比分科課程好嗎？課程與教學季刊，**5**(4)，141-154。

教育部（1998）。國民教育階段九年一貫課程總綱綱要。臺北市：教育部。

教育部（2006）。國民中小學九年一貫課程綱要。2006年12月26日取自教育部國教專業社群網 http://teach.eje.edu.tw/9CC/basic/basic1.php。

教育部（2014）。十二年國民基本教育課程綱要總綱。臺北市：教育部。

單文經（2002）。畢恩課程統整論解析與省思。載於單文經，課程與教學（頁101-135）。臺北市：師大書苑。

單文經（2004）。論革新課程實驗之難成。教育研究集刊，**50**(1)，1-32。

單文經（2014）。課程統整改革20年：杜威會怎麼看？載於中國教育學會編，教改20年：回顧與前瞻（頁155-202）。臺北市：學富文化。

單文經等譯（2000）。James A. Beane原著。課程統整（*Curriculum Integration*）。臺北市：學富文化。

單文經等譯（2003）。Robin Fogarty原著。課程統整的十種方法（*How to Integrate the Curricula*）。臺北市：學富文化。

黃政傑（1985）。課程改革。臺北市：漢文。

黃春木（2008）。臺灣社會升學主義的發展與解決對策（1945-2007）。國立臺灣師範大學教育學系博士論文，未出版，臺北市。

黃春木（2014）。蔣中正與九年國民教育。載於周愚文主編，蔣中正與臺灣教育文化發展（頁83-157）。臺北市：國立中正紀念堂管理處。

黃春木（2016）。臺師大與臺灣中等教育發展。載於周愚文主編，師大與臺灣教育（頁17-56）。臺北市：國立臺灣師範大學出版中心。

黃春木、劉蔚之（2012）。十二年國教高中校本特色課程規劃與實施的制度面探究。

載於黃政傑主編，十二年國教課程教學改革：理念與方向的期許（頁43-61）。
臺北市：五南。

楊思偉等（1999）。國民中小學九年一貫課程基本能力實踐策略（教育部國民教育司
委託專題研究報告）。臺北市：國立臺灣師範大學教育研究中心。

楊朝祥（2000）。部長序。載於中華民國課程與教學學會編，學校本位課程發展手冊
（頁 I-III）。臺北市：教育部。

甄曉蘭（2004）。課程理論與實務：解構與重建。臺北市：高等教育。

臺灣省立臺北成功中學編（1960）。生活中心教育的理論與實施。臺北市：教育部中
等教育司。

臺灣省立臺北成功中學編（1963）。十一年來的生活中心教育實驗：初級中學發展之
途徑。臺北市：編者。

劉蔚之、彭森明（2008）。歐盟「關鍵能力」教育方案及其社會文化意涵分析。課程
與教學季刊，11(2)，51-78。

劉蔚之、黃春木（2014）。「學校本位」教師生涯進路的規劃。載於吳清基、黃嘉莉
主編，面對十二年國民基本教育的師資培育挑戰（頁163-194）。臺北市：中華
民國師範教育學會。

歐用生（2003）。課程典範再建構。高雄市：麗文文化。

潘文忠等（2014）。十二年國民基本教育課程發展建議書。新北市：國家教育研究
院。

潘振球（1983）。潘序。載於郭為藩等，當代教育理論與實際：孫邦正教授七秩大慶
紀念論文集（頁13-17）。臺北市：五南。

蔡清田（2008）。臺灣政治解嚴以來中小學課程的變革。載於蘇永明、方永泉主編，
解嚴以來臺灣教育改革的省思（頁161-193）。臺北市：學富文化。

薛光祖（2000）。記生活中心教育實驗以慰沈亦珍先生在天之靈。載於編輯小組，沈
亦珍教授百齡冥誕紀念集（頁110-115）。臺北市：三民。

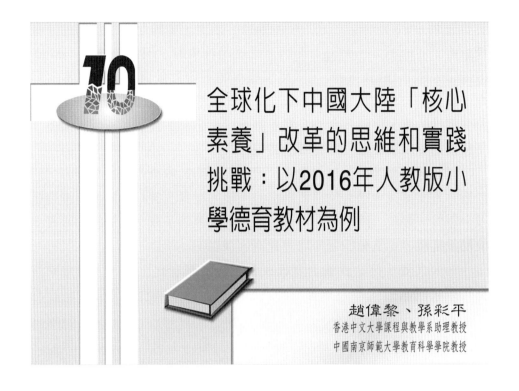

# 全球化下中國大陸「核心素養」改革的思維和實踐挑戰：以2016年人教版小學德育教材為例

趙偉黎、孫彩平
香港中文大學課程與教學系助理教授
中國南京師範大學教育科學學院教授

## 壹 概述

　　Martin Heidegger和Michel Foucault等後現代思想家視話語為一種思維方式，兩者既相互體現又相互制約，即話語包括措詞和句子語法結構形式都能夠體現我們的思維方式，同時，思維方式的寬廣靈活度也受我們使用的話語形式和類別限制。得益於Heidegger對於語言的思考，課程理論家Dwayne Huebner（1966/1999）（William Pinar和Michael Apple的學術導師）提出完整的課程至少涵蓋五種語言、思維方式及其價值觀：technical（技術工具性的）、political（政治權力性的）、scientific（科學探索性的）、esthetical（美學欣賞性的）和ethical（情感倫理性的）。從某種意義上說，課程的創新在於尋找（in search of）一種新的話語或語言，即一種新的思維方式。臺灣旅美學

者吳光明（Wu Kuang-Ming, 1997, 2012）指出，中國思維是具體的「身體思維」（body-thinking），西方思維是抽象的「理性思維」（mind/disembodied-thinking），兩種思維本體不同且前者爲後者之本。但是，隨著西方柏拉圖式的（Platonic）概念理性思維日益在全球範圍取得主導性地位，中國特色的身體思維被日漸忘卻、消解和取代，造就了一種普遍認爲思維跟身體無關的錯覺。

置於全球化課程改革背景下，借鑑吳光明對於東西兩種思維方式的考慮，本文審視中國大陸最新推出的「核心素養」課程話語的思維特徵及合理性，發現大陸「核心素養」改革實則面臨了概念化思維和實踐上的雙重挑戰。本文分四個步驟對此進行探討：

一、大陸「核心素養」課程改革思維的概念化困境。大陸當前官方和學術話語對「核心素養」的討論，大多追逐其提出背景，把它看作是英文「competency」、「skill」或「literacy」的中文代名詞，即「素養＝competency/skill/literacy」，顯現了現代概念性思維的全球盛行。它把「素養」看成一個空洞的概念符號，往裡添加諸如「技能」、「知識」等認知內容，結果是遺忘與背離了「素養」本身的文化言說。

二、「素＋養」作爲身體思維的重新挖掘。借鑑Heidegger的語言哲學和吳光明的「身體思維」思考，本文作者認爲，含有中國傳統文化韻味的「素＋養」語言組合（有意拆解「素養」作爲一個約定俗成的概念）本身更多地承載著中國的「身體思維」元素，是一種通過「養」即體認或體悟來修行的品格或德行。換句話說，更好地品味「素養」話語的韻味和意義需要釐清概念思維關照下的「素養」和身體思維關照下的「素＋養」的區別。這是它能夠在大陸迅速竄紅的文化根基。

三、2016年大陸新德育課程呈現了一種「身體思維」的朝向。大陸自2001年起的德育課程改革倡導從空洞的德目式說教回歸到兒童的生活世界，視品德爲具體生活實踐智慧，2016年人教版小學德育教材（本文第二作者負責了其中一、二年級課本的修訂）更是努力引入了中國傳統的「天人合一」觀，即人與人或人與自然之間和諧相處共在（co-being）的身＋體＋力＋行的具象身體思維。有鑑於此，本文的第

三部分分析2016年人教版德育教材，進一步闡明「素＋養」作爲「身體思維」的課程內容設計的可能性。以一年級下冊「人與自然」單元爲例，從Huebner的課程語言視角解析它如何呈現「人與自然、他人和諧共在」的德行養成實踐，而不僅僅說教式地傳遞「和諧共處」這個概念。

　　四、「身體思維」在當下課堂教學實踐中的挑戰。從課堂教學實踐的層面剖析「和諧共在」作爲一種「素＋養」身體思維的具體教學，反思當教師日漸忘卻身體思維而愈來愈習慣於西方概念思維時，或習慣用固化的泰勒模式來設計和實施教學時，我們該如何重新討論、教導並且實踐諸如「和諧共在」的身體思維？基於以上四個層面的討論，本文旨在揭示中國「核心素養」改革所面臨的思維和實踐上的雙重挑戰，並分享一點具體的建議與策略，以供實務界及決策圈參酌。

##  「核心素養」課程改革的全球背景

　　後現代思潮視話語爲一種思維方式，不同時代的教育話語承載著不同的教育思維方式。當下，隨著「自主學習」、「終身學習」等話語的全球化，「教育」不再只是一個學科領域，而是二十一世紀訊息時代生產鏈上必要的環節，「學習」也已成爲生產知識技能的途徑，「學校」則變成了教育學生如何學習、爲了什麼而學習、如何管理自己的學習，以及如何把學習的結果轉化成就業能力的工廠。換言之，教育已被工業化、經濟化和管理化，成爲整個社會經濟的命脈。由OECD、歐盟、美國等在二十世紀末或二十一世紀初率先建構的二十一世紀core competencies（核心素養）或skills（技能），正是教育工業化、經濟化的最新代言，並迅速成爲世界其他地區效仿和參考的框架，由此引發了全球範圍的新一輪教育課程改革。

　　臺灣從2013年起開始研發其「國民核心素養」之理論框架，現已勾勒出一個三面九項的滾動圓輪意象，其中以「自主行動力」、「溝通互動力」、「社會參與力」爲支點，合三力培育學生作爲「終身學習者」的國民核心素養，涵蓋知識、能力、態度、價值觀等方面。此

「國民核心素養」被視爲臺灣「十二年國教課程改革的DNA」（蔡清田，2014），可以整合各領域／科目垂直連貫與水平統整的課程設計。從操作層面來說，「國民核心素養」可轉化成各教育階段核心素養，結合各領域／科目的理念與目標，進一步轉化及發展成爲「領域／科目核心素養」及學習重點，並透過學習內容、教學方法及學習評量三者的綜合運用，將各領域／科目課程內涵與核心素養的呼應關係具體地展現出來（蔡清田，2016）。

在中國大陸，由北京師範大學等多所高校的近百名研究人員進行了大型核心素養聯合研究。此研究課題組分析比較了15個國際組織、國家和地區核心素養研究的程序方法、指針框架和落實情況，開展了實證調查和課標對接修訂研究，訪談了12個界別的608名代表人物，問卷調查了566名專家學者、校長和企業家等，召開了60餘次專家論證會和20餘次徵求意見會，歷時三年，在2016年9月13日正式推出了大型研究報告《中國學生發展核心素養》，拉開了新一輪的核心素養課程改革和實施的序幕。在9月13日的發布會答記者問環節中，研究專家小組強調本次素養研究不僅借鑑了國際組織的最新研究成果，還「開展了傳統文化分析，揭示中華優秀傳統文化中修身成德的思想和傳統教育對人才培養的要求」，即「強化民族性」，「強調中華優秀傳統文化的傳承與發展，把核心素養研究植根於中華民族的文化歷史土壤」，以落實十八大和十八屆三中全會提出的「立德樹人」的要求。換言之，核心素養是從「中觀層面深入回答『立什麼德、樹什麼人』的根本問題」（中國學生發展核心素養記者發布會，2016）。

比較《中國學生發展核心素養》文本（參見Appendix 1）和OECD、美國、臺灣的二十一世紀素養文本，不難發現中國核心素養也旨在培養二十一世紀「學生應具備的，能夠適應終身發展和社會發展需要的關鍵能力」，以增強中國教育國際競爭力。與前者不同的是，中國核心素養還明確包括「必備品格」，以呼應「以德樹人」和「民族性」的政治要求，並強調由「文化基礎」、「自主發展」、「社會參與」三個層面構建的六大素養和十八要點的素養框架與中國「治學、修身、濟世的文化傳統相呼應」。也就是說，大陸新一輪課程改革凸顯以

德樹人的必備品格，這意味著一個新的儘管仍是模稜兩可的努力和轉向：不同於以往一味地追求和仿效西方「理性」的課程理論和實踐，本次似乎更加力圖挖掘中國教育的本土人文精神的內涵。

　　本文作者認為，諸如「素養」、「必備品格」和「以德樹人」等話語不應只被視作政治性官方口號，實則顯現了中國思維的深層文化特徵，或更準確地說是對後者的重新召喚。中國思維的文化特徵，正如Wu Kuang-Ming（1997, 2012: 153）所說，是「身體思維」（body-thinking），是「身體本身在思維，思維是身體作為身體的特徵，思維是我們自己的身體在變換的時間、具體的地點、深沉的感覺中從事思維」[1]。張再林（2010: 43）闡釋說，吳光明的「身體思維」並非身體性思維，不是獨立的思維擁有身體性質，而是身體本性一直從事思維，思維即是身體本然之活動。思即身，體即思，「體思」體現為中國之身體思維。借用Heidegger 對於語言本體的思考，我們可以說「身體思維」其實是漢語「身體」作為「身＋體」（body experiences/thinks）本身的言說方式。

　　吳光明的「身體思維」是針對西方的主導「理性思維」（mind-thinking or disembodied-thinking）而言的，後者主要是起源於Plato的圍繞idea而進行的抽象概念性邏輯分析思維，它高高在上縈繞於mind之中，把「活生生的身體剝落成一個機械的物體對象加以處理」（disrobing body alive into a mechanical object to handle）（2012: 154）。值得注意的是，中國思維中的「身體」是整體性的（holistic），相當於西方現代意義上的「body + mind + heart」即「psychosomatic」（Ames, 1993）。也就是說，中國的身體思維沒有預設西方意義上的mind和body的截然二分。然而，或許我們並不自知，在中國過去的一百多年裡，這種身體文化思維已日益被現代化和全球化的西方理性思維所消解和取代（Hayhoe 2014; Wu Z. 2014；張祥龍，2013），具體表現在一種表徵性的概念性思維的盛行，即現代性的語言圈套。

---

1　本文中英語文本的中文譯文如無特別說明，皆為筆者所譯。

##  大陸「核心素養」課程改革思維的概念化困境：素養＝competency

何謂現代性語言圈套？Michel Foucault（1973）在《詞與物》一書中詳細勾勒了西方語言（words）和事物（things）作爲一種知識結構思維（episteme）的歷史變遷。Foucault認爲，從古希臘的Stoics時期到十六世紀末期，西方的語言與所指稱的事物之間具有一種相似鏈接性，即語言和事物之間都靠「相似性」的原則而得以連結，人們追問意義的方式就是找出這兩層相似性。比如說，英語單詞aconite（一種叫作烏頭屬的植物）和eye（眼睛）所指稱的兩個物體外型非常相似，aconite的種子外包著一層薄薄的東西，就像眼瞼蓋著眼睛一樣，同樣或者說正因爲有這樣的外型相似的關聯性，這種植物可以用於治療眼疾。因爲在那個時候，語言被認爲是上帝爲了讓人們瞭解整個世界而布設的一些神祕象形的符號（hieroglyphics）。

從十七世紀初，語言開始與事物相互脫離，它們之間的相似性原則開始消失，成爲一種封閉式的符號體系（signifier），它所指稱的不再是外界物體本身，而是人們頭腦中的一種意念（idea），人們追問意義的方式變成爲什麼這個語言符號（signifier）跟這個idea（signified）有對應的關係，這就是我們現在常說的概念性（conceptual）或表徵性（representational）語言。現代性概念思維默認語言語法規則的合理存在，然後只追問它的可能的語法涵義。而漢語自從二十世紀初開始就引入了很多的西方詞彙和語法體系，結果是漢語作爲單音節詞的語言文化意蘊被人們慢慢忘卻，大家更加關注的是雙音節詞語作爲概念的意義。比如，「文化」在《易經》裡的原文是「以文化天下」（以文教化天下），而現在已變成一個固定概念術語，指代英文的「culture」。同樣的，《中國學生發展核心素養》強調「文化基礎」和「人文底蘊」，貌似一種深層的文化傳承，實則指「習得人文、科學等領域的知識和技能」。

而當前的「素養」話語可以更好地顯示現代概念性語言思維的桎

梏。首先，「素養」能迅速成為爆炸性流行話語，也許正因為它在中文語境中一直是比較被稱道的詞或教育概念，如：文化素養、藝術素養等（崔允漷，2016a，2016b）。相較於「素質」或其他西方概念術語的中文「新造詞」，「素養」聽起來更帶有東方文韻，是英文的「literacy，competency，or skill」等詞彙都無法表達的文韻。但有意思的是，這個帶有東方傳統文化韻味的詞語「素養」重新登上了教育的舞臺，卻被賦予了一個新的使命，傳遞西方「competency」的內涵，完全遺忘了自身的本土意義。中國大陸學者界定「素養」的產生和內涵大都參考西方學界對於「competency」的界定，透過釐清OECD、歐盟或美國對於competency的理解來闡發「素養」的意義（如張華，2016；崔允漷，2016a，2016b；柳夕浪，2014；李藝，鐘柏昌，2015）。

下面以這幾位教授對於「素養」的定義為例：

> （從詞源學分析）「素養」，其英文為competence或competency，其拉丁文詞根為competere，從詞源學上看，它是指各種能力或力量（powers）的聚合，以使人恰當應對情境。其中，com-是指「聚合」（together），petere是指「追求、奮力向前」（to seek，drive forward），合起來看，competere即指「合力奮鬥」（to strive together）。這裡清晰表明「人為適應環境而合力奮鬥」的原初意涵。質言之，「素養」最初是指人恰當應對情境之需要的綜合能力。它本質上是人的存在狀態（a state of being）或能力。（張華，2016）

> 素養與知識（或認知）、能力（或技能）、態度（或情意）等概念的不同在於，它強調知識、能力、態度的統整，超越了長期以來知識與能力二元對立的思維方式，凸顯了情感、態度、價值觀的重要，強調了人的反省思考及行動與學習。（柳夕浪，2014）

> 核心素養的內涵可以從三個層次上來把握：最底層的「雙基指

向」，以基礎知識和基本技能為核心；中間層的「問題解決指
向」，以解決問題過程中所獲得的基本方法為核心；最上層的
「科學（廣義）思維指向」，指在系統的學習中透過體驗、認
識及內化等過程逐步形成的相對穩定的思考問題、解決問題的
思維方法和價值觀，實際上是初步得到認識世界和改造世界的
世界觀和方法論。（李藝，鐘柏昌，2015）

「核心素養」不是一個種概念，而是一個類概念，或者說它是
一個族詞。重要的是，我們不必糾纏於素養是或不是那個單
詞，而是要去思考該詞在語義與語用層面的問題，即這些詞都
在說些什麼或在什麼背景下描述什麼。我們從competency、
literacy、ability、skill、capability，還有accomplishment、
attainment、quality等詞種可以解讀出其答案。其實，它們都
在回答同一個問題，即如何從學生學習結果的角度來回答未來
社會所需要的人才是怎麼樣的。措詞不同只是作者、語境、語
用的差異，這種差異是形式上的，但是其實質是相同的，用鐘
啟泉教授的話來說，就是回答「如何描述新時代新型人才的形
象，如何解讀新時代期許的『學力』與『學習』」。（崔允
漷，2016b）

這幾個關於「素養」的陳述非常清楚，角度新穎。不可置否，這種
定義方式是必要的。因為按照一般的理性思維，只有弄清楚了這個話
語概念的具體內涵，所有關於課程改革的討論才有一個共同的起點和
平臺，也有利於進一步制定具體的課程內容、教學實施和評估方式，
比如林崇德教授團隊進行的關於二十一世紀學生發展核心素養的研
究，正是推動了中國素養課程的改革。因而，弄清楚「素養是什麼」
這個問題，對於當前的課程改革、調控和實施有其必要性和重要性。
但上述陳述是在闡發「素養」本身的文韻嗎？張華教授從competence或
competency的詞源學解釋的是這兩個英文詞的內涵，並不是漢語「素
養」的內涵，是預設了「素養＝competency」的概念轉換。柳教授給

出了一個素養的外圍統整的概念，表明了素養的特徵（超越了長期以來知識與能力二元對立的思維方式），卻沒有考量它本身的文化言說。李、鐘兩位教授分析了素養可有的內在結構，而崔教授關注的是核心素養的語用邏輯，即核心素養該培養什麼樣的社會所需人才。通讀林教授團隊（2016）的素養研究報告《21世紀學生發展核心素養研究》，也未見其對於素養＝competency的思維方式做出任何批判。

從這些表述方式來看，「素養」已成為一個概念符號，它所指的東西變成了「素養」在我們腦子裡的一個概念（idea），一個透過語法和句法所表達和陳述的東西。當我們說「素養就是competency」時，就有了「素養＝competency」這樣的對應，也就是一個idea和另一個idea之間的關係。按照這種現代概念性語言的思維方式，我們視「素養」為一個概念符號，往裡添加西式諸如competence、skill、ability、literacy等等內容，說著關於「素養」的種種話語，卻忽略了「素養」本土的言說，上述所說的內容也可以完全適用到另一個話語如「素質」。因而「素養」的意義總是飄忽不定，成了「一個讓人歡喜讓人憂的概念，人人都在『似懂實不懂地』言說著它」（崔允漷，2016b）。

筆者認為，這個有趣的「素養＝competency」話語現象背後，其實體現了全球化話語語境下中國的課程改革（和整個學術界）正面臨著一個語言（思維）困境，這個困境制約著我們當前課程改革的整個路向是不停地追逐著國際化的步伐。從二十世紀以來，我們的話語被逐漸地西方化，我們說著那些原本不屬於我們的詞彙，不斷的構造新的詞彙來輸入西方的概念和術語。比如說，負責中國學生核心素養研究的林崇德團隊（2016: 186）在最新出版的研究報告書中指出，在徵求廣泛的素養意見時，調查問卷實則借鑑了五大國際組織和八個國家與地區提出的32項核心素養指標，並以此框架來分析大陸35門現行課程標準中的素養指標及其內容，同時加進了一項具有中國特色的西方文本中沒有的「價值觀」指標。這種西方內容＋中國價值觀的思路，是漢語「素養」的內涵嗎？

在過去的幾十年裡，大陸學者，特別是一些具有跨文化、跨學科視角的海龜學者，日漸關注「語言」作為文化殖民和霸權的主要表現形

式，並開始重新思考挖掘「文化自覺」的種種可能。比如，張祥龍教授（2013）（最開始研究Heidegger思想和中國天道）認為「漢字是中華文化的生命線」（p.70），而新文化運動時期用拉丁文取代傳統漢字的主張和之後的漢語拼音化的做法實則割裂了民族傳統文化的生存，廣義的新文化運動實際上接受了傳統西方的二分法思想方式（dichotomous way of thinking），實現了「變相的思想專制」（p.68），造成了世界文明史上罕見的民族「文化自戕」（p.65）。也就是說，從那之後，我們不自知地陷入了現代概念化思維的泥沼而不能自拔。透過重新關注漢語語言文字的本體言說，張祥龍教授挖掘了具有中國文化特色的「孝時間和孝意識」思維。

在教育領域，儘管有語言本體視角的研究還不多，但一直以來，吳宗傑教授和施旭教授（英語教學研究背景，也是本文第一作者在浙江大學工作時的導師和同事）分別透過Michel Foucault 和Critical Discourse Analysis（批判話語分析）的視角批判中國當前教育話語的西化和被殖民化，提倡「文化話語研究」（cultural discourse studies）的必要性和重要性。吳教授（Wu Z., 2011, 2014）呼籲一種新的語言或意義生成方式（如：「代聖人言」）來重新挖掘儒家教育思想；而施旭教授（Shi-xu, 2005, 2014）透過創辦中英文學術期刊、舉辦「當代中國話語研究」年會和三年一屆的多元話語國際研討會，一直倡導多元文化平等和中國話語研究的新範式。本文第一作者有幸得到上述兩位以及美國University of Wisconsin-Madison的Thomas Popkewitz教授分別在話語研究和課程研究領域的悉心指導，正努力從語言本體（視語言為文化思維方式的最主要承載）的視角來考量全球化下中國教育思維方式的歷史嬗變和新的可能性（Zhao, in press, forthcoming, under review a, under review b）。在此基礎上，筆者提出以下的思維範式轉變。

## 肆 思維範式轉換：「素＋養」作為身體思維的重新挖掘

「素養」是帶有東方文韻的話語，是英文單詞competency、skill、literacy等無法傳達的文化韻味，那麼我們該如何重新挖掘「素養」的本土文化韻味呢？

針對現代概念性思維的桎梏，Foucault（1973）和Heidegger（1975）做出了讓話語回歸語言本體的嘗試，這種嘗試是「透過巧妙地分析、使用習以為常的話語去顯現語言原初的本體文韻，因而有必要進行逆向思維：從各種觀點、哲學思想、甚至包括科學理論等往後追溯到那些使上述種種觀點、思想、理論成為可能的根基性詞和語（words），甚至更進一步追溯到一種（原初的）思想或思維模式，一種還沒有陷入（現代）語法桎梏的思想或思維方式」（Foucault, 1973, p.298）。從操作層面而論，需要「打破固有的句法，破碎壓制性的言說方式，顛覆詞語的約定俗成的意義，以覺察到他們真正原初的所有文理和韻味。」（同上）

比如，在《關於科技的幾個問題》的文章中，Heidegger（1977）把technology這個詞回歸到古希臘的techne 詞根，指出後者言說著一種本體意義上的「自然顯現」的韻味。按此來說，自然界或物理世界（physics）本身就是至高無上的techne 的存在和表現形式，比如花兒的自然開放顯現，而人與這些自然界的事物和諧相處並相護感應融合著。Heidegger進一步指出，所有的事物包括人都是「subject-being within the world」，沒有主體人（subject）作用於客體物（object）二分的工具利用關係，類似於中國傳統的天人合一自然觀。而現代啟蒙理性卻改變了人和物的關係，使得一切物體（包括人在內）都成為一個商業使用價值鏈的環扣，一種資源，一種等待著被使用、傳送和評估的資源。這種現代科技的「資本使用」關係體現在教育領域就是「終身學習型的社會」的建構，終身學習其實就是把人的一生作為可開發的資源加以看待，而且有這個必要把人的資源加以開發，並用工業可測量的方式

加以評核，然後運達到下一個目的地（Lewis, 2013）。總而言之，透過重新審視、質疑、打破日常生活中習以爲常的話語，Heidegger批判了整個西方主流哲學的根基，提供了一個質疑整個現代合理性的獨特的本體語言視角。

受此啓發，爲了重新挖掘「素養」的文化韻味，我們需要打破把「素養」作爲一個約定俗成的概念的慣用思維，可以從形式上把「素養」變成「素＋養」這種漢語作爲單音節詞語組合的結構形式，強化「素」和「養」本身的言說和意蘊，「養」是一種養成、培養、養育，「素」是一種本眞、自然的狀態，一種類似於父母養育孩子般地「身＋體＋力＋行」的實踐和修養，一種更接近於Wu Kuang-Ming（1997, 2012）說的中國式「身體思維」（body-thinking），即身體本體一直從事思維，思維即是身體本然之活動。思即身，體即思，「體思」體現爲中國之身體思維。這樣的「身體思維」更注重於人文情感理性，是一種身體的感悟和「心有靈犀一點通」的體悟，而不是一種基於概念和語法的意義生成方式。從倫理意義上來說，概念性思維注重「主語＋動詞＋客體」的一種doing方式，身體思維更注重「人＋人／物」的平等co-being（和諧共在）的方式。

其實，孔子的教育思想作爲中國整個教育思維的淵源根基是「身體思維」的最好的本眞體現。透過歷史考古研究，本文第一作者的博士研究（Zhao, forthcoming）發現，孔子對於教育的願景構建於《易經》中的觀卦以及「風行地上」的卦象，此卦描述天子祭祀和百姓圍觀的一片祥和景象。此卦本身與教學沒有直接的聯繫，但孔子做評時加入了「下觀而化」，把它轉化成了一個天子百姓間理想化、場景化的教學互動，即位於中正易位（具有德性）的天子「以身教化」圍觀的百姓，如「風行地上」般地無形無聲卻如沐春風。而這教和化是身體化的，是身心合一的體驗，是以身示範的，是身＋體的，而非現代意義上喋喋不休地說教。有了這樣的理解，我們可以更好地理解荀子《勸學》裡對於修身爲美七尺之軀的直觀描述：「君子之學也，入乎耳，著乎心，布乎四體，形乎動靜……小人之學也，入乎耳，出乎口；口耳之間，則四寸耳，曷足以美七尺之軀哉！」

結合以上兩部分，我們認為，儘管含有傳統韻味的「素養」話語機緣巧合地重新出現在我們面前，但「素＋養」所承載的傳統身體思維的文韻並沒有得到彰顯，儘管《中國學生發展核心素養》文本聲稱呼應「以德樹人」和「治學、修身、濟世的文化傳統」的「民族性」本土文化政治要求，但只是停留在話語形式上。換言之，當今的大陸核心素養改革面臨著思維上的混淆和困境，釐清它，需要我們更好地思考以下問題：在「素＋養」作為身體思維關照下，諸如「人文情懷、情趣、欣賞、熱愛自然、孝親敬長、感恩」等品性和德行該如何去「修養」＋「養成」呢？該如何去融合或超越「素養」作為概念和認知層面的「認識、理解、掌握」而達到「體悟、感悟」呢？更進一步說，如果我們把前者看成一種「人＋人／物」的平等co-being（和諧共在）的存在方式，而後者是體現「主語＋動詞＋客體」的一種doing方式，那麼前者的co-being該如何超越後者的doing？借用Huebner的課程創新需要一種新的課程語言的思考，作者認為，儘管大陸在政策層面上不同於以往一味地追求和仿效西方「理性」的課程理論和實踐，似乎更加重視、關注和力圖挖掘中國教育的人文理性，但關鍵在於缺少一種「語言」去表達和呈現中國教育「人文精神」，比如「身體思維」的「素＋養」。

　　無獨有偶，大陸2016年新版小學德育教材也努力引入了中國傳統的天人合一觀，即人與人或人與自然之間和諧相處共在（co-being）的身＋體＋力＋行的具象實踐身體思維。作為一種德行實踐，「和諧相處共在」可以看成是「素＋養」的一種身體思維表現。

## 伍 「素＋養」作為身體思維的課程設計：2016年大陸人教版德育教材分析

　　新中國小學階段的德育課程自1981年正式開始實施，迄今已走過35個年頭，跟隨著大陸中小學課程改革的步伐，特別是2001年的跨世紀課程改革，小學德育課程的教學理念和指導思想由一開始的「空洞的道德說教」轉變為「回歸孩子的生活實踐」，兒童的道德主體身分

建構也由「會許下諾言的動物」回歸到「過好自己的生活的道德人」（孫彩平，2016a）。與此對應，教材的主要內容由宏偉遠大的榜樣故事（如：雷鋒、周恩來等榜樣人物）逐漸轉變爲兒童現實的生活事件，用生動活潑的圖文形象引領兒童領悟、品味和實踐具有德性的日常行爲和品格。同時，教材的編寫也出現一綱多本的局面，比如，根據大陸教育部2002年頒布的《全日制義務教育品德與生活（社會）課程標準（實驗稿）》編寫的就有15套小學課本（1～2年級的《品德與生活》和3～6年級的《品德與社會》），於2003年秋進入了課堂。這標誌著小學德育課由原來的學科課程改爲綜合課程，教材的設計方式和根本思路發生了重大轉向，生活化、活動性與綜合性成爲2003年教材的普遍特點。

2011年，大陸教育部頒布《全日制義務教育品德與生活（社會）課程標準》修訂稿，並要求各出版社按課程標準修訂稿修改教材，特別委託魯潔教授主持編寫一套小學品德課程教材，反映十年課程改革成果，由人民教育出版社出版，本文第二作者直接參與並負責小學1～2年級的《品德與生活》的編寫。此套教材已於2016年秋全面投入使用，並且改名爲《道德與法治》。據魯潔教授（2016）介紹，此套教材編寫依據學生心理發展水平和認知特點，課文內容與兒童生活緊密相連，按照自我─家庭─學校─小區（家鄉）─國家─世界的順序，由近及遠地設計了「我的健康成長」、「我的家庭生活」、「我們的學校生活」、「我們的小區與公共生活」、「我們的國家生活」、「我們共同的世界」等六個領域，採取循環往復、螺旋遞進的呈現方式來強化教育效果，並設計多種活動形式，促進學思並舉、知行合一，引導學生從不同角度、不同側面感悟和踐行核心價值觀。它的主要特色是「有機結合中小學學生生活經驗，從現實問題入手，以案例爲依託，突出正面引導，讓學生體會到法治讓生活更美好」。

正如Michael Apple（2000）所言，任何官方教材都是政治意識形態及權力關係抗爭的體現，此套《道德與法治》教材也不例外，但是，拋開政治意識形態的層面不說，由於參與教材制定的學者們的種種努力，此套思想品德綜合性教材成功引入了中國文化元素，比如道家人與自然的和諧人文生態觀，旨在凸顯中國傳統人文理性，以此抗衡西方

強大的科技工具理性，比如，主體＋客體的二分思維。而引入中國人與自然以及人與人之間的和諧觀，可以「引領兒童突破孤立自我的巢穴，形成與世界共在的觀念，透過深入理解生活的文化歷史內涵，使兒童成爲與世界和他者共在、有文化歷史感的人」（孫彩平、趙偉黎，2016）。從這一點來說，最新的德育課程改革和教材的制定，與中國學生發展核心素養對於「人文品格」元素的強調不謀而合，是在全球化的語境下對本土文化的要求，以增強中國教育的軟實力和國際競爭力。

「與世界和他者共在」可以說是中國傳統天人合一思維的現代表達，可以說是「素＋養」作爲身＋體＋力＋行的身體思維的一種元素，是把德育看成一種生活實踐智慧養成（孫彩平，2016b）的最完美呈現。鑑於此，以下部分以一年級下學期的「人與自然」這個單元爲例，進一步闡明「素＋養」作爲一種「身體思維」的課程內容設計的可能性，探討概念思維「素養」和文化身體思維「素＋養」的碰撞、衝突和交融。

## 「素＋養」關照下的「和……共在」（co-being with）

與2003年前的教材相比，此2016年版新教材沿襲2003年之後教材編寫的兩大宗旨來創建一個co-being的空間。首先，教材爲兒童創造一個自己的文化生活世界。從教材的設計上，由原來的英雄神話轉向孩子們的現實生活世界，由原來的課文插圖轉向圖文並茂的敘述風格，透過情境圖表達「圖說」方式，利用卡通人物、同齡兒童的人物形象，採用兒歌、歌謠或謎語的文字體裁，使教材洋溢著濃厚的童趣和童眞，設計的活動也都是兒童喜歡參與的形式，如：猜謎語、唱兒歌、探祕發現或故事會。

其次，教材成爲與兒童對話的、有待兒童參與的開放式文本。比如，教材採用了接近兒童語言的提問設計，採用了卡通形象的主持人設計，使得「教科書在兒童面前就像一個跟他進行對話的另一個人，它不是一個客觀的對象，一個與兒童毫不相關的『他』，而更像是面對著兒童說話的『你』」。這徹底改變了以往獨白式的敘述方式，改變了教科

書權威知識發布者的模式。因爲透過對話，教材「文本中的兒童不斷地走向教室中的兒童，並提出一個又一個問題，爲了要理解、回答這些問題，（教室中的兒童）就必須理解教科書給出的準備性知識，同時也必須對自己的生活經驗進行反思和整理」（魯潔，2003），從而實現兒童意義世界的建構。另外，教材採用了留白設計，即爲教室中的兒童充分實現與教材中的兒童的深度對話，教材流出了一定的空白，方便教室中的兒童書寫自己的感受、看法、建議，展示自己的作品，記錄自己的觀察等，使教材成爲一個等待兒童帶著自己的思想與生活加入的開放式文本，只有教室中加入兒童生活後，才算眞正完成。在這個意義上，教材不是要教給兒童什麼固定的知識，而是要與兒童一起推進生活的日趨完善。

一年級的教材共有八個單元，依次爲：「我是小學生啦」，「校園生活眞快樂」，「在家安全又健康」，「天氣雖冷有溫暖」，「我的好習慣」，「我和大自然」，「我愛我家」，「我們在一起」。其中，「我和大自然」是一下的第二單元，包括「風兒輕輕吹」、「花兒草兒眞美麗」、「可愛的動物」和「大自然，謝謝您」四個部分。下圖爲「風兒輕輕吹」的圖像文本。

與上述的教材宗旨相符，此教材的文本話語有以下兩個特點：首先，教材文本話語是多感官體悟的。比如，「和風兒一起玩」描述了以下景象：孩子們在湖畔邊的綠草地上放風箏，跑著玩玩具風車，吹彩色肥皂泡泡，聞花香，扔擲飛機等歡樂玩耍的畫面。彩色圖片從感官上讓人耳目一新，它帶動和激發孩子們的各種感官去「色香味」地觀察和體悟大自然的五彩斑斕。一句「花兒好香啊！」刺激了孩子們的嗅覺，放風箏的小女孩的問題「在哪兒飛得更高呢？」很自然地把孩子們的目光順著她手上的風箏線一直往天空上引。也就是說，孩子們一打開書，從感官上就被這圖片吸引了，不經意間就開始回答書中小朋友的提問。在此意義上，教室裡的兒童和書本裡的兒童之間建立了一個共處互動的空間，一種人與自然畫面間的賞心悅目的美學享受。

　　其次，「和風兒一起玩」打破了伴隨概念性思維的「主體＋動詞＋客體」的二分工具理性，取而代之的是一種ethical co-being with，一種此時此地的encountering（境遇），一種以存在和共在為意義本身的教育活動。不同於西方把大自然看成是人類可以挖掘和利用的資源和對象，「和風兒草兒一起玩，草兒也有生命，和晨霧一起散步，我和樹葉輕輕唱，星星眨著眼睛靜靜聽，天上的白雲是大自然的語言，大自然在水面寫著：春天已到人間」等等話語，傳達和承載著中國傳統的天人合一、人與自然和諧相處的生態宇宙觀。

　　這兩個特點可以透過Huebner的五種課程語言思維價值觀中的esthetic（美學欣賞性的）和ethical（情感倫理性的）的價值觀來進一步闡述。Huebner認為，美學欣賞是沒有使用價值和工具意義的，是超越了現實世界生成的一種可能，一種在不經意間自發性地捕捉，在現實生活中是常常流失的。「和風兒草兒一起玩，草兒也有生命，和晨霧一起散步，我和樹葉輕輕唱」等等話語，更多地展現了人與自然和諧美妙相處，與現實教育所倡導的「考試實用性」沒有關係，因而在教育活動中，老師往往會忽視其美學價值，而讓學生回答「圖片裡都有什麼呀？請小朋友讀一讀這些句子」，後者一不小心就侷限在認知的緯度，視覺上匆匆忙忙地找答案和朗朗地閱讀等外在的學習任務，可能會阻礙孩子們全身心的投入和「體會」五彩斑斕的感官享受。因為美學需

要距離，教育活動中的美脫離並超越現實世界的生產、消費和目的，因此，教育活動本身的美感需要從它的完整性、平衡性、設計整體以及平和滿足等視角來品味（Huebner, 1966/1999: 109）。

倫理情感價值（ethical valuing）指教學活動中人與人或物之間encounter（境遇）的價值，是教育活動或行為本身的價值，不是為了實現別的目的或價值所帶來的價值。Huebner（1966/1999:110）認為，教育的意義即在於人與人或人與物之間的encounter發生本身，它不把學生當成一個對象或物體（object or it），而是一個同伴（fellow being），一個活在當下的人或「thou」，老師和學生或同伴間的和諧共處共在是基於「團結友愛」（fraternity），而不僅僅是「建立平等關係」（equality）。當教育活動被看成是人與人或人與物之間的純粹共在encounter時，沒有thing（物體）或概念的障礙，沒有任何目的會分割他們的共處「之間」的關係，它們可以走進彼此和諧共在。教育活動本身，其中人的參與、互動和共存就是教育的本體（being），教育即生活存在本身（life），它的意義在教育生活（教室）中得到生成和飽滿。

「和風兒一起玩」的設計正是希望孩子們在與大自然的互動中感受大自然，在身體與風兒的接觸中感受與理解風，在走入大自然中感受與理解花草和自己的關係，把瞭解、親近、審美、being-with自然等等融合在一起，learning的意義生成與encountering本身同步。對於以邏輯思維為主導的西方人，「和風兒一起玩」只是一種擬人式的話語修辭方式，和「勿入草坪，小草也有生命」這樣的公園告示話語一樣，聽起來是有點怪異的（Zhao and Sun, under review）。儘管當今的世界極其需要一種和諧生態觀，但中國這種傳統生態和諧共處觀很難成為國際性的主導話語，在傳統身體思維的話語正被強大的現代思維所取代的中國也是如此。在第一部分的分析中，已經可見一斑。

那麼，當我們已習慣於西方化的科學理性概念化思維時，當我們已習慣於按照固化的泰勒模式（按照goal－content－activity－evaluation順序）來設計和實施我們的教學時，我們該如何在課堂上教導、培育、評價學生是否獲得諸如「人和自然或人與人的和諧共存觀（co-being）」等素＋養的實踐智慧呢？

## 陸 「素＋養」作爲身體思維的教學挑戰：從知識的傳遞到「身體互動」的關注

以下我們進一步思考「素＋養」作爲身體實踐智慧的可教性、可學性和挑戰。思考如下幾個問題：在「素＋養」作爲身體思維的關照下，諸如「欣賞和感受自然的美」（「人與自然」單元教學目標之一），品性和德行該如何去「休養」＋「養成」呢？該如何去超越「素養」作爲概念和認知層面的「認識、理解、掌握」，而達到「素＋養」作爲身體思維層面的「體悟、感悟」呢？換句話說，教材設計中所蘊涵的人與自然／他人和諧共存（co-being）的課程理念，如何能夠在教學活動中實現？

2016年版一年級的德育教材於2015年秋在不同的學校試教，本文分析「人與大自然」這個單元的幾個教學影片發現，教學確實注重多感官活動的設計，比如，老師說「風姑娘」藏在圖文並茂的教科書的幾幅畫裡了，讓學生們仔細看圖把「風姑娘」找出來，透過「聞到花香」推斷風姑娘的存在，以加深對風的感知，然後又讓同學們離開位置找出藏在教室的前、後、左、右、上、下，還有窗戶外邊的「風姑娘」，同時讓同學們「靜靜地仔細傾聽風鈴悅耳的聲音」，讓他們走下座位，走出教室，走出課堂，充分調動感官，看一看，聽一聽，摸一摸，去觀察、感受與風有關的生活現象。同時，老師利用多媒體播放大自然中「風」的片段，如「海上的帆船、茫茫戈壁灘上的風車」，讓大家一起「欣賞」大自然的風。

課堂活動的安排，特別是讓學生們「走進課本和生活中尋找風」，使得學生可以跟課本圖畫進行開放式對話，從而又可以主動參與生活世界，密切觀察生活中的自然現象。讓孩子聆聽風中的鈴鐺聲更是打開了孩子們的聽覺，讓他們與周邊的環境作更多地互動，教學活動變成了孩子們之間以及孩子和外部環境之間的encounter，在發現、感知中生成

一種共存共在的快樂。然後需要注意的是，不能把尋找風的活動變成一個僅僅是主體人找到客體物的行為動作，而需要增加一些「人與風」之間的互動關聯和相互感受。也就是說，「欣賞」大自然的美景不能只停留在認知的層面上，要推進到一種人與自然身心的感知和享受，而這也許是在課堂教學中透過一起觀看多媒體的幻燈片所不能迅速有效地達成的。

如此看來，上述活動中的感官活動皆具有認知和體悟的雙重可能性，譬如，「找出風姑娘、聞到花香、靜靜地仔細傾聽風鈴悅耳的聲音，看一看，聽一聽，摸一摸，去觀察、感受與風有關的生活現象、欣賞大自然中的海風輕拂海面，戈壁灘上的風車」等等話語行為，皆有「主語＋謂語＋客體」的一種概念性思維和「人＋人／物」的平等co-being as doing（和諧共在）的身體思維方式，兩種思維其實混雜不清。在以老師為主導的課堂傳授中，「這是這麼？」「那是什麼？」這樣的提問方式置孩子們於被動的聆聽和回答問題中，可能不能讓孩子們享有學習自主體驗的快樂，並真正融入到快樂的活動享受過程中。

為了真正地促成從概念性思維到身體思維的轉換，歐用生教授（2015: 17）借鑑了Diller（2004）的深度的聆聽和凝視的理念，這種看見不僅只是用耳朵聽，而是包含整體的知覺，所有感官都打開而且活用，眼、耳、鼻、舌、身體、心都成為接受的、開放的狀態，為愛的可能性開放自己。這是一種對立感官的和諧（synaesthesia）。歐教授認為，「學習是在身體的交互性（reciprocity）和關係性（relationality）中產生的，是師生間、同伴間的共同旅程，也是共舞的過程。在此，個人獨特的舞步只有陌生人，如他人、教材或文本交互作用時，才能完成；而獨立只有經由交互依賴（interdependence）才有可能」（2015: 17）。因此，他呼籲讓「身體」與「學習」相遇，讓「身體」擁抱「學習」。基於佐藤學對於「主動的互相聆聽」和「身體置位」在建構學習共同體的重要意義的理解，歐教授認為，擅於營造和諧的師生互動氛圍的老師都「善用身體和五感……虛懷若谷的傾聽……（他們）的身體、姿態、表情和語言與每個兒童思考的起伏變化相吻合，絲絲入扣；師生間的呼吸合為一體，構成柔軟、明澄的互學關係」（2015:

10）。

## 柒 結語

　　以大陸最新的「核心素養」課程話語為切入點，本文指出，大陸在追逐教育全球化的同時，力圖挖掘中國教育的本土人文理性，卻面臨思維和實踐的雙重挑戰，具體體現在「素養＝competency」的慣常現代概念思維，以及在具體教學中把「素養」等品格看成知識來傳授。借鑑後現代思潮把話語看成思維方式的啓示，本文作者提出「素＋養」作為一種身體思維的建議，擱置「素養」作為概念的桎梏。同時透過大陸最新的德育教材和具體教學文本的分析，呈現「人與人或自然和諧共在」的和諧品格價值觀的具體設計和教學面臨的挑戰，呼籲課程理論工作者和一線教師更加關注「身體」思維以及「身體」在教育中的本體性。

## 參考文獻

蔡清田（2014）。國民核心素養：十二年國教課程改革的**DNA**。臺北：高等教育。

蔡清田（2016）。核心素養在臺灣十二年國民基本教育課程改革的角色。全球教育展望，**45**(2)，13-23。

崔允漷（2016a）。追問「核心素養」。全球教育展望，**45**(5)，3-10。

崔允漷（2016b）。素養：一個讓人歡喜讓人憂的概念。華東師範大學學報，**1**，3-5。

道德與法制（2016）。人民教育出版社。

李藝、鐘柏昌（2015）。談「核心素養」。教育研究，**428**(9)，17-23。

林崇德主編（2016）。**21**世紀學生發展核心素養研究。北京師範大學出版社。

柳夕浪（2014）。從「素質」到「核心素養」：關於「培養什麼樣的人」的進一步追問。教育科學研究，**3**，5-11。

魯潔（2003）。回歸生活：「品德與生活」「品德與社會」課程與教材探尋。課程·

教材‧教法，**9**，2-9。

魯潔（2016）。道德與法制教材：系統設計法治內容，促進學生「知行合一」。載於人民日報，2016年9月1日，新學期新教材：新編語文歷史道德與法制教材投入使用。記者（張爍）。

歐用生（2015）。讓「身體」與「學習」相遇：教師身體在分組學習上的應用。載於張新仁（主編），中小學教學改革（頁3-20）。臺北：五南。

孫彩平、趙偉黎（2016）。在「過好自己的生活」之後：深化小學德育課程與教材改革的新思路。華東師範大學學報（人文社會科學版），**1**，24-30。

孫彩平（2016a）。小學德育教材中兒童德育境遇的轉變及其倫理困境。華中師範大學學報（人文社會科學版），**55**(3)，162-170。

孫彩平（2016b）。小學品德課程核心素養芻議：一個實踐哲學的視角。中小學德育，**9**，9-13。

張華（2016）。論核心素養的內涵。全球教育展望，**45**(4)，10-24。

張再林（2010）。吳光明「中國身體思維」論說。哲學動態，**3**，43-49。

張祥龍（2013）。復見天地心：儒家再臨的蘊意與道路。北京：東方出版社。

中國學生發展核心素養記者發布會（2016）。於2016年9月13日從網頁http://www.jyb.cn/basc/sd/201609/t20160914_673105.html 下載。

Ames, R. 1993. The meaning of body in classical Chinese thought. In T. P. Kasulis, R. Ames & W. Dissanayake (Eds.), *Self as body in Asian theory and practice* (pp.39-54). Albany: State University of New York Press.

Apple, M. (2000) *Official Knowledge: Democratic Education in a Conservative Age*. Routledge.

Diller, A. (2004). The search for wise love in education. In Liston, D. & J. Garrison (Eds.). *Teaching, learning, and loving: Reclaiming passion in educational practice* (pp.169-184). N. Y.: Routledge Falmer.

Foucault, M. (1973). *The Order of Things: An Archaeology of the Human Sciences*. New York: Vintage Books. (Original work published 1966).

Hayhoe, R. (2014). Hopes for Confucian Pedagogy in China?. *Journal of Curriculum Studies, 46*(3), 313-319.

Heidegger, M. (1977). *The question concerning technology and other essays*. (W. Lovitt, Trans. with an introduction.). Harper Torchbooks.

Heidegger, M. (1975). *Poetry, language, thought*. (A. Hfstadter, Trans.). New York: Harper.

Huebner, D. (1966/1999) Curricular language and classroom meanings. In V. Hills (Ed.),

1999, *The lure of the transcendent: Collected essays by Dwayne E. Huebner* (pp.101-117). Lawrence Erlbaum Associates, Publishers.

Wu, K. M. 1997. *On Chinese body thinking: A cultural hermeneutic*. Brill Academic Publishing.

Wu, K.-M. (2012). Body-Thinking: From Chinese to global. *Open Journal of Philosophy*, *2*(2), 153-164.

Wu, Z. (2011). Interpretation, autonomy, and transformation: Chinese pedagogic discourse in a cross-cultural perspective. *Journal of Curriculum Studies*, *43*(5), 569-590.

Wu, Z. (2014)."'Speak in the Place of the Sages': Rethinking the Sources of Pedagogic Meanings." *Journal of Curriculum Studies*, *46*(3): 320-331.

Organization For Economic Co-Operation And Development [OECD]. 2005. The definition and selection of key competencies [Executive Summary]. Retrieved on August 3, 2016 from https://www.oecd.org/pisa/35070367.pdf

Partnership for 21st Century Skills. 2011. Framework for 21st Century Learning. Retrieved on August 5, 2016 from http://www.p21.org/our-work/p21-framework.

Shi-xu. (2005). *A cultural approach to discourse*. Palgrave Macmillan UK.

Shi-xu. (2014). *Chinese discourse studies*. Palgrave Macmillan UK.

Tero, A. (In press). Reactivating templates for international curriculum consciousness; Reconsidering intellectual legacies and policy practices between Chinese, Anglo-American and European curriculum studies. In C. L., John & K. Kerry (Eds.), *Theorizing Teaching and Learning in Asia and Europe* (in press). Routledge.

Zhao, W. & Sun, C. (Under review). 'Keep off the lawn; grass has life too!': Re-invoking a Daoist ecological sensibility for moral education in China's primary schools. *Educational Philosophy and Theory*.

Zhao, W. (Forthcoming). *China's Educational Language: Education, Curriculum, and Knowledge in a Cross-Cultural Context*. Routledge.

Zhao, W. (in press). Untangling the reasoning of China's National Teacher Training Curriculum: Confucian thesis, modern epistemology, and difference. In T. Popkewitz, J. Diaz, & C. Kirchgasler (Eds.), *A Political sociology of Educational Knowledge: Studies of Exclusions and Difference* (pp.195-209). New York: Routledge.

Zhao, W. (Under review a). Re-invigorating the being of language in comparative education: Unpacking Confucius' 'wind-pedagogy' in *Yijing* as an example. *Comparative Education*.

Zhao, W. (Under review b). Globalizing Discourse as Epistemicide: China's *Suyang* (素養) Curriculum Reform as an Example. *Journal of Multicultural Discourses*.

附錄一

中國學生發展核心素養框架圖，2016年11月15日從網頁www.tj21ms.cn/info/1016/8215. htm下載並已轉換成繁體。

| 三個方向 | 六大素養 | 十八個要點 | 具體內涵 |
|---|---|---|---|
| 文化基礎 | 人文底蘊 | 人文積澱 | 具有古今中外人文領域基本知識和成果的積累；能理解和掌握人文思想中所蘊涵的人士方法和實踐方法等。 |
| | | 人文情懷 | 具有以人為本的意識，尊重、維護人的尊嚴和價值；能關切人的生存、發展和幸福等。 |
| | | 審美情趣 | 具有藝術知識、技能與方法的積累；能理解和尊重文化藝術的多樣性，具有發現、感知、欣賞、評價美的意識和基本能力；具有健康的審美價值取向；具有藝術表達和創意表現的興趣和意識，能在生活中拓展和昇華美等。 |
| | 科學精神 | 理性思維 | 崇尚真知，能理解和掌握基本的科學原理和方法；尊重事實和證據，有實證意識和嚴謹的求知態度；邏輯清晰，能運用科學的思維方式認識事物、解決問題、指導行為等。 |
| | | 批判質疑 | 具有問題意識；能獨立思考、獨立判斷；思維縝密，能多角度、辯證地分析問題，做出選擇和決定等。 |
| | | 勇於探索 | 具有好奇心和想像力；能不畏困難，有堅持不懈的探索精神；能大膽嘗試，積極尋求有效的問題解決方法等。 |

（續上表）

| 三個方向 | 六大素養 | 十八個要點 | 具體內涵 |
|---|---|---|---|
| 自主生活 | 學會學習 | 樂學善學 | 能正確認識和理解學習的價值，具有積極的學習態度和濃厚的學習興趣；能養成良好的學習習慣，掌握適合自身的學習方法；能自主學習，具有終身學習的意識和能力等。 |
| | | 勤於反思 | 具有對自己的學習狀態進行審視的意識和習慣，善於總結經驗；能夠根據不同情境和自身實際，選擇或調整學習策略和方法等。 |
| | | 訊息意識 | 能自覺、有效地獲取、評估、鑑別、使用資訊；具有數位化生存能力，主動適應網路等社會資訊化發展趨勢；具有網路倫理道德與資訊安全意識等。 |
| | 健康生活 | 珍愛生命 | 理解生命意義和人生價值；具有安全意識與自我保護能力；掌握適合自身的運動方法和技能，養成健康文明的行為習慣和生活方式等。 |
| | | 健全人格 | 具有積極的心理品質，自信自愛，堅韌樂觀；有自制力，能調節和管理自己的情緒，具有抗挫折能力等。 |
| | | 自我管理 | 能正確認識與評估自我；依據自身個性和潛能選擇適合的發展方向；合理分配和使用時間與精力；具有達成目標的持續行動力等。 |
| 社會參與 | 責任擔當 | 社會責任 | 自尊自律，文明禮貌，誠信友善，寬和待人；孝親敬長，有感恩之心；熱心公益和志願服務，敬業奉獻，具有團隊意識和互助精神；能主動作為，履職盡責，對自我和他人負責；能明辨是非，具有規則與法治意識，積極履行公民義務，理性行使公民權利；崇尚自由平等，能維護社會公平正義；熱愛並尊重自然，具有綠色生活方式和可持續發展理念及行動等。 |
| | | 國家認同 | 具有國家意識，瞭解國情歷史，認同國民身分，能自覺捍衛國家主權、尊嚴和利益；具有文化自信，尊重中華民族的優秀文明成果，能傳播弘揚中華優秀傳統文化和社會主義先進文化；瞭解中國共產黨的歷史和光榮傳統，具有熱愛黨、擁護黨的意識和行動；理解、接受並自覺踐行社會主義核心價值觀，具有中國特色社會主義共同理想，有為實現中華民族偉大復興中國夢而不懈奮鬥的信念和行動。 |

（續上表）

| 三個方向 | 六大素養 | 十八個要點 | 具體內涵 |
|---|---|---|---|
| | | 國際理解 | 具有全球意識和開放的心態，瞭解人類文明進程和世界發展動態；能尊重世界多元文化的多樣性和差異性，積極參與跨文化交流；關注人類面臨的全球性挑戰，理解人類命運共同體的內涵與價值等。 |
| | 實踐創新 | 勞動意識 | 尊重勞動，具有積極的勞動態度和良好的勞動習慣；具有動手操作能力，掌握一定的勞動技能；在主動參加的家務勞動、生產勞動、公益活動和社會實踐中，具有改進和創新勞動方式、提高勞動效率的意識；具有透過誠實合法勞動創造成功生活的意識和行動等。 |
| | | 問題解決 | 善於發現和提出問題，有解決問題的興趣和熱情；能依據特定情境和具體條件，選擇制定合理的解決方案；具有在複雜環境中行動的能力等。 |
| | | 技術運用 | 理解技術與人類文明的有機聯繫，具有學習掌握技術的興趣和意願；具有工程思維，能將創意和方案轉化為有形物品或對已有物品進行改進與優化等。 |

# 全英語通識課程實施之回顧：以中部地區大學為例

洪美齡、陳振雄、郭欣茹、陳英輝

中國醫藥大學通識教育中心教授

中國醫藥大學通識教育中心教授

中國醫藥大學通識教育中心助理教授

亞洲大學外國語文學系教授兼人文社會學院院長

## 壹 緒論

　　全球化社會培養具有全球移動能力及國際視野的人才，已成為世界各國高等教育的首要目標。教育部自2004年提出「擴大招生外國學生來臺留學方案」，即指出面臨全球化及市場開放趨勢，我國高等教育必須朝國際化發展，提升國家競爭力。行政院隨之將「擴大招收外國學生來臺留學」列入「國家發展重點計畫」。2008年，行政院推動「萬馬奔騰」計畫，擴增青年國際交流機會，促成國內外學生進行交流、學習與深造，增加臺灣境外學生人數，加速高等教育國際化發展，同時提出強化「陽光南方政策」，希望倍增東南亞來臺留學生人數，及鼓勵境外學生來臺留學或研習華語文（教育部，2011）。2011年，總統府財經諮詢小組經廣泛交換意見，咸認為臺灣高等教育具輸出優勢，可朝加強全英語學程授課品質、建構友善國際化校園環境等方向推動（教育部，2011），而在同年末包含陸生就有42,440名國際學生來臺留學（陳

惠美、薛家明，2013）。事實上，在英語非母語的許多歐洲國家開設全
英語課程早已成爲一種趨勢（如Crystal, 2003；Ferguson, 2007）。國內大
學開設全英語課程的總數也逐年增加，在2005～2009的五年間就激增
至103.63%（李思允，2010）。本文將就中部地區11所大學，在教育部
補助之下，形成夥伴關係，建立合作平臺，藉由「通識教育全英語學
程」計畫的執行，歷經五年光景，已能達成實質教學成效的歷程做一全
面性回顧。

## 貳 文獻探討

　　根據廖柏森（2007）、李振清（2012）與林麗菊（2014）等學者的
看法，有效提升學生全英語課程的學習成效做法，包括學生在通識教育
之英文課程，透過分級學習，奠定日後全英語專業環境上課之基礎；教
師宜規劃師生活潑互動的授課內容來引導學生批判思考能力，同時提升
其英語表達及書寫能力；課程選材方面應多元化和生活化，期使學生具
備落實在國際社會的諸多參與能力。實證研究部分，從學生的觀點對全
英語課程的學習經驗大都抱持著正面的態度，也肯定自己英語能力有所
提升（Hung, 2009）。但部分學生指出，受限於自己的英語能力，在課
堂上無法做到高程度的理解學習內容（Chang, 2010）。Yeh（2012）的
研究中發現，全英語授課的教師會針對學生不一致的英語能力及上課態
度的積極／消極參與狀況，彈性使用中／英語言轉換與放慢講授速度來
幫助學生更瞭解教授內容。此研究中的部分教師指出，學科知識的學習
對英語程度及學習動機較低的學生會有不利的影響。謝尚賢（2007）強
調，無論中文或英文授課，運用影像或實務操作等資源來增加課堂上的
互動性，都可達到更好的學習成效。張育瑄（2015）的研究發現，教師
的教學信念深深影響自我的教學模式與風格，指出全英語課程應採用多
元的教學方式，注重學生課堂的反應與參與，擴大學生自主獲得知識的
能力。配合多媒體教學工具輔助專業內容說明，讓英語程度較低的學生
也能從中學習。

**研究方法**

　　本研究使用質性探究方法，蒐集的資料包括：(1)計畫成果報告，有中國醫藥大學及亞洲大學兩所計畫執行學校的年度成果。解析的項目如各夥伴學校每學期開授之課程、師資、學生組成、修課人數、戶外教學、以及國際日交流活動等，還有課程成效問卷，這是自第一年度開始，每學期之期中與期末請所有修課同學填寫。中國醫大的年度報告中，另有專案教師參與之教學討論會紀錄、校際教學研討會暨各校交流意見等；亞大則因已架設全英語課程與教學專屬網頁，可於網頁上瀏覽104學年度以來的相關資料。(2)訪談教學者與學習者，基於瞭解本地生、僑生與外籍生等不同文化背景之間的學習異同，研究者輔以立意取樣（包括本地生、僑生與外籍生）、面對面訪談中國醫大的修課學生，瞭解他們的看法與建議。研究者也邀請部分教師進行長期深入訪談（萬文隆，2004），透過相互主體性的對話關係來建構出共同理解（Van Manen, 1997/2004）的教學模式。整體而言，透過多元方法蒐集多樣資料，並持續交叉檢證（triangulation）（游美惠，2000），來確認中部地區大學在全英語通識課程的實施意義。

**肆 研究結果**

**一 計畫執行期程、開授課程與修讀人數**

　　大學通識教育旨在為大學生獲得正規專業知能之外，培養其成為修己善群、終生學習、術德兼修的健全公民，以達「全人」教育理念。國內大學通識教育的安排，除了基本之國文與英文訓練外，包括人文、社會、哲學、藝術、倫理、自然科學等現代公民應具備的知識及文化涵養，來因應未來社會變遷並邁向理想的人生。

　　2011年7月1日開始，中國醫藥大學與中區區域教學資源中心合力籌辦「全英語通識學程」。計畫執行期間有中區中國醫藥大學、大葉大學、靜宜大學、亞洲大學、逢甲大學、東海大學、中山醫學大學、暨南

大學、明道大學、中興大學、臺中教育大學等共11所學校形成夥伴關係。由中國醫藥大學負責全英語通識課程之規劃及開設,統合跨校資源進行校際分享,建立跨校全英語通識教育學程之策略聯盟及實施機制。

　　此計畫之推動目標在吸引外籍生至各校就讀,強化國際化學習,進而推動我國大學部學生共同修讀英語通識教育學程,期使增進本地生與外籍生之間的互動交流。跨校全英語通識課程的實質內容能與臺灣本土文化作適度結合,教學目標設定為:(1)增進本國學生對在地文化、社經議題的瞭解,同時培養他們英語表達與溝通的能力;(2)協助來自世界各地的外籍生、僑生對臺灣本地文化的認識與體驗。藉由英/華語溝通之雙向文化交流,訓練兼具國際觀與在地化素養的國際移動人才。中國醫大執行計畫的期間自100學年度下學期至103學年度下學期,104學年度起由亞洲大學承接,繼續執行全英語課程計畫。兩校執行期間開授課程的變動情形,現分述如下:

(一) 中國醫藥大學執行階段

　　100學年度下學期開設《新興科技與倫理》(外籍教師授課)、《臺灣傳統戲曲概論》、《植物之多樣性功能》、《從古蹟看臺灣史》、《臺灣電影與社會文化》及《臺灣政治經濟發展》等六門課程,這六門課程也由負責教授的專案教師編寫適用的教材。除前述課程之外,東海大學和逢甲大學另自行於校內分別開設《臺灣的古蹟與歷史》及《心理戲及自我成長》兩門課程,所以總計此學期在計畫補助之下共開設八門課程。

　　101學年度上學期開設《當代全球環境基本議題》(外籍教師授課)、《臺灣對外關係》、《臺灣宗教與文化》、《女性與臺灣社會》、《臺灣現代戲劇概論》及《臺灣生態系》,其中東海大學和逢甲大學另自行於校內分別開設《臺灣的古蹟與歷史》及《心理戲及自我成長》兩門課程,另中國醫大於本學期增設《花果的奧祕》課程,這三門課開放校際選課,讓學生可自由選讀,總計有九門課程的開授。

　　101學年度下學期於中國醫藥大學、亞洲大學、靜宜大學、中山醫學大學、大葉大學、東海大學、暨南大學、逢甲大學及中興大學等九校

開授五門課程：《臺灣傳統戲曲概論》、《從古蹟看臺灣史》、《臺灣宗教與文化》、《臺灣電影與社會文化》及《臺灣政治經濟發展》。另中國醫藥大學新增校際選課課程有《環境與防災》、《生活中的生物化學》、《生命與生物資訊》、《普通心理學》、《疾病與文明：傳染病、歷史、科學》、《生命、人性尊嚴與法律》及原本已開授之《花果的奧祕》。加上，東海大學和逢甲大學於校內分別開設《臺灣的古蹟與歷史》、《企業管理新知》、《心理戲及自我成長》三門課程，總計有15門課程。

102學年度上、下學期於11校開授原有課程之外，中國醫藥大學新增《科學發現的樂趣》、《戲劇表演賞析》、《都市、社會與空間》、《性／別與社會》、《音樂、語言與大腦》、《動物行為、演化與大腦》、《世界音樂》、《媒體、倫理與多元差異》、《媒體、民主與全球傳播》、《公共爭議與民主論辯》、《多元文化與語言發展》與《臺灣流行文化之全球優勢》等12門課程，但《科學發現的樂趣》並未提供跨校選讀。

103學年度新增《英文演說與溝通》、《臺灣地方戲曲欣賞》、《從臺灣看天下》等課程，上學期11校共開授26門課44班；下學期臺中教育大學未開課，其餘10校合計開授29門課40班。

## (二) 亞洲大學執行階段

104學年度轉由亞洲大學繼續執行，在總經費減少的情況之下，上學期11校補助開授16門課22班，下學期九校補助開授15門課22班。但是每個學校實際的開課數，通常會按照其開課需求，以校內經費支應或教育經費補助之下增開課程。各校於兩學期接受補助開授的課程，請參見表1與表2：

表1　104上各校接受補助開授之課程

| 學校 | 課程名稱 |
| --- | --- |
| 國立中興大學 | 女性與臺灣社會 |
| 國立臺中教育大學 | 臺灣流行文化之全球趨勢 |

（續上表）

| 學校 | 課程名稱 |
|---|---|
| 國立暨南國際大學 | 女性與臺灣社會<br>從古蹟看臺灣史<br>臺灣政治經濟發展<br>臺灣現代戲劇概論 |
| 中國醫藥大學 | 臺灣宗教與文化<br>生命、人性尊嚴與法律<br>動物行為、演化與大腦<br>都市、社會與空間<br>媒體、倫理與多元差異 |
| 中山醫學大學 | 音樂、語言與大腦 |
| 東海大學 | 音樂、語言與大腦<br>生命、人性尊嚴與法律<br>女性與臺灣社會 |
| 逢甲大學 | 臺灣當代文化之全球優勢<br>音樂、語言與大腦<br>臺灣現代戲劇概論<br>英文演說與溝通 |
| 靜宜大學 | 臺灣政治經濟發展<br>臺灣傳統戲曲概論 |
| 亞洲大學 | 臺灣宗教與文化<br>臺灣對外關係：1949迄今<br>音樂、語言與大腦<br>性／別與社會<br>生命、人性尊嚴與法律<br>臺灣傳統戲曲概論<br>媒體、倫理與多元差異 |
| 大葉大學 | 臺灣政治經濟發展<br>生命、人性尊嚴與法律 |
| 明道大學 | 臺灣地方戲曲欣賞<br>從臺灣看天下 |

表2　104下各校接受補助開授之課程

| 學校 | 課程名稱 |
|---|---|
| 國立中興大學 | 英文演說與溝通<br>媒體、民主與全球傳播 |
| 國立臺中教育大學 | 臺灣當代文化之全球優勢 |
| 國立暨南國際大學 | 從古蹟看臺灣史 |
| 逢甲大學 | 臺灣當代文化之全球優勢<br>**居住與城市研究**<br>英文演說與溝通 |
| 靜宜大學 | **健康與醫學** |
| 大葉大學 | 生命、人性尊嚴與法律<br>從古蹟看臺灣史 |
| 東海大學 | 生命、人性尊嚴與法律（兩班）<br>**夢與自我探索**<br>臺灣歷史與古蹟 |
| 中國醫藥大學 | 生命、人性尊嚴與法律<br>從古蹟看臺灣史<br>臺灣流行文化之全球優勢 |
| 亞洲大學 | 女性與臺灣社會<br>從古蹟看臺灣史<br>生命、人性尊嚴與法律<br>健康、環境、風險與法律<br>**全球公民與文化素養**（兩班） |

註：粗字體者為各校新開課程。

　　實際開課作業在中國醫藥大學執行計畫階段，由其他夥伴學校於每學期開學之前，就所提供之教授課程表單及上課時段中勾選，經彙整、協調再經加退選後確定出正式的開授課程。亞洲大學執行計畫階段，由各校在補助原則之下提出申請後正式開課。各校學生修讀情形，請參見圖1至圖9來瞭解各學期修課的變動情形。大體上，100學年度下學期至103學年度下學期，中國醫藥大學因執行計畫，加上修課採必／選修並行辦法，所以修讀人數比其他夥伴學校要來得多。綜合型大學則以東海大學、逢甲大學的修讀人數比他校多，但在104學年度亞洲

大學因執行計畫,增開多門課程,修讀人數明顯增加。

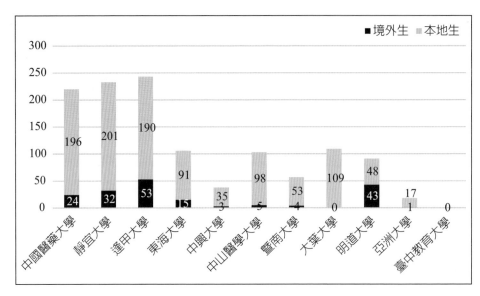

圖1　100下中區大學全英通識修課人數

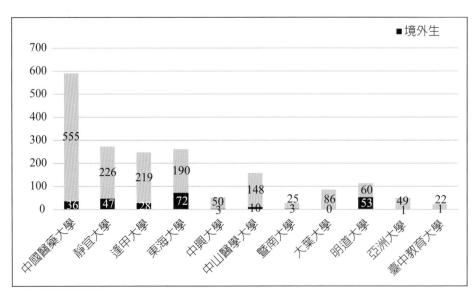

圖2　101上中區大學全英通識修課人數

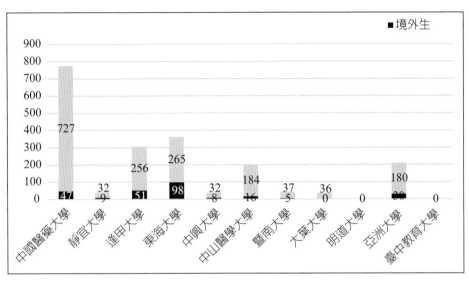

圖3　101下中區大學全英通識修課人數

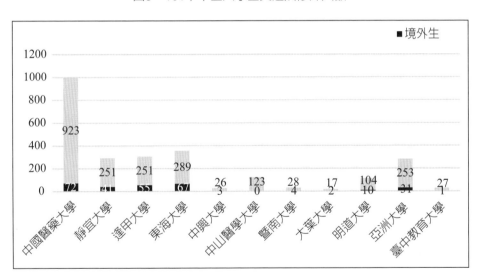

圖4　102上中區大學全英通識修課人數

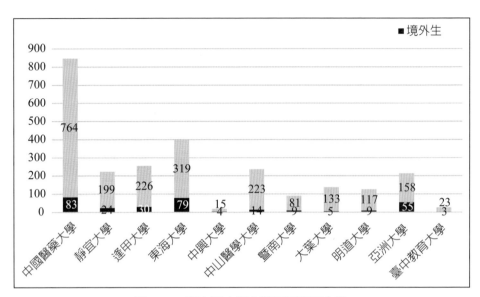

圖5 102下中區大學全英通識修課人數

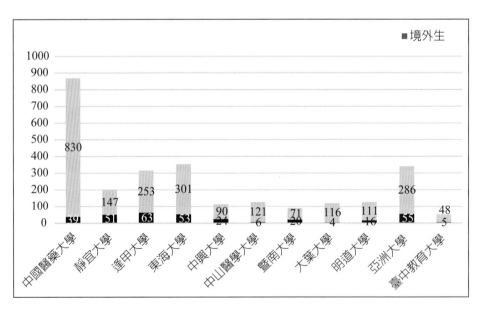

圖6 103上中區大學全英通識修課人數

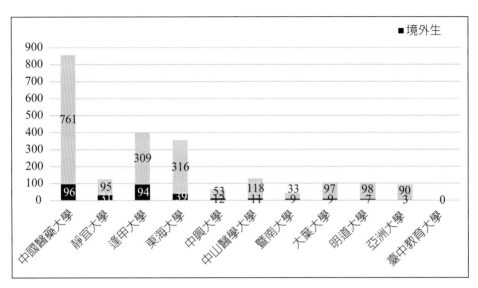

圖7　103下中區大學全英通識修課人數

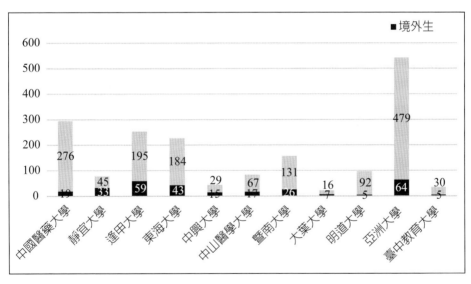

圖8　104上中區大學全英通識補助課程修課人數

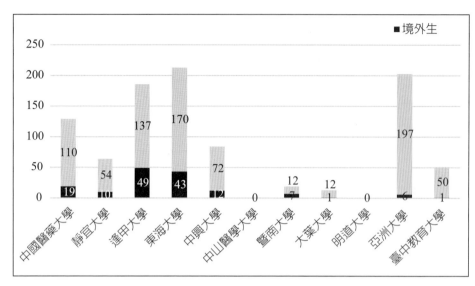

圖9　104下中區大學全英通識補助課程修課人數

## 二　師資來源、課程實施特色與教學策略

　　基於「全英語通識學程」計畫執行之開課所需，藉由教育部經費的補助，中國醫藥大學聘請六位全英語專任專案教師，計畫開始前兩年曾有兩位外籍教師，前面一位男性教師來自澳洲，後面一位女性教師來自美國。實際的授課方式是由老師移動至各夥伴大學授課，解決各校修課同學因需跨校選讀的交通及安全問題。

　　全英語通識課程在各校的開授方式是以選修為主，但兩個先後執行計畫的學校另有不同做法。中國醫藥大學係在100學年度上學期第一次校課程委員會議通過「大學部學生修讀全英語課程實施要點」，自101學年度起規定臺中校區的醫學系、中醫系及牙醫系等三系學生，於通識20學分之中，必須修習8學分之全英語通識課程，始可畢業，其餘各學系學生則採自由修讀方式。加上，為提供英文程度較好之大一新生有多元管道之外語學習途徑，特訂定「中國醫藥大學大一英文申請改修實施要點」，自101學年度起，符合校內《學生英文能力鑑定實施辦法》第四條第三款之校外檢測鑑定標準之大學部入學生，於入學前通過檢測鑑定標準者，可全學年改修英文進階課程或第二外語課程（如：日文、德

文、法文、西班牙語）；於入學後第一學期通過檢測鑑定標準者，可於第二學期改修英文進階課程。

由於有必修的規定，所以在前述各校修課人數之中，可看出中國醫藥大學有較多人數的修讀狀況，單單102學年度上下學期開課總數就高達16、15門。由於專任專案教師需輪流至其他夥伴學校授課，所以校內非專職於通識教育中心的專任及校外兼任教師（其中一位為美籍教師）多人支援全英語通識課程的授課，甚至在103學年度上學期李文華校長、黃榮村前校長、伍焜玉院士、賴明詔院士、周昌弘院士、劉扶東院士等也協同教授《科學發現的樂趣》課程。北港校區的學生英語改修進階課程的人數較少，所以大都由本校擔任全英語通識課程的專任教師前往開課。

104學年度計畫移至亞洲大學執行之後，由該校外國語文學系與通識教育中心組成合作關係，增開多門全英語通識課程，同時列為外文學系的必修課程，由外文系的同學來發揮帶動其他修課學生的參與。其他夥伴學校則各自就其學生修課需求的多寡，增加或減少開授課程。在計畫補助開課減少的情形之下，各校增開的課程大多由校內專任或兼任的教師或專案教師擔任教學。

計畫執行第二年就規劃要發展線上課程，但一直到104學年度才選定「臺灣宗教與文化」與「臺灣流行文化之全球趨勢」兩門課程（參見http://flts.asia.edu.tw/General%20English/Chinese%20(E)/Chinese/磨課師.html），後續並鼓勵中區各校提出申請，能開授更多翻轉課程。

全英語通識教育課程內容的規劃重點，一方面希望能增進國際學生對臺灣文化、社會、哲學、藝術、倫理與科學的廣泛瞭解，另一方面也提供臺灣本地學生透過語言訓練與認知角度的切換，從不一樣的視角認識臺灣，開拓學生視野及提升學生國際化學習能力。由於現成且適用的教科書難尋，所以自100學年度下學期第一次開課時，全英語之專案教師依開課課程各撰寫符合課程所需之教科書，總計六本教科書，分別為：《新興科技與倫理》、《臺灣傳統戲曲概論》、《植物之多樣性功能》、《從古蹟看臺灣史》、《臺灣電影與社會文化》及《臺灣政治經濟發展》。101學年度上學期又編寫六本教科書，分別為：《當代全球

環境議題》、《臺灣對外關係》、《臺灣宗教與文化》、《女性與臺灣社會》、《臺灣現代戲劇概論》、《臺灣生態系》。由教師自行編寫之教材數，兩學期共為12冊。此後，在經費許可下也持續修訂教材內容。

全英語專案教師除以講述法授課之外，另輔以影片引導、編製教學簡報檔、小組討論等方式來深化學習。重視學生母語差異與不同文化背景，激發學習動機，進行實質交流，除增長課程內容之理解程度，又能提升相互母語的使用能力。其他的教學策略有：在中國醫藥大學執行時，以結合臺中特色景點與學校在地文化資源特色如臺中自然科學博物館、北港媽祖宗教文物資料館等學習資源進行實地考察，或配合課程內容進行臺中市政府、立法院等政經相關機構之參訪，讓學生與市長、立法委員有直接對話、請益的機會。移至亞洲大學執行之後，特色景點就由中部地區擴展出去，北及桃竹苗一帶、南入雲嘉南一帶等地區。年度的國際學生日（通常於春夏之際舉行），由中區各夥伴學校輪流主辦，不僅讓本地生和境外生（無論修課與否）有機會交流，更可輪流至不同學校瞭解不同校園的特色。國際學生日除集合境外生和有意願參與的本地生，共同參與主題活動和相關的學習活動，如邀請「布袋劇團」做主題演出，並舉辦園遊會，也曾舉辦故宮南院一日遊。

### 三 學生習得的知能與對課程的建議

全英語學程計畫一開始就設定本地生與境外生都有修讀的需求，從實際訪談中國醫藥大學的修課同學，瞭解到本地同學修讀全英語課程的目的通常是希望能增進自己的英文能力，但在境外生部分，外籍生與僑生對於聚焦臺灣的課程內容皆表達修課能幫助他們從各種角度來認識臺灣。其次，外籍同學由於中文程度較為不足，比起僑生更有選讀全英語通識課程的意願與需求。

從每學期各校學生填寫的問卷中，彙整出課程修讀對他們增長的知識與能力，可分成下列三大部分來瞭解：

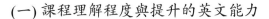
## (一) 課程理解程度與提升的英文能力

絕大部分的學生指出，選讀全英語通識課程的思考重點是以課程內容符不符合自己興趣爲最優先考量；其次，對課堂講授內容的理解程度，80%以上的同學認定可達到「理解」，但還不到「非常理解」的程度。透過課程的學習在英文整體能力方面，以聽力增進最多，其次爲閱讀能力，寫作與口說方面是尚待補強的部分。

## (二) 課程意旨的掌握及其他通識能力的提升

1. 課程意旨的抒發，多數的同學指出，全英語課程使其「理解臺灣歷史、社會與文化」，各別的課程則另有針對該課程的內容受其啓迪的發抒，舉例如下：「一個沒有正確答案的議題，透過不斷的辯論，去加強自身思考的主動性。」（《生命、人性尊嚴與法律》）；「我學習到臺灣電影與許多議題、文化之間的關係。這堂課讓我發現臺灣電影的豐富，還有知道了值得我們引以爲傲的電影去介紹給外國友人。」、「我在香港長大，臺灣出生，成長的過程都在香港，所以其實對臺灣的文化和歷史都不瞭解，透過老師上課放的片子和ppt slides，讓我多瞭解了臺灣很多。」（《臺灣電影與社會文化》）；「動物的利他行爲，其實也是爲了能直接或間接傳播自己的基因。替蜂（蟻）后不斷工作的工蜂（蟻）們，全部都有十分相近的基因，意味著如果他們幫助此群體成長，就等同讓自己的基因傳承下去，此說法便能解釋爲何他們願意如此任勞任怨。」（《動物行爲、演化與大腦》）；「我覺得我學到如何判斷一個媒體所說的內容。有時媒體的內容會過於誇張。我覺得我學到最重要的是爲什麼媒體喜歡誇大事實，因爲觀眾喜歡。」（《媒體、民主與全球傳播》）

2. 通識能力的增長，舉例如下：「這門課滿有意義的，是一門可以讓學生動腦思考的課，和其他的大學課不一樣，因爲大部分的大學課程幾乎都是老師直接灌輸固有的東西。」（亞洲大學）；「很難得有機會可以進入全英文的課程及討論互動，平

時就很少以英文交談，覺得這是個很好的機會讓學生去嘗試，勇敢開口發表意見。」（臺中教育大學）；「我很喜歡這堂辯論課，分成小組之後也更勇敢表達自己的想法，另外在政治議題上也可以省思，謝謝老師給我們機會做討論並讓我們有思辨能力，我認為這是一個大學生最需要的努力。」、「讓我印象最深刻的是學期末的小組報告，每一組同學都負責不同主題，使我學到更多方面的知識，也藉此增加自己的英文能力，學習別人的優點。」（中國醫藥大學）

## (三) 對全英語課程的建議

1. 小班教學，舉例如下：「老師的上課方式很棒，只是大家普遍都不太敢回答，也沒習慣發言。如果班上人數少一點，可能就會改善，大家互相認識的多，可能也會比較能更深入討論！」（中國醫藥大學）

2. 講課速度兼顧各種英文能力需求，舉例如下：「講課速度能放慢，聽力較弱的同學跟不上」、「本身英語能力不是很佳，所以希望老師在講授課程時，可以放慢速度，可能吸收的會比較好。」（中國醫藥大學）；「雖然一開始選課是為了學分，但上過一次後就覺得上課很有趣，可惜個人英文能力不足，有時候會跟不上。」（大葉大學）

3. 中文補充說明，舉例如下：「希望多一點中文講解部分，課程循序漸進增加英文的比例」、「希望專有名詞能有中文解釋。」（中國醫藥大學）；「很抱歉，因為本人英文口說極爛，雖然我知道這樣不對，但我仍希望有中文部分可以發揮。」（東海大學）；「希望課堂上的討論不只英文，中文也可。我是一個英文聽力比口說好的學生，這樣就算我有很多想法也無法100%的表達，有時候不是不想參與討論，只是因為表達能力有限。」（亞洲大學）；「學校規定老師用英文授課，但是此課程有很多醫學專有名詞，而老師以不違反學校規則之下教學，學生吸收有限。連中文專有名詞都有一定程度上的疑問，何況是

英文，因此希望學校的要求能給予老師彈性空間，以達教學之效用與目的。」（靜宜大學）

4. 增加不同文化背景學生互動機會，舉例如下：「可以設計讓本地生與外籍生交流對話。」（中國醫藥大學）

### 四　教師發展的教學實務知識

從中國醫藥大學執行計畫階段，新聘的全英語專任專案教師共六名，其中有三人由於應聘至國立大學或私人生涯規劃等因素離職，再行補聘共七位教師之外，大致上專任專案教師都堅守崗位，直到亞洲大學執行計畫階段經費減縮而留任兩位專任專案教師，其餘教師改聘爲兼任，後續更有因累積全英語教學經驗獲得青睞，應聘至國內他校或境外大學專任。100學年度下學期至103學年度下學期這段期間，全英語專案教師們透過每學期的教學討論會進行交流，也曾舉辦全國性研討會，邀請各大學有多年教學經驗的資深教師來分享實務知識。104學年度上、下學期各邀請外籍教師，以工作坊方式指導全英語的教學技巧。由於專任專案全英語教師每學期輪流至三、四所大學任教，又面對各校文化、班級人數、以及修課學生英文能力等不同差異的磨練，這些教師累積發展的教學實務知識相當豐富，現分述如下：

(一) 全英語專案教師普遍反映醫藥背景的學生英文能力比其他大學要好，因此上課的氛圍優於其他夥伴學校。但整體而言，學生仍有程度不一的現象，如《生命與生物資訊》的張老師指出：

……在臺中校區的學生，若英文較不好的同學希望老師講授速度放慢，北港校區的同學則希望能加進中文解釋，因聽不懂會容易分心，會依上課狀況做中文解釋，希望學生注意力能回來……

若加上僑生、外籍生同在一門課，語言能力的異質性更大，如《生命、人性尊嚴與法律》的牛老師提到：

……外籍生的英文程度非常好，相對的也有三分之一的同學英文聽說讀寫都有問題，教學上必須兼顧外籍生的學習需求及不太懂英文的本地生學習需求，對我而言挑戰性較大，必須做到讓雙方都覺得被重視到。

《從古蹟看臺灣史》的羅老師指出：

……班上如母語為英文的外籍學生在課堂積極發言，本地同學自認英語表達能力不如，就傾向保持安靜，不加入對話。

《臺灣戲劇概論》的李老師分享她的課堂經驗：

……僑生由於會說中文，所以不見得發揮帶動本地同學使用英語來溝通，除非本地同學有意願，他們傾向被動參與，本地同學講英語，他／她們就講英語；本地同學說華語，他／她們就說華語。

(二) 學習內容若是學生先備知識欠缺或不足的課程，教學上的困難度就愈高。以本地生為主的班級，學生會有中文補充說明授課內容的需求，如《音樂、語言與大腦》的李老師提到：

……本身教的科目在教學上比較難舉例、較抽象，又加上學術上的術語是他們不熟悉的，且是全英語授課，所以有一定的難度，上課會有些中文解釋是不可避免的。學生英文程度落差很大，所以在教學上不得不使用特別的措施或是妥協。……希望學校可實施學生分級。如果遇上整班都是華人學生，他們會期待等你有中文解釋。

(三) 個別教師有其獨特的教學策略，因應修課學生英文能力不一的學習困難，如《公共爭議與民主論辯》的胡老師提到：

……針對學生對於授課內容難易度的不同反應，業已採取「協同學習」的方案。在每次上課時，教完一個概念或一個小單元時，會停下來，請同學們相互討論。或者舉例說明，或者用自己的話解釋。此時，對於先前聽不懂的同學就可以獲得向同組同學請教的機會。而對於已經會的同學，又可以透過說出已知的部分，強化學習效果。

《臺灣宗教與文化》的羅老師分享其實際做法：

……在學期初人數確定後，會先做個英文程度的調查，並詢問想學內容還是語言多，先有個底，再來評估教學上需做什麼調整。我覺得全英通識課程可以推的原因就是要1+1>2，並不是想著學生的英文能力不好，每間學校的評量都用不同的方式，即便是同一門課。而因為先備知識不足，在每一堂課上課之前先讓學生寫課程內容，也可以練習到寫的部分，這樣一來教學上較輕鬆。上課的呈現方式多半是用影片，學生的吸收較快。在口頭報告上因課程設計有很多小組討論，平常讓他們練習說，在口頭報告上情況就比較好。以上是在教學上的一些方法。

《戲劇表演賞析》的李老師也提到：

……（其他大學）專有名詞的解釋可能視情況而定使用雙語教學外，仍在課堂維持80%以上使用英語教學，而在中國醫大則為95%以上使用英語。課堂上大部分的學生皆可接受，但仍有少數學生私下反應無法吸收課堂中所講授的知識。我會提供中文的資料與訊息為課堂補充，隨堂提供講義，確保學生跟上進度與清楚授課內容。

(四) 學習成效之關鍵在於積極的課堂參與態度，而非英文能力的好

壞，如《世界音樂》的馬老師指出：

> ……發現其實獲得較高分數群的同學並不是學習音樂最深和最久的同學，以最高分的幾位同學為例，其音樂之前學習經驗約落在中間或是中間偏上的學群，但在考試分數成就上卻是最高分的學群，其中考卷的設計，都是根據課堂內容講解和所附的ppt中的資料，所以只要上課有來、ppt有看，就可以反映在考試成績上，因此，從學生音樂基礎和成績反應中看不出有直接的相關……

## 伍 現況與未來：以中國醫藥大學為例

目前中區各大學的通識教育，除了少數學校因境外生人數少而有暫停開課的情形，多數的學校都維持全英語課程的開授[1]。中國醫藥大學從執行計畫的高開課數及較多的修讀人數，至104學年度時，醫學、中醫、牙醫等三系將八學分通識的必修，開放為全校全英語課程的自由選修。迄今105學年度上學期仍有一定人數[2]修讀全英語的通識課程，可見全英語通識課程的開授對於醫藥背景的大學生有其一定的意義。

雖然課程實施中仍存在與國內相關實證研究如修課學生英文能力不一、教師教學策略需多樣的共通問題，但經深入探究之後，發現影響學習的因素仍不少，如教師與學生的語言背景各有不同，本地學生通常較熟悉美式英語，若授課教師因留學歐系國家使用英式發音或詞彙，課堂上的師生就需保持溝通直到達成理解。其次，課堂中學生有本地生、僑

---

[1] 105上、下學期各校所開授之全英語通識課程數目大致如下：中興大學、東海大學、亞洲大學等三校約8～9門，逢甲大學、中國醫藥大學等兩校約5～6門，臺中教育大學、暨南大學、靜宜大學、大葉大學、明道大學等五校約1～2門。

[2] 104上修讀人數：本地生有455人、境外生有35人；104下修讀人數：本地生有259人、境外生有38人。

生與外籍生等多元背景的組成，教師極需運用不同教學策略來帶動學生的學習；即使本地生爲主的班級，學生的英文程度也有相當大的差異。再來，原先教師與學生都曾因修課人數高達70人的大班限制，而無法磨合出更好的學習成效。

現在的修課情形則爲選讀的同學不是因強迫而爲自由意願，或是在英語能力達到改修進階課程的情況下組成，所以英文程度不一的狀況已減低，教師指出學習成效也大幅提升。但在本地生爲主的班級，修課學生仍習慣於小組討論時用中文溝通，上臺報告時則推出口說能力較佳的組員去報告，所以在英文讀、寫、說、聽等各項能力之中，大多數的修課同學仍以聽力進步最爲明顯，閱讀能力其次，但在書寫、口說部分的能力則仍待加強與提升。

在104學年度考量同學具備較高的英語程度可減少修讀的困難，曾設定修讀全英語課程的英文門檻，但因未達門檻的學生表達選讀的意願，所以自105學年度下學期將取消門檻。而在通識課程以選修爲開課的原則之下，修課同學英文能力程度不一的現象仍普遍存在，如何提升同質或異質文化背景學生之全方位的英語能力，帶動他們對臺灣文化的認識與瞭解是一關鍵課題。若遇到英語非母語的外籍學生，加上初學中文的情況下，教學者在分組安排上更需特別費心。運用差異化教學策略，針對學生在修讀課程中的不同組合（本地生、本地生／僑生或本地生／僑生／外籍生），設計出合宜的學習活動，應是未來需持續努力的方向。

比起其他通識教師教學的各項專業要求，全英語通識課程的教師在英文表達能力方面更顯重要，是影響學生學習的關鍵因素。少數的學生指出，授課教師的英文口說能力有待加強。中國醫藥大學辦理專業國際學程，安排種子教師前往國外進行短期訓練，以利提升全英語教學能力。目前並在亞洲大學語文教學與研究發展中心的主導之下，合辦學科與語言整合學習教學法（CLIL）的工作坊，希望能持續增長全英語師資的專業能力。

## 陸 建議與展望

全英語通識學程的計畫仍由亞洲大學繼續執行中，但面對經費逐年遞減的狀況之下，專任專案全英語教師的聘任也剩下兩名，所以各校專任教師具備／儲備全英語通識授課能力就相當重要。以中興大學而言，該校在105學年度下學期就已經不接受計畫補助，而全面改由校內專任教師授課。中山醫藥大學則自104學年度下學期開始，因計畫所聘任專任專案教師人數的減少，未能前往該校開課而暫停全英語通識課程。

隨著學校的加速國際化，全英語通識課程可為學生奠下日後全英語專業課程的基礎，在校期間就培養堅實的雙語能力，面對全球化社會的諸多挑戰，將更無往不利。而學生全方位英語能力的提升，除以本地生、境外生（僑生與外籍生）混合編班的模式來營造學習氛圍、結合英文分級制度縮小班級內學生能力的懸殊差異之外，更多有效的教學策略仍待國內各大學持續透過經驗交流，來改進全英語通識課程的實施。

## 參考文獻

李振清（2012）。臺灣英語教育的演進與前瞻思維。教育資料文摘，**674**，頁31-40。

林思宇（2010.4）。5年500億奏效臺全英語課程成長103%。大紀元，取自http://www.epochtimes.com/b5/10/4/1/n2864074.htm。

林麗菊（2014.8）。用EGAP教學新思維，奠定學術英語力。托福季刊，第**5**期，取自http://www.toefl.com.tw/n1201408_02n.jsp。

張育瑄（2015）。大學教師進行全英語授課之歷程研究（未出版之碩士論文）。淡江大學，新北市。

教育部（2011）。高等教育輸出：擴大招收境外學生行動計畫。臺北市：作者。

陳惠美、薛家明（2013）。全球脈絡下的國際學生流動。臺灣教育評論月刊，**2**(1)，頁4-8。

游美惠（2000）。內容分析、文本分析與論述分析在社會研究的運用。調查研究，**8**，頁5-42。

萬文隆（2004）。深度訪談在質性研究中的應用。生活科技教育月刊，**37**(4)，頁17-23。

廖柏森（2007）。英語與翻譯之教學。臺北市：秀威資訊。

Chang, Y. Y. (2010). English-medium instruction for subject course in tertiary Education: Reactions from Taiwan undergraduate students. *Taiwan International ESP Journal, 2*(1): 55-84.

Crystal, D. (2003). *English as a global language* (2nd ed.). Cambridge: Cambridge University Press.

Ferguson, G. (2007). The global spread of English, scientific communication and ESP: Questions of equity, access and domain loss. *Iberica, 13*: 7-38.

Hung, Y. P. (2009). English-only instruction in post-secondary education in Taiwan: Voices from students. *Hwa Kang Journal of English Language & Literature ,15*: 145-157.

Van Manen, M. (1997/2004). 探究生活經驗：建立敏思行動教育學的人文科學（高淑清、連雅慧與林月琴等譯）。嘉義市：濤石文化。

Yeh, C. C. (2012). Instructors' perspectives on English-medium instructor in Taiwanese universities。課程與教學季刊，**16**(1): 209-232。

普通高中[1]課程改革下的教師專業發展回顧與前瞻

王郁雯
國立臺北教育大學課程與教學傳播科技研究所博士生

## 壹 問題意識

　　由於十二年國民基本教育課程改革正如火如荼地推展，臺灣許多小學、國中、高中等不同教育階段皆投入於試辦工作，其中，高中課程改革最廣為探討。從2001年以來推動九年一貫課程改革，國中小課程發展已歷經試辦、落實與精煉過程。現今高中課程，在實施十二年國民基本教育課程改革當中，轉變甚大，將一直以來難以脫離分科教學、升學主義掛帥的高中教育轉為領域課程、統整性主題，以及素養導向教學與評量，無疑對於高中教師來說是極大的挑戰與轉化過程。教師在這樣的改革脈絡中如何專業發展並彰顯教與學的主體性，也就是將教師和學生視為是課程改革落實的主導地位，實屬重要。

　　然而，在現今多樣化由上而下的教育政策，以及各縣市教育局和學校行政不得不推展的情境下，教師無可避免地是以遵循官派的專業發

---

**1**　現今臺灣高級中等學校（簡稱高中）分類有：普通型、技術型、綜合型和單科型。本文是以探討普通型高級中等學校課程改革為立基。

展的路徑來熟悉並落實課程改革的目標，如同管理性的專業主義內涵（Day & Sachs, 2004: 7）。若教師專業發展是以管理性的專業主義為依歸，其特徵包含：系統、政策導向與目的、外在規範和控制、改革章程為依據、強調競爭和市場導向。而這樣教師專業發展的內涵與方式受到學者批評，認為缺少教師學習動能和教學決定的關注（Little, 2004），因而提倡民主性的專業主義，其內涵強調：重視個人目的、專業性的規範、促進專業發展、跳脫改革章程、以學生和專業為導向（Day & Sachs, 2004: 7）。事實上，教師在專業發展的歷程中時常游移在管理性與民主性的專業主義間，可能同時面臨矛盾和多元性的官方政策與個人訴求（Day & Sachs, 2004）。因此，教師如何在課程改革訴求與個人專業認同間協商、辯證歷程中，發展教師專業是值得深究的議題。

本文首先探討高中課程改革中教師專業發展的訴求，透過高中課程改革的演進，剖析不同時期中教師專業發展的目標與導向，進而深究課程改革脈絡下，教師專業發展的論述變化內涵；接著，由「工作塑造」的視角，分析教師專業發展的意義與實踐，強調教師專業發展是「人的發展」，重視的是個體發展中的歷程，而非僅強調發展後的產物。教師如何在教學歷程中塑造其工作，也就是教師如何依自己的專業認同、他者與環境的關係，主動參與工作塑造的歷程，反思課程改革的主流論述與框架並重構教師工作的意義。這樣的歷程是將教師專業發展視為創造性的工作塑造過程並持續地反省、重構，以及再造更多的教師專業發展可能性。據此，由以下各段落分述之。

## 貳　回顧——課程改革中的教師專業發展

### 一　教師專業發展意涵

聯合國教科文組織（UNESCO）與國際教育計畫機構（International Institute for Educational Planning，簡稱IIEP）於2003年共同發表促進與提升教師專業發展（teacher professional development）的宣言，強調教師要專業發展，必須透過經驗且系統性

的檢視自身教學，持續專業成長（Villegas-Remiers, 2003）。教師是專業人員，需有不斷發展的潛能與空間。教師與教學工作透過專業化的管道，教師不僅僅被視爲是能改善教育體系的變項（variable）之一，更是教育改革中重要的能動者（agent）（Villegas-Remiers, 2003）。

　　事實上，隨著不同時代教育改革政策的推行，發展出多樣化的教師專業理論，政府也透過師資培育政策與教師專業發展制度，促進教師在不同時代脈絡訴求中持續地專業化。教師專業理論發展脈絡大致可分爲四個階段：(1)能力本位專業理論：訴求一位專業的教師應通曉與熟稔教學技能；(2)知識本位專業理論：顯示專業教師應具備完善的知識系統，其包含：學科知識、教學知識、實踐知識、學習者知識等；(3)反思性實踐理論：重視教師反省－實踐－再反省－再實踐之動態性歷程；(4)標準本位專業理論：強調專業教師應爲測驗合格的教師，終其職涯被要求以職前和在職訓練、考試認證、專業評鑑等方式展示是否達至各項政策制定之標準。

　　再者，教師專業發展的定位也常常影響教師專業的內涵與目的。教師專業發展是指教師「不足」模式，還是教師「成長」模式？是「個人」模式，還是「制度」模式？專業發展的「不足」意指缺少某些東西或是需要校正，例如：不精熟內容導致學生學習成效不佳，所以，教師有待專業發展。這樣的觀點將教師在專業發展過程中視爲是客體，而非主體；專業發展的「成長」模式，則是由不同的專業發展活動組成，其伴隨著在個人教學實踐中持續探究的主導地位（Huberman & Guskey, 1995）。普遍來說，專業發展被視爲是「個人性」的事業，例如：教師以特定的學生或課堂做教學的考量，這時常伴隨著教師個人對於專業成長、改變和挑戰的志向；另一方面，專業發展也包含從主流的限制和規則中解放，也就是從「制度性的」面向來理解學校中的不平等是如何與社會所產生的限制、政治影響和權力分配以及社會階級連結（Huberman & Guskey, 1995）。因此，教師發展不僅僅是個人性，還是政治性的：(1)教師必須發展辨別正式和非正式權力、這些權力是如何運作的、資源是如何分配的，以及如何被證成的能力；(2)教師要賦權同事、共享領導責任，將人與人之間的衝突視爲是正向的改變力量，讓差異開展出

來、理解他人的利益和立場、鼓勵表達感受和挫敗、表達自己的意見並爲他人發聲，這些都是教師學習和從主流論述中解放過程的重要因素；(3)教師專業發展涉及覺醒於不公平的種族和性別歧視，不要自以爲是的保持中立、主張普世價值（Hargreaves, 1995）。

有鑑於此，教師專業發展的議題複雜且深廣，除了不同時代脈絡的更迭與演變，所提出的課程改革政策與據其發展的教師專業訴求有明顯差異外，不同的教師專業發展定位間，也會影響個人專業發展的內涵與意義。本文主要探究，在不同時期課程改革的研議與推展中型塑出的教師專業發展意涵，因此，以下段落先行探討普通高中課程改革的演進與其內涵，接著分析各個課程改革時期所發展出的教師專業論述，當中呈顯出課程改革脈絡中，教師專業發展轉變歷程的脈絡性、情境性與政治政策性。

## 二　普通高中課程改革的演進

### (一) 中學課程標準時期

由於國內外政治社會情境影響下，中學課程標準主要歷經兩次重大變革：(1)1949年國共內戰失利，中央政府移駐臺灣；(2)1957年蘇俄搶先發射人造衛星。自1929年頒行的高中課程暫行標準所設置的「黨義」和「軍事訓練」科目，在中學課程標準修正的過程中，爲了因應中學教育目標：「繼續小學之基礎訓練，以發展青年身心，培養健全國民，並爲研究高深學術及從事各種職業之預備。」重視職業科目的設置；實施甲（以數學、物理、化學三科之教學時數較多）、乙類（以國文、外國語兩科之教學時數較多）分組選修制，期望達至重視中學生實際生活經驗和日常生活知能，進而在1948年修正之中學課程標準，取消「軍事訓練」科目（教育部，2009）。

然而，在1952年的中學課程標準修訂過程中明示：「『反共抗俄』之基本國策」，因此，加強著力政治教育的實施；「國文」、「歷史」、「地理」三科課程標準，致力於有關反共抗俄之教材；起草並進而實施「高級中學三民主義課程標準」；恢復高級中學學生的

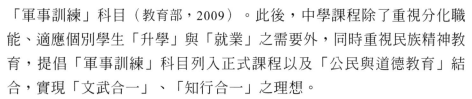

「軍事訓練」科目（教育部，2009）。此後，中學課程除了重視分化職能、適應個別學生「升學」與「就業」之需要外，同時重視民族精神教育，提倡「軍事訓練」科目列入正式課程以及「公民與道德教育」結合，實現「文武合一」、「知行合一」之理想。

到了1957年蘇俄搶先發射人造衛星「斯普尼克一號」進入太空後，引起歐洲及亞洲地區國家之注意。中學課程標準除了關注既有分化職能、民族精神與道德教育外，在九年國民義務教育改革脈絡下，重視銜接國民中學課程的重要性，並同時強調科學教育知識領域增強。

## (二) 高級中學課程標準時期

我國高級中學課程標準，自1971年起配合九年國民教育之實施，另訂「高級中學課程標準」，於2月公布，1972年正式實施。當中最大的轉變在於：高級中學社會及自然學科課程由學術研究之「預備教育」轉為重視人文與科學素養之「通識教育」。

1983年配合「高級中學法」而修訂「高級中學課程標準」，強調高中課程係「以發展青年身心，並為研究高深學術及學習專門知能之預備為宗旨」，故高級中學課程除應注重青年身心之發展外，純為升學作準備。除了提倡五育（德、智、體、群、美）並重、教材切合實際外，重視課程分化、有利升學並發展資訊教育為學術研究作準備（教育部，2009）。然而，隨著時代的變遷，1995年「高級中學課程標準」強調通識教育之實施，社會及自然學科則依「高一統整、高二試探、高三分化」之理念予以設計，避免過早將學生設限於某個類別或學科取向。同時，尊重學生個別差異，引導學生依據能力、興趣、志趣、專長選修科目，以及消除課程內容中之性別差異，將原為男生修「工藝」，女生修「家政」，合併為「家政與生活科技」，男女生均需修習（教育部，1995）。

## (三) 普通高級中學課程綱要時期

為了提升普通教育素質、銜接九年一貫課程與大學通識教育、改善現行高中課程學科數目與授課時數太多、彈性不足難以適應學生個別差

異之問題等,進而著手修訂並提出「普通高級中學課程暫行綱要」,並適用於95學年度高一新生(簡稱95暫綱),其延續將高級中等教育定位為「普通(通才)教育」,不強調升學或就業「預備」之功能。在課程規劃上,以「課程綱要」取代「課程標準」,延續九年一貫精神,以學習領域之統整性內涵,整合至課綱目標、科目減併、議題融入但仍採分科教學,並提倡學校本位的課程建置(教育部,2006、2009)。

普通高級中學課程綱要(簡稱99課綱)大致上和95暫綱的課程理念相同,然而,在推行上凸顯:(1)適性多元的學習機會:99課綱在數學、英文、基礎物理三科教材自高二起分為A、B兩版,提供不同深度、廣度與學習速度的課程,且A版教材包含於B版教材,揭示臺灣高中課程走向更凸顯適性多元的思維(教育部,2009;李坤崇,2010);(2)通識素養的強化:除了課程更重視本土文化、在地生活連結性、生活教材融入外,同時強調「延後分流」,規劃社會與自然領域「高一高二不分化、高三才分組」;(3)多元必選修課程:增加非升學類科的(例如:藝術、生活、健體)必選修學分,揭示「五育並重」之重要性(教育部,2009)。

整體而言,普通高級中學教育的走向已由「政治教育」過渡到「菁英教育」,現已邁向「普通教育」為著力目標。因此,視傳統學科本位的課程設計太過狹隘且制約學生的發展興趣與需求,希冀透過「延後分化」與學習領域「試探」功能的發揮,真正落實學生自我瞭解、生涯發展,以及多元發展的目標與願景。

### 三　課程改革中的教師專業發展論述

由於普通高級中學教育,原先以推崇「繼續實施普通教育、培養健全公民、促進生涯發展、奠定研究學術及學習專門知能之基礎為目的」(教育部,1995,頁1),轉為提倡「除延續國民教育階段之目的外,並以提昇普通教育素質,增進身心健康,養成術德兼修之現代公民為目的,並提出需從生活素養、生涯發展及生命價值三層面輔導學生達成目標」(教育部,2006,頁1)。對於一直以來以學科本位進行師資

培育和在職進修的教師來說，無疑是極大的挑戰，其中包含：(1)課程設計與發展採銜接、統整、實作實用；(2)教材編輯與選用宜開展學生知識統整的能力，並能運用所學解決問題；(3)教學實施兼具適性與創新，並促進自學能力（教育部，1995、2006、2009）。以下就其面向分述普通高級中學課程改革脈絡中，對於教師專業發展的期待與訴求。

## (一) 由「預備」課程編制轉向「銜接」和「實作、實用」課程設計

普通高中課程實施原為大專教育奠定基礎，並重視學生之生涯發展，主要是以為升學作準備。然而，從國民中小學九年一貫課程發布以來，普通高中課程設計同時致力於銜接九年一貫課程和大學基礎教育課程，期待教師能幫助高中學生從過去追求高深學問的工具性學科能力禁錮中跳脫，轉為重視實用性、實作性學習。

## (二) 由「分化」課程轉向「融入」議題，整合不同學科以及「統整」學科領域與內容

普通高中課程過去因應學生的個別差異與發展需求，重視課程「分化」，主張課程分化能讓高中學生儘早依照學習取向，有效發揮。隨著時代的變遷，許多新興議題（例如：生命教育、性別平等教育、法治教育、人權教育、環保教育、永續發展、多元文化及消費者保護教育等重要議題）層出不窮，也期許高中學生瞭解與關心社會議題和生命價值。目前正在落實的99課綱，除了關注議題融入學科外，更加強重視落實領域內學科、領域間課程綱要內容之相互統整。因此，教師職責從過去幫助學生確認各科學習能力，發揮適性「分化」之功能，轉為強化「知識統整」之課程安排，透過新興議題的融入以及學科領域內、領域間的知識整合，成為教師課程設計與發展的必要工作。

## (三) 由「配合」學生能力編選教材，轉向「啟發」學生知識統整能力

在課程改革過程中，教師應配合學生能力與興趣進行教材編選，已是不爭的事實。然而，隨著不同改革脈絡訴求下，學生所學知識不應該再只是斷裂式、缺乏脈絡性，而是要重視各學科教材內容相互關聯性

與應用性，期待學生能習得統整性的知識能力，進而具備問題解決能力。因此，教師在教材選擇和安排上應強化知識統整，有效促進學生在日常生活中應用所學知識。

(四) 由重視「適性」教學轉向「適性」、「創新」、「自學」並重的教學引導

　　從高級中學課程標準推行以來，適性教學一直是普通高中課程改革的重點，教師是以「依據學科性質、教材內容與學生能力，採用適當的教學方法，以達成教學的目標」為依歸。隨著國中小學九年一貫課程改革脈絡下，許多教學創新獎項層出不窮（例如：全國創意教學KDP國際認證獎、教育專業創新與行動研究獎、教學卓越獎等），期待教師能透過參獎不斷增進與革新自身教學效能。因此，在95暫綱轉為揭示：「依據學科性質、教材內容與學生能力，研發具『創意和適性』的教學方法，並適度補充最新之知識。」（教育部，2006，頁6）此外，提倡教師應重視學生自主學習能力，引導學生利用校內外資源（例如：網路、資訊科技、社區資源等），強化自我學習與終身學習的能力與態度，並開展多元智能。

　　整體而言，不同的課程改革訴求與背景，呈顯出教師專業能力需求與發展的多樣性，其是期待教師無論在課程、教材還是教學實踐，都應走向更生活化、多元化、整合化與創意化之理想。

　　近年來，許多現場教師皆致力於課程統整與議題融入，例如：蘇郁雯（2015）關注融入式課程之實施歷程與成效，因此將「美術」與「生命教育」領域之學習目標，以垂直組織（人與外在環境之關係，進而思考人與內在心靈的對話）和水平組織（著重於美術專業領域、生命教育精神與內涵之統整）的方式進行課程建構，其中強化學生在學習過程中有學習、操作、實踐的機會，以達至關照生態與環境議題和自我生命價值與意義之目的。再者，學校也會透過承接科技部計畫的方式，促進教師發展跨領域統整、創新以及適性的課程，並在這樣的歷程中，進而專業成長。傅斌暉（2014）研究指出，個案教師團隊透過發展一套藝術跟生活科技、數學、物理結合的課程，以小組合作學習方式跳脫傳統講述

教學法，並針對不同興趣與程度的學生發展適性化教學活動，其是以生活中的藝術和設計爲出發點，培養學生的科學知識與技能、創意思考與態度、擴展團隊合作與多元思考能力。顯而易見的是，教師對於課程設計理念與教學實踐已有所轉變，其中，教師專業發展取向高度符應課程改革期待。

　　現今課程改革思潮下，教師專業成長的強化實屬重要，99課綱更在總綱的實施通則中明列「教師專業成長向度」，並指出：「學校應規劃教師增能進修計畫，其內涵應包括觀念釐清、學校課程願景、教材編選、教學策略與評量素養等向度，並訴求教師應積極主動進修或參與教學觀摩與經驗分享等研習活動，增進教學知能與開發各種教學模式及參與校內外研究，以提高教學品質。」（教育部，2009，頁4）然而，教師專業得以發展，需仰賴教師主動建構教師專業的意義，並據此進行教學實踐，進而反思自身的課程與教學。因此，以下首先闡釋跳脫課程改革框架的重要性，並剖析工作塑造觀點，成就教師專業發展的可能性。

##  前瞻──課程改革下的教師專業發展可能性

### 一　反思課程改革框架的教師專業發展

　　課程改革的提倡與落實，常常伴隨著許多配套措施。現今教師專業發展管道中以教師研習爲主，在教師研習主題中，常常包含教師專業發展評鑑的推廣與規準澄清，新修訂之「高級中等以下學校教師專業發展評鑑規準」主要包含三個面向（教育部，2016）：1. 課程設計與教學：(1)參照課程綱要與學生特質明訂教學目標，進行設計；(2)掌握教材內容，實施教學活動，促進學生學習；(3)運用適切教學策略與溝通技巧，幫助學生學習；(4)運用多元評量方式評估學生能力，提供學習回饋並調整教學。2. 班級經營與輔導：(1)建立課堂規範，並適切回應學生的行爲表現；(2)安排學習情境，促進師生互動；(3)瞭解學生個別差異，協助適性發展；(4)促進親師溝通與合作。3. 專業精進與責任：(1)參與教育研究、致力專業成長；(2)參與學校事務，展現協作影響

力。整體而言，教師專業發展評鑑的推行希冀能促進教師在參與的過程中，反省自己的教學、持續精進教師專業，並符合現下課程改革方案的訴求。

　　反思過去高中課程改革發現，課程改革推展與落實主要是因應當下政治、社會、文化環境變遷而產生的教育訴求；也會借鏡他國教育成功經驗，反思本國教育現況的不足，進而依其理念進行課程改革與發展。當中教師專業發展時常是在新一項的課程政策來到後，才透過不斷地參與研習過程，慢慢熟悉課程改革訴求與符應外在課程規劃的期待。再者，很多時候，教師面對變化萬千的課程改革理念常是冷漠以對，因為可能付出所有心力並漸漸調適、轉化自身教學後，又要馬上迎接新一批課程改革政策的期待。對於許多教師而言，隨著時間而型塑的專業認同才是課程發展與教學實踐的核心。

　　即將落實的十二年國民基本教育改革提倡：(1)注重五育均衡發展的全人教育；(2)發展核心素養以整合知學用；(3)推動各教育階段與各領域間的課程連貫統整；(4)強化學校本位的課程發展；(5)落實學生為主體的適性學習。在許多面向上和99課綱課程改革的內涵訴求相似，但更強化「適性揚才」、「多元進路」理念，因而主張：「高一共同、試探；高二試探、分化；高三分化、專精。」（洪詠善、范信賢，2015，頁26）同時，鼓勵學校發展特色課程，讓學生可以有多樣選擇，並重視學生自主學習的能力與意願，因此，提倡開設彈性學習時間。

　　為落實十二年國民基本教育課程的理念與目標，茲以「核心素養」作為課程發展之主軸，強調各教育階段間的連貫以及各領域／科目間的統整；主張學習不宜以學科知識及技能為限，而應關注學習與生活的結合，透過實踐力行而彰顯學習者的全人發展（教育部，2014，頁3）。因此，針對核心素養如何落實於教學現場，教師在課程與教學實踐上所應著重的面向包含：(1)不僅教知識，也要重視技能情意，讓課堂所學能轉化成生活能力與素養；(2)不僅重視結果，也要重視學習的歷程與方法，促進學生學會如何學習；(3)不僅教抽象知識，更要重視情境學習，讓學習能在實際環境中發掘問題並解決它；(4)不僅在學校中學習，更要落實於社會行動，培養學生關注社會議題的熱情與思辨素養

（洪詠善、范信賢，2015，頁16-17）。在這樣政策推行但實踐策略未明的情境下，學校現場的教師紛紛從改革規範的框架中跳脫，並嘗試以自身的教學信念與經驗達至「以學生為主體」的教學實踐。因此，「翻轉」概念風起雲湧，例如：翻轉教育、翻轉課堂、翻轉教學，以及與之概念相關的學思達、學習共同體、創客等等，其最大的目的在於跳脫過去的官方主導教育思維與做法。

事實上，教師並非否定課程改革內涵的願景與目標，而是常常在結構的縫隙中求生存，課程改革理念立意良善，但實際上，許多結構限制，例如：考試制度、學校環境與規模限制、在職進修的活動與方式等問題未能釐清、解構；教師即使致力於「課程統整」、「適性教學」，以及「多元學習策略與評量」，是不是就能促進家長與學生擺脫升學主義的迷思，轉而重視適性揚才的願景？抑或不斷地進行教師專業發展評鑑規準的改良與推廣，是不是能真正幫助教師專業發展與實踐課程改革的願景？實有待商榷。因此，如何促進教師真正專業發展，並在面臨層出不窮的課程改革政策與結構尚待改良的過程中，實現以「人」為本的教育願景，實屬重要。

## 二　邁向教師專業工作塑造的持續性歷程

### (一) 工作塑造意涵

工作塑造（job crafting）主要是指個人在工作上是採取積極主動的位置，去轉換工作任務、人際關係以及認知信念的疆界，其中涉及任務塑造、關係塑造以及認知塑造，並進而改變工作的意義和認同，也就是改變工作的目的以及在工作中的自我定義（Wrzesniewski & Dutton, 2001）。舉例來說，工作塑造者在任務塑造時會增加或縮減工作任務、調節時間或重新設計任務，像是教師花時間在學習課堂科技應用能力是為了實現他對資訊科技的熱忱；關係塑造意指，工作塑造者可能增加或減少和他人相處的機會以及與人互動的方式，例如：教師願意付出時間和家長溝通，或是在課後幫助學生進行心理或課業輔導，這些可能不是必須的，但是老師將之視為是重要的教師工作；認知塑造涉及覺知

和詮釋工作任務，例如：教師認為班級經營的目的在於提供一個無干擾的學習環境（Wrzesniewski, LoBuglio, Dutton, & Berg, 2013）。上述塑造內涵皆會改變教師工作的意義，進而影響他們如何專業發展和發展內涵。由此可知，自我（個人的價值、動機、信念）、他者（家長、同事與學生）、脈絡（學校目標、改革政策）間的複雜性關係是工作塑造的要素。

再者，工作塑造過程中認同的改變會影響個人如何行動和塑造他們的工作，並在工作實踐時，應用這些回饋產生未來再一次工作塑造的動機，是一個動態且持續不斷的歷程。舉例來說，一位員工（教師）已經轉換了他對工作任務的疆界以利有效掌控自身工作，在這樣的實踐歷程中，他會非預期地改變從事工作的目的，這會激發他以不同方式重新塑造工作，這樣的反饋歷程是落實再一次（多次）工作塑造的可能性（Wrzesniewski & Dutton, 2001）。因此，工作塑造同時是一種認同實現的過程，隨著時間以及與他者在工作中的互動關係，不斷地塑造工作認同，在其中，工作塑造者是具創意性的認同建造者，會不斷地重構工作意義並落實自身工作的願景。因此，塑造並非僅指傳統技藝性或是需要特殊技術的專業；塑造在此的意涵是開啟個人如何從事工作的新的思考方式，其時常涉及一系列的創意性行動（Wrzesniewski & Dutton, 2001），其貢獻在於將工作引導至正向意義的經驗，並強調工作中自我認同、承諾以及積極參與。

## (二) 工作塑造促進教師專業發展的可能性

Blackman（1989）提出：「教師的首要角色是『人』，而且是『專業人員』，因此，『人的發展』是提升課程與教學品質的關鍵。」（引自饒見維，1995，頁4）由此可知，教師專業發展不僅僅是涉及外顯專業實踐的改變，更重要的是，教師對於身為一位專業人員的主動反思歷程，其中涉及兩個概念：專業自我，以及教師的主體性理論（Kelchtermans, 2004）。專業自我的概念包含：(1)自我形象，是自我描述的：「我是一個怎樣的老師？」(2)自尊，是自我評價的：「我是不是一個好的老師？」(3)工作動機，是意志的：「我做這個工作的動

機是爲了什麼？」(4)工作知覺，是規範的：「我爲什麼必須要做一個稱職的老師？」(5)未來的展望，是前瞻的：「我怎樣去想，當一個老師，我的未來會如何？我覺得呢？」（Kelchtermans, 1993）。教師的主體性理論是指，教師對於教學工作的知識和信念的個人系統：「我應該怎麼做？以及爲什麼我會這樣做？」再者，教師專業發展和所在的脈絡與情境緊密連結，例如：與同事的關係、學校行政的控制與權力、與學生和家長的關係、政策績效運動對於工作情境的影響、個人生涯發展需求等（Kelchtermans, 2004）。整體而言，「教師專業認同」、「能動性」以及「關係性」是教師專業發展的核心價值。

爲了因應不同時代脈絡所產生的教育訴求，高中課程改革也與之不斷地修正、調整，現今教師面臨層出不窮的課程改革方案與教學策略建議，並據此發展出教師專業發展與培訓的配套措施，這些由外而內推動的專業發展活動無法讓教師眞正地發展專業性。因爲教師專業發展是涉及「人」的工作，也就是「教師」以「學生」爲主體，反思自己的教學實踐並不斷地學習成長爲自我所界定的專業教師，在教與學的專業發展脈絡中，不僅僅涉及教室、學校與無數重要他人的微觀場域，同時包含政治、經濟與文化之鉅觀脈絡，是一項複雜且持續反思的重要任務，教師需要在微觀與鉅觀脈絡中，不斷地重塑教師工作的意義與任務，並持續專業發展。

透過工作塑造的觀點來談教師專業發展，指出教師在特定的情境脈絡中，是以自己所型塑的目標開展行動。在實踐上，教師的專業角色是被外在官方政策所定義與賦予；然而，「教師即塑造者」意指，他們會經由積極地建構自身工作的目的和意義來跨越這些角色束縛，重新型塑工作的責任以及與他者的關係。Haneda與Sherman（2016）的研究指出，校長尊崇由上至下的政策訴求，目的是以改善學生成績爲優先考量，所以堅持以官定教科書爲教學核心，強調提升學生成績。但對於個案教師來說，符合學生學習需求是最重要的，因此，他致力於提供符合孩子認知和語言能力的教學，因爲他認爲這是英語爲第二外語學生學習語言最需要關注的，同時，個案教師經由跳脫學校場域，將學習拓展至社區中並奉獻個人時間，在暑假時幫助學生維持和發展讀寫能力，落實

他認為對學生好的教育實踐。

由此可知，工作塑造的歷程中，個案教師形構出教師專業意義的界定與認同，對個案教師而言，他重視學生的認知與語言發展能力，即使外在脈絡不能給予支持，他仍展現出身為教師的能動性，跳脫外在專業論述，願意付出個人時間，實現他的專業信念與工作承諾，重構了任務性、關係性以及認知性疆界，也就是開展出個人與政策脈絡、行政訴求以及學生學習特有的教師工作樣貌。這樣的歷程是教師專業發展的目的、過程與願景實踐，重視教師專業發展是以個人主動創新和刺激工作覺知改變來提升教師專業的可能性，而非落入應付變化萬千的教育政策與課程改革訴求中。

再者，教師若透過工作塑造改變工作的內容及疆界，這些行為會塑造他們如何瞭解其工作的目的，以及如何看待身為組織成員的自己，是教師專業發展的契機。劉怡萱（2013）研究指出，個案教師因為自身背景的關係（以前當過記者），覺知現今幼教場域書籍多且雜亂，而借閱方式是以手動登錄，因此，建議引進自動化系統，並負責全園圖書管理。為了實現這樣的理想，需要和其他園所交流合作並與同事一起研習精進，學習新的技能，同時主動積極籌備經費購入設備，目的是在提升園所的閱讀文化，讓學生受益。由此可知，教師是透過自身經歷與工作塑造歷程，覺知過去傳統的借閱模式不僅無法促進閱讀文化，反而降低學生的閱讀頻率與學習效能，並在這樣的過程中，重構個人身為教師的意義與從事教職的目的，教師是創新自我教學風格的塑造者。

## 肆 結論與建議

面對十二年國民基本教育改革之際，普通高中課程革新備受重視，透過回顧高級中學課程改革發現，課程改革目標已由「政治教育」、「菁英教育」走向「普通教育」，據此所開展出的教師專業發展內涵也從「升學預備」、「課程分化」，邁向更生活化、多元化、整合化與創意化的課程與教學訴求。

然而，教師專業發展是「人的發展」，教師是主動參與教學工作塑

造的歷程，根據個人的價值和信念反思外在改革脈絡訴求、與重要他者（家長、同事與學生）間的關係，進而型塑教師自身專業發展目的與內涵。透過這樣的歷程，引導至正向意義的經驗，並強調工作中的自我認同、承諾以及積極參與。教師在這樣的歷程中，擺脫對於課程改革的冷漠、框架以及角色束縛，轉而持續地反省、重構，以及再造更多的教師專業發展可能性。

工作塑造的觀點應用在教師專業發展上呈顯出，肯認教師是主動發展專業性的個體，在教學現場與不同學生互動的歷程中，會不斷地反省、建構以及重塑自身的教學實踐，並依自己的需求主動參與進修學習；面對涉及政治、經濟、文化所發展出的課程改革訴求，教師會積極地審視其對不同學生經驗的影響，並在其中建構自身工作的目的和意義來跨越不合理的課程訴求與結構限制，重視教師教與學的主體性，也就是將教師和學生視為是課程改革落實的主要地位，真正落實現今課程改革的願景。

根據本文研究發現，建議政策制定與改革推動者應擺脫教師是一被動學習客體的思維，意指透過官方政策與法令制定的教師專業發展模式，例如：教師專業發展評鑑、教師教學獎項、斷裂式的教師研習等，鼓吹教師參加並認為這是教師得以專業發展的重要途徑。在十二年國民基本教育課程改革之際，教師已紛紛發展具多元化、創意化以及適性化的課程與教學樣貌，這是教師對於自我專業認同、與重要他者關係，以及和微觀與鉅觀脈絡互動歷程中所開展出的個人化教學風格，其是工作塑造的核心與價值，因此，教育政策推動者應重視現場教師持續發展個人專業性的內涵、策略與實踐，並依此作為推動教師專業發展系統的立基，才是落實教師專業發展的真義。

# 參考文獻

李坤崇（2010）。高中課程99課綱與95暫綱之分析。教育資料與研究雙月刊，**92**，1-24。

洪詠善、范信賢（主編）（2015）。同行：走進十二年國民基本教育課程綱要總綱。新北市：國家教育研究院。

教育部（1995）。高級中學課程標準。取自http://www.k12ea.gov.tw/cur/。

教育部（2006）。普通高級中學課程暫行綱要。臺北市：教育部。

教育部（2009）。普通高級中學課程綱要。臺北市：教育部。

教育部（2014）。十二年國民基本教育課程綱要。取自http://www.naer.edu.tw/files/15-1000-7944,c639-1.php?Lang=zh-tw。

教育部（2016）。高級中等以下學校教師專業發展評鑑規準（105年版）。取自http://tepd.fdt.hc.edu.tw/news/jiaoyubufabuxinxiudinggaojizhongdengyixiaxuexiaojiaoshizhuanyefazhanpingjianguizhunyixiajiancheng105nianban。

傅斌暉（2014）。高中藝術教師跨領域協同教學成效之個案研究：以中山女中高瞻計畫（2007-2010）為例。中等教育，**65**，95-111。

劉怡萱（2013）。幼兒園園長與教師工作塑造之研究（未出版之碩士論文）。國立高雄師範大學，高雄市。

蘇郁雯（2015）。生命教育議題融入高二美術課程之行動實踐。藝術教育研究，**30**，63-95。

饒見維（1995）。教師專業發展：理論與實務。臺北：五南。

Day, D., & Sachs, J. (2004). Professionalism, performativity and empowerment: Discourses in the politics, polities and purposes of continuing professional development. In C. Day, & J. Sachs (Eds.), *International handbook on the continuing professional development of teachers* (pp. 3-32). Maidenhead: Open University Press.

Haneda, M., & Sherman, B. (2016). A job-crafting perspective on teacher agentive action. *TESOL Quarterly, 50*(3): 745-754.

Hargreaves, A. (1995). Development and desire: A postmodern perspective. In T. R. Guskey & M. Huberman (Eds.), *Professional development in education: New paradigms and practices* (pp.269-272). Philadelphia: Open University Press.

Huberman, M., & Guskey, T. R. (1995). Conclusion: The diversities of professional development. In T. R. Guskey & M. Huberman (Eds.), *Professional development in education: New paradigms and practices* (pp.269-272). Philadelphia: Open University Press.

Kelchtermans, G. (1993). Getting the story and understanding the lives: From career stories to professional development. *Teaching and Teacher Education. 9*(5/6), 443-456.

Kelchtermans, G. (2004). CPD for professional renewal: Moving beyond knowledge for practice. In C. Day & J. Sachs (Eds.), *International handbook on the continuing professional development of teachers* (pp.217-237). Maidenhead: Open University Press.

Villegas-Remiers, E. (2003). *Teacher professional development: An international review of the literature*. Paris: International Institute for Educational Planning.

Little, J. W. (2004). "Looking at student work" in the United States: A case of competing impulses in professional development. In C. Day & J. Sachs (Eds.), *International handbook on the continuing professional development of teachers* (pp.33-63). Maidenhead: Open University Press.

Wrzesniewski, A., & Dutton, J. E. (2001). Crafting a job: Revisioning employees as active crafters of their work. *Academy of Management Review, 26*(2), 179-201.

Wrzesniewski, A., LoBuglio, N., Dutton, J. E., & Berg, J. M. (2013). Job crafting and cultivating positive meaning and identity in work. In A. Bakker (Ed.), *Advances in positive organizational psychology* (pp.281-302). London: Emerald.

審議民主教育領域實徵
研究的回顧與展望

胡淑華
彰化縣立二水國民中學教師

## 壹 前言

　　晚近，歐美國家亟欲透過審議民主之思潮，回應當代自由民主體制的弊病，主張公民應積極參與公共事務，藉由討論協商，化解多元爭議，強化政策品質，完善民主實踐。在臺灣，這股審議民主風潮經由學界引入理論探究，並巧妙結合政府部門與民間組織，開創與累積不同場域的實作經驗，使得以審議為主的公民參與模式不僅能夠推陳出新，更能針對臺灣社會脈絡研發合宜的公共討論模式。回顧二十一世紀初始至今，審議民主實已逐漸改變國人對於公共事務參與的想像，亦在臺灣各領域掀起一波波新興的公民參與途徑，成功捲動與塑造以公共言說的民主參與方式及氛圍，就在各界持續不斷地蓄積能量與積極推動之下，使得臺灣在地豐富的審議經驗備受國際社會所矚目（陳東升，2010）。

　　另一方面，除了希望給予公民參與民主討論與政策規劃的機會，亦期待藉由教育管道將審議的民主種子深入扎根。在教育實務方面，2007年行政院青年輔導委員會（現為教育部青年發展署）不但創發「審議式班會」，更培訓高中種子教師以落實於教學現場；隔年，教育

部頒布普通高級中學公民與社會課程綱要，即強調教師應利用審議民主理念設計教學活動，賦予學生參與民主討論的經驗，鼓勵與多元差異個體共同解決問題（教育部，2008）。由此可知，審議民主理念對臺灣教育的影響，就在政府單位積極舉辦相關研習以培力教學現場教師，亦給予相關人力、財力等資源，協助其加以實踐，使得審議式民主教學儼然成為創新民主教育的教學策略。

除此之外，在學術研究方面，從臺灣博碩士論文知識加值系統用「審議民主」、「審議式民主」與「審議式」為關鍵字查詢，共獲得114筆研究論文資料，其研究發表的起始年代為2001至2016年。筆者綜合歸納上述研究發現，大部分研究集中於審議民主理論的探究或政治範疇的實務經驗介紹。於教學實踐部分，占不到一成比例（僅有六筆）。相較於審議民主在學校教育的意義與重要地位，不僅為培育未來公民具備審議素養的關鍵場域，再加上我國政府機關對審議民主教育的重視與殷切期盼，其研究文獻之匱乏，實有深入探討的必要。

本研究鑑於審議民主乃為國外引進的政治思潮應用於教育領域的教學實踐，並於臺灣脈絡發展、執行與推廣，故採文獻分析法，以國內博碩士論文與期刊為研究對象，探討其研究參與者、研究目的、研究結果、學生學習成效與審議民主教學模式等資料做一縱貫面分析，以獲致學術研究與教學實務之現況與重要啟示，提供未來政府單位、有志教師與教育研究人員為落實審議民主教育之理想，以及深化學生民主學習之參考依據。

## 貳 審議民主與教育

### 一 審議民主的基本理念

由於審議民主學者在探究問題的視角存有差異，使得在審議民主概念的理解有所分歧。以下將援引審議民主國內外學者的論述，從過程條件與結果條件面向，試圖還原和解析其深層理論意涵，以構築審議民主之核心內涵。

## (一) 從過程條件而論

針對審議民主的過程條件而言，其可區分為著重理性論述與感性言談兩種。

1. **理性論述**：抱持如此觀點的學者認為，「理性論述」為審議民主建立合法政策與調和差異偏好的關鍵所在。Habermas（1990）表示，唯有理性溝通能夠轉移個人偏好，符合有效宣稱（validity claims）的言談規範，始能證成決議的正當性。Rawls（1993）指出，「公共理性」（public reason）為民主核心價值，透過無知之幕（veil of ignorance），排除私利，獲致無法反駁的理據。因此，理性溝通得以讓個體獲得自我觀點檢視，進而趨向集體共識（黃東益、施佳良和傅凱若，2007）。

2. **感性言談**：審議的理性論述充滿「性別盲」，漠視社會結構的不平等（黃競涓，2008）。Young（1996）提出感性的言談方式，解決弱勢參與困境，而說故事的感性言說對降低審議的參與限制確有助益（范雲，2010）。Dryzek（2000）認同藉由開放多元的審議表述，賦予參與者較為平等的發聲機會，以及增進彼此情感交流與相互瞭解（陳東升，2006）。

綜觀兩派論述的基本訴求，發現兩者的思想脈絡並不牴觸，反能相輔相成。唯有透過「感性言談」擴大平等的參與條件，才能以「理性論述」凝聚符合公意的依據。審議民主的過程條件最終目的在於確保每位成員獲得「公平參與的地位」，突破獨尊理性或感性的二元對立立場，始能還原審議民主的初衷。

## (二) 從結果條件而論

依據審議民主的結果條件而言，可分為單一共識與有限共識。

1. **單一共識**：Habermas（1990）宣稱一致的共識結論是合法決策的本質。Cohen（1998）強調可以多數決的方式，聚合參與者認可的理由，達到「交疊共識」。是以，政治決策有賴單一共識的審議結果才能有所實踐。

2. 有限共識：Young（1996）認為，過度追求共同利益即無視於差異個體之所需。Bohman（1998）表示，一致的審議結果並非絕對要件，應該關注於成員間願意合作、轉換觀點的審議歷程。陳東升（2006）則將共識解釋為彼此均可接受的結果，而非單一共識的呈現。

是以，不論審議結果為封閉性單一共識或開放性有限共識，其均隱含著最後決策對於共同體成員需為最大利益的集合，滿足「共善決策的需求」為核心目標。此即決策必須符合公共善，且為成員所接受，藉以確保個體的訴求都能獲得平等納入決策的合理對待，使得成員願意繼續合作、溝通協商，達成決策的合法性。

根據上述國內外學者論述，筆者歸結兩項審議民主內涵要件，一為審議過程需保持「平等參與」條件；另一為審議結果需確保「共善決策」條件。藉由賦予所有決策相關之成員「平等參與」的地位，經由審議歷程，塑造集體均能接受且符合公益的「共善決策」，以化解多元的爭議問題。

## 二 審議民主的學習理論與實踐策略

本研究將藉教育學者Dewey與Vygotsky之理念闡釋教育如何開創審議學習，以及如何實踐原屬政治理論萃取的「平等參與」與「共善決策」的審議民主基本內蘊，並轉化於教學實踐（表1）。

### (一) Dewey實用主義教育理論

Dewey（1916）在《民主與教育》裡，創造一種理想的民主共同體生活方式，於其中，成員具備平等的地位，彼此間能自由地溝通交流，齊心解決社群問題。Dewey對共同體的建立，構築於兩項原則：(1)「平等的溝通地位」，即社群成員擁有自由表述的空間與平等的地位。於此之中，所有差異觀點將獲得全然的尊重與包容，並具其存在價值。(2)「多元的共同利益」，透過民主學習空間的營造，成員間不但具有相似的願景，並願意努力求得最後共識以符合集體社群之利益。

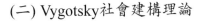

## (二) Vygotsky社會建構理論

Vygotsky（1981）將人際間的言語互動視為學習的途徑，認為個體透過語言與外在社會交互作用，產生由外而內地自我意義的解構、再建構歷程，形成學習。Vygotsky主張對話學習的產生，主要構築於兩項基本原則：(1)「尊重主體價值」，即所有個體均被視為是有價值的資產，透過對話交流，成為刺激他者學習的因素。(2)「對話促發學習」，人際間的言語互動有助於個體的學習發展，經由彼此間觀點的轉換促成新知識的衍生。

Dewey實用主義教育理論與Vygotsky社會建構理論，無疑提供了審議民主最有力的學習理論依據，讓原屬政治理論的審議民主論賦予無限的學習潛能。以下將藉由上述的論據輔以國內審議民主在教育領域的研究結果，轉化形成審議民主教學實踐依循的規準。

審議民主其「平等參與」的基本精神實踐於教育層面，首重於視學生為學習主體，透過屏除校園師生間或同儕間互動關係不對等的情況，其實踐策略應關注：(1)知能建構的必要性，Vygotsky認為透過有效的對談交流能夠產生學習效果，然而，審議討論實具其參與的門檻。因此，於審議學習活動前，應先教導學生基本的審議溝通知能，以提升互為主體的對話態度與技巧，如：審議民主概念、傾聽對話練習或議題知識的掌握（胡淑華，2012；張倢妤，2008），強化有效審議溝通。(2)言談模式的多樣性，透過提供適性多元的意見表述管道，確保個體間相同的論述機會與影響決策能力，藉由靈活運用實踐模式或採取多樣化審議對話機制（吳秉憲，2011；胡淑華，2014），以達成Vygotsky所強調之主體價值的尊重。(3)審議討論的主導性，校園若要塑造Dewey民主共同體平等溝通的氛圍，需透過排除教師權威角色的干擾，以提升學生對話主導性。簡乃欣（2008）訪談高中職審議民主種子教師發現，唯有教師先採取開放的態度，接納學生的意見，營造安全的對談空間，才能有效進行審議民主學習。相關研究甚至建議由學生擔任主持人，教師僅扮演諮詢者的角色，以確立學生主體參與地位，亦可避免教師管理角色的衝突（吳秉憲，2011；胡淑華，2012，2014；張倢妤，2008；張麗萍，

2008；陳朝政與楊三東，2012）。

　　審議民主另一個核心概念「共善決策」落實於教育，賦予學生享有參與自身相關事務的權利，包含議題的型塑、過程討論與結果實踐，著重於學生具有整全的決策身分，其實踐策略為：(1)議題型塑互為主體，討論議題若無法引發學生興趣，將有損其參與動機，然學生於校園的自治空間和參與校務的機會實在有限，因此，議題的設定不論由教師篩選題目，再由學生選，抑或學生先選題目，再由教師修正決定，即以師生共決的方式，突破學校教育體制的限制（吳秉憲，2011；張健妤，2008；張麗萍，2008；黃莉宜，2009）。(2)共識執行的能動性，Dewey的共同體概念，不僅實現於審議歷程，經由社群成員共同參與所聚合的公共利益，並實踐此「共善決策」的行動。是以，教師除了可授權學生處理班級事務的權利（胡淑華，2012），針對審議共識結果的執行，學校師長或行政人員需採取開放的態度，支持學生運用審議進行民主學習的途徑（張健妤，2008；張麗萍，2008；黃莉宜，2009；簡乃欣，2008）。

表1　審議民主核心內涵轉換於教學實踐策略

| 審議民主核心內涵 | 轉換之教育理念 | 依循規準：教學實踐策略 |
|---|---|---|
| 平等參與 | Vygotsky對話促發學習 | (1) 知能建構的必要性：增進學生審議參與知能，確保有效溝通。 |
| | Vygotsky 尊重主體價值 | (2) 言談模式的多樣性：開拓多元參與管道，以符合個體表述習慣的需求，保障個體論述機會與決策影響效力。 |
| | Dewey平等的溝通地位 | (3) 審議討論的主導性：藉由提升學生討論的主導地位，排解教師壓迫關係的干擾。 |
| 共善決策 | Dewey多元的共同利益 | (1) 議題型塑互為主體：議題由師生共同決定。 |
| | | (2) 共識執行的能動性：化解僅有審議過程的有限參與，強調有始有終的參與。 |

資料來源：筆者自行整理。

## 三　審議民主的教育價值

以下針對Reich（2007）將審議民主的教育價值區分為微觀與巨觀兩部分，分別加以探討。

### (一) 微觀：提升個人民主能力，培養公民實踐者

審議民主對公民有著較高的參與能力預設，諸如必須具備理性思辨的能力，以判斷訊息的合理性，抑或擁有基本的溝通技巧，以有效意見交流，替自我發聲。由此觀之，審議民主實已設下對於民主教育的需求，不論是替未來審議民主政治環境的公民做準備，或是透過審議學習達到涵育民主參與知能，對此，學校教育和社會教育均擔負培養具備審議民主參與知能與價值傾向的責任，藉以涵養參與者(1)溝通表述：願意陳述自己的看法，並以彼此能夠理解的方式加以述說，此亦包含人際互動技巧（林火旺，2005；Burkhalter, Gastil, & Kelshaw, 2002）。(2)合理論證：具備判斷論證，提出合理理據的能力（Kymlicka & Norman, 2000）。(3)差異體認：願意接受不同觀點，甚至產生觀點改變的可能（林國明、陳東升，2003；Young, 1996）。

### (二) 巨觀：營造社群審議文化，形構民主共同體

審議民主在於尋求解決社會衝突，為多元紛歧的爭議情境求取合宜的解套。杜文苓（2007）認為，審議乃是一種「社會學習的途徑」，讓共同體成員習得運用民主的途徑解決爭議不休的公共議題。審議的對話情境能夠創造出迥異於個體原屬價值信念的氛圍（Fraser, 1992; Kymlicka, 2001），能夠促進彼此間關係的連結，藉由共同討論，作出符合公益的決定（Gutmann & Thompson, 1996; Reich, 2007）。Lefrançois與Éthier（2010）認為，審議民主實踐於教學活動，有助於學習者習得審議的核心民主信念，如此將能型塑運用審議方式處理衝突的文化習性（Burkhalter et al., 2002; Elster, 1997; Gambetta, 1998）。

簡言之，於多元民主的社會裡，教育需培育具備審議素養的公民，藉由相互理解與理性思辨的民主溝通歷程，讓審議結果不僅能夠考量成

員間不同的意見，甚至願意合作為共善決策而持續努力，而社群間如此的審議文化，彰顯審議民主實踐於教育領域的重要性。

從審議民主原屬政治理論中，歸結出「平等參與」和「共善決策」兩項核心意涵，透過Dewey實用主義教育理論、Vygotsky社會建構理論及輔以國內教學實務相關研究結果加以銜接。於「平等參與」部分，應確保參與者平等對話地位，關切師生與學生同儕間對等互動關係，以知能建構的必要性、言談模式的多樣性與審議討論的主導性等策略，開啟平等對話的平臺與維護機制。於「共善決策」部分，以議題型塑互為主體和共識執行的能動性為策略，讓參與者從議題型塑到共識執行具有全面的決策資格，以涵養個人具備審議知能的教育功能與型塑國家社會具有審議文化之基礎框架，如圖1。

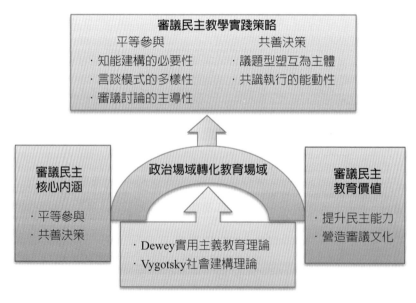

圖1　審議民主理論轉化於教學實踐

資料來源：筆者自行整理。

 **研究方法**

　　本研究透過文獻分析法，以審議民主在教育領域的實徵研究為主，探究審議民主在臺灣教育脈絡的實施現況與研究發展趨勢，從中省思對教育的啟示。基此，筆者使用「臺灣博碩士論文知識加值系統」及「臺灣期刊論文索引系統」等兩種資料庫進行論文搜尋，以「審議式民主」、「審議民主」或「審議式」為關鍵字的條件設定，獲致學位論文114篇、期刊論文106篇。繼之，逐篇檢視符合本研究旨趣即教育領域「實徵研究」與「教學實務」範疇之文獻，選取學位論文六篇（含碩士論文五篇，博士論文一篇），研究出處除國立臺灣師範大學兩篇，其餘分別為國立臺灣大學、國立臺灣海洋大學、國立臺北教育大學和世新大學，研究出處分散於各個大學，無集中產出現象，期刊論文共兩篇（已排除一篇無法取得全文文獻資料，此為本研究限制），共計八篇，產出起始年為2008年迄至2014年，整理如表2。

表2　審議民主在教育領域的實徵研究論文一覽表

| 類別 ＼ 年代 | 2008 | 2009 | 2010 | 2011 | 2012 | 2013 | 2014 | 總計 |
|---|---|---|---|---|---|---|---|---|
| 碩士論文 | ・臺大<br>・世新 | ・海大 | | ・臺師大<br>・臺教大 | | | | 5 |
| 博士論文 | | | | | | | ・臺大 | 1 |
| 期刊 | | | | | 2 | | | 2 |

資料來源：筆者自行整理。

## 肆 實徵研究的回顧與討論

### 一 研究對象與研究目的

#### (一) 國小學生

蘇慧如（2011）於五年級班級課堂教導學生審議民主理念，並引導以公民會議的方式進行議題討論，藉此瞭解審議民主精神運用於國小班級經營的教學成效與可行性。

#### (二) 國中學生

黃莉宜（2009）於導師班實施審議式班會，探求班會的教學活動對國三學生民主實踐能力的影響。吳秉憲（2011）以該校社團15位自治市成員為研究參與者，探討願景工作坊的學習經驗對學生內外在自我政治效能感之影響。胡淑華（2012）將審議民主理念實踐於一個國二班級的公民課程，瞭解學生審議學習成效及推動問題。另外，胡淑華（2014）帶領89位二年級學生以世界咖啡館、線上審議與學習圈等多元審議模式，進行議題探討並分析學生的學習成長情形。

#### (三) 高中學生

張倢妤（2008）針對高一學生（實驗組49人；控制組48人）進行準實驗研究，探究實驗組學生參與審議式班會後，對其民主行為能力的學習影響。張麗萍（2008）指導八位學生以學習圈進行校地議題的討論，藉此瞭解審議經驗對學生公共參與學習的效果。

#### (四) 大學生

陳朝政與楊三東（2012）修正公民會議的審議模式，提出四週的實施步驟，含討論預備、議題資料分析、審議討論與結論報告等階段，並提出對學生學習的影響及審議教學可能產生的問題。

從上述八篇研究文獻發現，其研究對象擴及國小到大學各學習階

段，取樣偏好於國高中生，計六篇。研究目的主要在於驗證審議民主言談模式的可行性並加以修正，以及探究審議民主理論對參與學生的審議民主素養（胡淑華，2012；2014）、民主學習能力（張倢妤，2008；黃莉宜，2009；蘇慧如，2011）、公民參與能力（張麗萍，2008）與政治效能感（吳秉憲，2011）的學習成效。此外，研究對象多為該研究者的任教對象，實施方式主要以班級為主（胡淑華，2012；張倢妤，2008；陳朝政、楊三東，2012；黃莉宜，2009；蘇慧如，2011）、社團／社群（吳秉憲，2011；張麗萍，2008）與年級（胡淑華，2014）三種類別，詳見表3。

表3　審議民主教育領域實徵研究論文的學習階段與實施方式一覽表

| 實施方式＼學習階段 | 國小 | 國中 | 高中 | 大學 | 總計 |
|---|---|---|---|---|---|
| 社團／社群 | | · 吳秉憲（2011） | · 張麗萍（2008） | | 2 |
| 班級 | · 蘇慧如（2011） | · 黃莉宜（2009）· 胡淑華（2012） | · 張倢妤（2008） | · 陳朝政與楊三東（2012） | 5 |
| 年級 | | · 胡淑華（2014） | | | 1 |
| 總計 | 1 | 4 | 2 | 1 | 8 |

資料來源：筆者自行整理。

　　由於我國政府期望透過涵養中等教師的審議民主知能，以落實審議民主精神於學校公民教育，遂於2005年由教育部委託臺灣大學社會系舉辦「中學教師審議民主與公民會議寒假研習」、2007年國立臺灣師範大學和公民與道德教育學會合辦「審議式民主與公民養成研討會」，同年，行政院青輔會於北中南三區分別舉行「高中種子教師培訓課程」，並提供審議式班會試點實驗計畫，作為鼓勵教師課程試驗的教學資源，由此顯現政府機關推動校園審議民主不遺餘力的痕跡，然因2008年政黨輪替而告終。

　　綜合研究文獻分析結果得知，審議民主運用於教學實踐的研究論文

產出始於2008年，直至2014年後則有停滯現象。另一方面，實施審議民主教學以國高中階段為數最多，又初始採用的教學模式以審議式班會（張倢妤，2008；黃莉宜，2009）和學習圈（張麗萍，2008）為主，此兩種模式均為行政院青輔會研發與翻譯著作引入。由此推測，我國審議民主於教育領域的教學實踐和研究發展應與政府機關一系列的政策推動有所關聯。

## 二 研究結果

### (一) 學生學習成長

　　Reich（2007）針對學校課堂的審議民主學習，其將學生的學習區分為兩類：一為個人發展面向，例如：「社會互動能力」、「民主價值取向」、「觀點取替和言語理解能力」與「民主參與的知識」；另一為社群協調面向，含「解決衝突能力」和「集體決策的責任感」。以下將利用Reich對學習的分類，分析上述研究文獻在學生學習成長方面的成效（表4）。

1. 社會互動能力：胡淑華（2012）、張倢妤（2008）、張麗萍（2008）、黃莉宜（2009）和蘇慧如（2011）等研究發現，學生在溝通表達能力上有所增長。

2. 民主價值取向：學生在尊重和包容差異意見（胡淑華，2012；黃莉宜，2009）、主動關心和參與公共事務（張麗萍，2008；蘇慧如，2011）與體認審議民主價值（胡淑華，2014）等方面有所助益。

3. 觀點取替和言語理解能力：對於獨立思辨（胡淑華，2012；張麗萍，2008）和差異觀點的相互理解（胡淑華，2014）有增進的效果。

4. 民主參與的知識：此種審議民主理念包含著「視他者為有價值的個體」的平等觀念和「公意」的共識想法（胡淑華，2014）。

5. 解決衝突能力：有助於學生以理性解決爭議問題（黃莉宜，2009），提升與人合作的能力（張麗萍，2008；蘇慧如，2011），

表4　審議民主教育領域實徵研究論文之學生學習成長一覽表

| 類別 | | 項目（筆數） | 總數 |
|---|---|---|---|
| 個人發展面向 | 社會互動能力 | ・溝通表達能力(5) | 5 |
| | 民主價值取向 | ・尊重和包容差異意見(2)<br>・主動關心和參與公共事務(2)<br>・體認審議民主價值(1) | 5 |
| | 觀點取替和言語理解能力 | ・獨立思辨(2)<br>・差異觀點的相互理解(1) | 3 |
| | 民主參與的知識 | ・「視他者為有價值的個體」的平等觀念和「公意」的共識想法(1) | 1 |
| 社群協調面向 | 解決衝突能力 | ・理性解決爭議問題(1)<br>・與人合作的能力(2)<br>・透過溝通促發集體共識生成與共善選擇(1) | 4 |
| | 集體決策的責任感 | ・審議行動意識(1)<br>・決策的影響力(1) | 2 |

資料來源：筆者自行整理。

以及能夠透過溝通促發集體共識生成與共善選擇（胡淑華，2014）。

6. **集體決策的責任感**：增進學生的審議行動意識（胡淑華，2014）和影響決策的效能感（張麗萍，2008）。

總體而論，在個人發展面向，有五篇研究提及學生「社會互動能力」的表現，如溝通表達能力；僅三篇研究論及「觀點取替和言語理解能力」，如獨立思辨。然此是否偏向培養善於發表己見、卻不願或無法理解他者的個體，忽略「審議」的核心價值不應只讓個體彰顯己見，而是促成個體間相互理解與差異調和，使得最終尋求集體共識成為可能。在「民主價值取向」和「民主參與的知識」兩部分，僅關注尊重包容的態度涵養，以及關心和參與公共事務等一般性的民主態度，僅有一篇提到體認「審議民主」的價值與參與知識。由此推知，審議民主的關鍵價值似乎在教學實踐的研究文獻中再次缺位。

另一方面，在社群協調面向，有六篇研究論及學生相關的能力發展，即願意採取理性、合作與溝通的方式解決衝突，以及具備審議的行

動意識和影響決策的自信等參與集體決策的責任感。然不難發現，相關研究較著重於「解決衝突能力」的培養，較無關切在「集體決策的責任感」部分，使得審議民主於多元差異的調和功能，以及社群成員願意集體解決問題的習性，沒有積極落實於教育培育之中，尤其透過審議參與社群決策的能動性與責任感更無法於學習歷程被有效體現。

## (二) 審議民主教學模式

以下將依本研究提出的「議題型塑互為主體」、「知能建構的必要性」、「言談模式的多樣性」、「審議討論的主導性」和「共識執行的能動性」等五項審議民主教學策略加以分析，如表5所示。

### 1. 議題型塑

從其上述研究文獻來看，針對討論議題的選擇，大都傾向於執行教師自訂，學生無權涉入參與，屬無自主類別，諸如：張麗萍（2008）、黃莉宜（2009）、吳秉憲（2011）與蘇慧如（2011）；或是由教師設想或推估學生可能感興趣的議題，讓學生在有限主題內做選擇，如：胡淑華（2012）、陳朝政與楊三東（2012）為有限自主類別；另胡淑華（2014）則先讓學生自由發想討論主題方向，再由老師聚焦，師生共同選擇，雖然已不同於以往由教師扮演主導地位，但無法排除教師角色的涉入，仍屬於有限自主類別；張偉妤（2008）讓學生自行提出討論主題，此屬於完全自主類別。

整體而言，審議民主教學於議題選擇部分，教師常扮演主要操控者的角色，而學生則較「被動」接受支配，缺乏互為主體的概念。由此可知，此為我國校園尚未民主化所致，再加上對於未成年學生參與能力的懷疑與不安心態，使得學生在校園普遍不具有公共事務的參與資格。

### 2. 知能建構

由於審議民主觀念為一新興民主思潮，僅於高中公民與社會課本約略提及，對於其他階段的學生相對陌生，再加上審議式民主討論具其一定的參與門檻，因此，審議討論前，大部分的教學規劃均包含審議民主概念的介紹、議事規範的說明、討論議題的瞭解，甚至操作演練等模擬言談對話的情況，藉以提升學生基本參與的審議知能。如：張偉妤

表5　審議民主教育領域實徵研究論文之審議民主教學策略一覽表

| 類別／作者 | 議題型塑 | | | 知能建構 | | | | 言談模式 | | | | | | | 審議討論 | | 共識執行 | | |
|---|---|---|---|---|---|---|---|---|---|---|---|---|---|---|---|---|---|---|---|
| | 完全自主 | 有限自主 | 無自主 | 審議民主概念／精神 | 對話練習 | 議事規範 | 議題瞭解 | 審議式班會 | 學習圈 | 願景工作坊 | 世界咖啡館 | 線上審議 | 公民會議 | 審議精神融入 | 教師或專家主持 | 學生主持，教師協助 | 結論施行 | 意見傳達 | 校方協商 |
| 張偍妤（2008） | ✓ | | | ✓ | ✓ | ✓ | ✓ | ✓ | | | | | | | ✓ | | | | |
| 張麗萍（2008） | | | ✓ | ✓ | ✓ | ✓ | ✓ | | ✓ | | | | | | ✓ | | | ✓ | |
| 黃莉宜（2009） | | | ✓ | ✓ | ✓ | ✓ | ✓ | ✓ | | | | | | | | ✓ | | | |
| 蘇慧如（2011） | | | ✓ | ✓ | ✓ | | ✓ | | | | | | ✓ | ✓ | | | ✓ | | |
| 吳秉憲（2011） | | | ✓ | ✓ | ✓ | | ✓ | | | | ✓ | | | ✓ | | | ✓ | | |
| 胡淑華（2012） | | ✓ | | ✓ | ✓ | ✓ | ✓ | | | | | | ✓ | ✓ | | | ✓ | | |
| 陳朝政與楊三東（2012） | | ✓ | | ✓ | | | ✓ | | | | | | ✓ | | | | ✓ | | |
| 胡淑華（2014） | | ✓ | | ✓ | ✓ | ✓ | ✓ | | | ✓ | | | ✓ | ✓ | | | ✓ | | ✓ |

資料來源：筆者自行整理。

（2008）與黃莉宜（2009）依循青輔會編定的審議式班會教案流程進行審議概念教學；張麗萍（2008）採用學習圈模式；吳秉憲（2011）、胡淑華（2012）與蘇慧如（2011）採取自編教材補充講解；陳朝政與楊三東（2012）特別強調學生對探討議題的認知與理解；胡淑華（2014）則藉由設計啟蒙階段，讓部分學生實際體驗並培養言談帶領者。

### 3. 言談模式

審議民主的討論模式應更具彈性，甚至採取多元的言談形式，使得所有參與者都能夠在平等的審議對話平臺裡有效「發聲」（林國明，2007；陳東升，2006）。綜觀上述研究發現，目前應用於教育領域的審議民主模式，仍屬單一模式的運用，僅胡淑華（2014）採用多元審議言談形式。推測相關研究其操作模式的選擇應依據教學者個人的偏好與熟悉度，較少考量學生是否可於此種言談模式獲得平等參與，反倒是採取其他策略來克服參與不均的現象，例如：陳朝政與楊三東（2012）建議以書寫的方式補足口語表達不利者的發言機會。

### 4. 審議討論

教師若和學生一同參與審議討論，將對學生產生干擾現象，影響其自主表述的可能（Englund, 2006）。此外，甚至連教師課堂提供給學生的議題參考資料亦容易造成「專家效應」，影響學生對議題的獨立思辨（陳朝政、楊三東，2012）。從上述相關研究發現，完全由教師主導討論為胡淑華（2012）與蘇慧如（2011）；張倢妤（2008）和張麗萍（2008）外聘青輔會培訓之主持人帶領，教師從旁協助；吳秉憲（2011）、黃莉宜（2009）和陳朝政與楊三東（2012）則適度開放學生主導討論，教師視情況加以引導；胡淑華（2014）乃培養學生擔任桌長，帶領小組進行討論，以解決教師身分干擾審議的問題。

由此可知，目前國內僅有一筆研究特別培訓學生擔任審議民主討論的主持人，其餘研究大致皆以教師或專業主持人擔任，忽略教師身分將阻礙學生自由發聲的情況。國外研究發現，有專門機構負責培訓學生擔任同儕引導者，進行審議討論（Sundberg, 2008），以避免教師身分導致討論壓力的顧慮，而如此施行方式實有助於國內參考。

### 5. 共識執行

審議討論的共識結論若無法引發後續行動有所實踐，抑或獲得有效的回應，則將影響參與者日後的參與動機（林子倫，2008）。綜析國內八篇相關研究，排除張倢妤（2008）從其文本無法得知審議結果是否付諸實現，以及陳朝政與楊三東（2012）、黃莉宜（2009）利用公共議題進行討論，其目的僅讓學生體驗審議討論，不在於共識決策的施行

外，其餘研究均對學生的討論結果有所回應，至於回應程度則有所差異。張麗萍（2008）由於議題涉及校地規劃，牽扯層面廣，僅爲消極的傳達共識結論，學生展能有限；蘇慧如（2011）與胡淑華（2012）議題界定爲較單純的班級層次，故共識得以積極實踐；吳秉憲（2011）討論議題雖然屬於全校層次，但仍爲學生自治範疇的「一次自治市規劃的學生聯歡活動」，且亦運用自身擔任行政職務，使得共識同樣得以完全展現。胡淑華（2014）議題爲年級層次以「校外教學景點規劃」爲主題，雖未涉及全校，但非一般學生自治範疇，已牽連學校行政決策。此外，國中教育體制裡，並不賦予學生參與校務的權利與資格，故最後共識處理採取與校方溝通討論，即透過學生代表與相關教師共同協商，使得學生聲音能被執行者聽見，將共識結果列入決策。由此可推知，過往研究其研究者常藉由限縮議題涉及範圍以滿足共識決策的可行性，如此亦凸顯審議民主實踐於臺灣教育脈絡裡的困境。

## 伍 結語與建議

審議民主理論源於西方政治範疇，此種理論是否能夠成功轉化於教育領域，實踐於我國校園文化情境，深化國人民主素養，則需透過國內教育相關實徵研究加以反思、檢討，再出發。

### 一 結語

#### (一) 政策引領審議教學實踐，雖有助實務推廣，卻不易延續深耕

審議民主於臺灣教育領域的實踐，起因於政府扮演著引介者與推動者的角色，有目的地培訓教學現場教師進行課程研發與教學實作，使得審議民主教育相關的實徵研究於國高中教育階段最爲活躍。雖然政府政策有助於啟動審議民主於教育領域的研究與實踐效應，但欠缺長久且持續不斷的政策支持、有系統的師資培育，以及專業學術研究社群作爲後盾，縱然引發部分教師燃燒教育熱情，投入教學，並結合自身學位論文產出研究文獻，然此短期效益實在無法有效延續與擴展審議民主於教育

實踐的成效與累積研究效能。

## (二) 關注培養一般民主參與能力，未能凸顯審議民主的核心價值

綜覽上述相關實徵研究發現，其聚焦於審議民主教學對學生公民參與態度、技能與民主學習能力的影響。此可能因我國引入審議民主理念於教育場域即期望藉由改善教學、培養民主公民有關。是以，審議民主教學被視為民主教育的創新教學模式，然此不僅呈現多數研究者關注於微觀的提升個人民主參與能力為目標，忽略塑造巨觀的共同體社群審議文化習性的困境。另外，亦忘卻審議民主教育應不同於一般民主特質，其強調「平等參與」和「共善決策」的價值內蘊，該如何加以轉化呈現於學習歷程，使得學生於經驗中感受其價值存在，而得以涵養具備審議習性的民主公民與社群氛圍，實需多加考量。

## (三) 強化學生審議知能以達平等參與的目的，較少關注討論機制的影響

過往研究進行審議民主教學時，均透過不同方式培養學生基本的審議知能，以克服參與者能力限制的問題。然目前應用於教育領域的審議言談模式，大多數仍採取單一模式，未關注討論機制可能造成學習者間無法平等參與的情況。此外，主持人由教師擔任，較少培養學生自行主持，如此將有礙於安全討論氛圍的建立，影響學生自主「發聲」，阻礙審議民主「平等參與」的民主價值。

## (四) 有限自主的議題選擇與共識執行，侷限學生主體意識的發展

本研究發現，討論議題的設定偏向由教學者主導，或僅能從教師設定的主題來挑選，學生的主體意識較無法獲得彰顯。此外，議題範圍若非屬班級層次，已擴及年級、全校範疇時，其共識結果的執行通常屬於消極的意見傳達，較少積極的與學校行政進行協商。然學生如果僅參與審議民主的公共討論，未將最後的共識結果付諸行動，或僅限於形式上的意見表達，則不僅限制學生的主體意識發展，也將無法發揮其公民能動性。

## 二 建議

### (一) 鼓勵師資培育教授與在職教師合作成為審議民主教育研究社群

　　審議民主於教育領域的教學實踐部分，不僅需要針對在職教師進行培力工作（簡乃欣，2008），更需結合師資培育機構以有效培養未來教師具備審議教學的知能。在教育研究部分，鼓勵師培大學教授、學校教師或師資生協作行動研究，結合審議民主理論與教學實務，研發與試驗適合本土實踐的審議教學模式，始能延續與擴展審議民主理念於教育領域的影響力。

### (二) 教育研究與實踐均需兼顧審議民主的價值與文化營造

　　審議民主理念強調透過討論、協商的方式，形成集體願景的結果產生，目的在於帶給學生感受另一種民主實踐與集體問題解決歷程，體驗如何與差異個體進行意見溝通、妥協以凝聚共識，使其具主體地位參與自身利益相關的事務。藉此學習民主，感受審議民主價值，並涵養其願意透過審議的方式進行爭論議題處理，以及能夠不斷溝通與修正自我觀點，尋求社群共好的民主習性。因此，教學設計或研究內容則不僅需要關注微觀的個人發展，更需營造校園民主氛圍與安全審議的實踐空間（胡淑華，2014；簡乃欣，2008；蘇慧如，2011），以含括巨觀的型塑社群審議文化為目標，深化社群民主審議的習性。

### (三) 落實「平等參與」的審議言談機制

　　審議言談模式的選擇需將學習者的特性納入考量，並符合教學情境的需求，諸如採用多元模式，設想言談模式可能的侷限，並加以彌補，始能有助審議討論進行。此外，若能培養學生擔任主持人，即能避免因教師身分所產生的討論壓力。另一方面，教師設計教學活動時，可參考本研究提供的五項教學策略原則，以規劃符合審議民主精神的教學活動。

**(四) 強調「共善執行」的審議體驗學習**

　　審議民主教學如何充分展現其學習成效，關鍵不僅在於審議討論的歷程體驗，更關乎後續的共識執行。藉由讓學生直接參與和自我權益相關的集體決策，給予學生眞實體驗民主參與的機會，如此有別於以往偏重知識的傳授，以及偏離生活情境的課程經驗，藉由這樣的學習歷程，賦予學生有效參與民主的感受與效能感，亦提供一種學生參與校務的創新途徑。

　　　　（本文爲博士論文之部分修正）

参 考 文 獻

吳秉憲（2011）。國中學生自治市實施審議民主對政治效能感影響之行動研究（未出版之碩士論文）。國立臺灣師範大學，臺北市。

杜文苓（2007）。審議民主與社會運動：民間團體籌辦新竹科學園區宜蘭基地公民會議的啓發。公共行政學報，**23**，67-93。

林子倫（2008）。審議民主在社區：臺灣地區的經驗。論文發表於國立臺灣大學社會科學院、國立臺灣大學社會科學院、中國大陸研究中心、中國浙江大學公共管理學院聯合舉辦「海峽兩岸參與式地方治理學術」研討會，臺北市。

林火旺（2005）。審議民主與公民養成。國立臺灣大學哲學論評，**29**，99-143。

林國明（2007）。審議民主實踐的多元模式。臺灣民主季刊，**4**，191-195。

林國明、陳東升（2003）。公民會議與審議民主：全民健保的公民參與經驗。臺灣社會學，**6**，61-118。

胡淑華（2012）。國中實施審議式教學學習成效之初探研究。中等教育，**63**(2)，143-156。

胡淑華（2014）。型塑校園民主學習共同體：國中學生審議民主學習之個案研究（未出版之博士論文）。國立臺灣師範大學，臺北市。

范雲（2010）。說故事與民主討論──一個公民社會內部族群對話論壇的分析。臺灣民主季刊，**7**，65-105。

張健好（2008）。審議式班會對學生民主行為能力之影響評估（未出版之碩士論文）。世新大學，臺北市。

張麗萍（2008）。審議民主學習圈模式應用於高中生公共參與學習之個案分析（未出版之碩士論文）。國立臺灣大學，臺北市。

教育部（2008）。普通高級中學必修科目公民與社會課程綱要。臺北市：教育部。

陳東升（2006）。審議民主的限制：臺灣公民會議的經驗。臺灣民主季刊，**3**，77-104。

陳東升（2010）。審議民主叢書總序──到審議民主之路：臺灣的實踐與反省。載於國立編譯館（主譯），審議民主。臺北市：群學。

陳朝政與楊三東（2012）。審議式民主在民主教育的實踐。高雄師大學報，**32**，47-69。

黃東益、施佳良、傅凱若（2007）。地方公共審議說理過程初探：2005年宜蘭社大公民會議個案研究。公共行政學報，**24**，71-102。

黃莉宜（2009）。審議式班會增進國中生民主實踐能力之行動研究：以基隆市九年級班級個案為例（未出版之碩士論文）。國立臺灣海洋大學，基隆市。

黃競涓（2008）。女性主義對審議式民主之支持與批判。臺灣民主季刊，**5**，33-69。

簡乃欣（2008）。高中職種子教師對審議民主融入課程的觀點研究（未出版之碩士論文）。國立臺灣師範大學，臺北市。

蘇慧如（2011）。審議民主在國小五年級班級經營之行動研究（未出版之碩士論文）。國立臺北教育大學，臺北市。

Bohman, J. (1998). Survey article: The coming of age of deliberative democracy. *The Journal of Political Philosophy, 6*(4), 400-425.

Burkhalter, S., Gastil, J., & Kelshaw, T. (2002). A conceptual definition and theoretical model of public deliberation in small face-to-face groups. *Communication Theory, 12*, 398-422.

Cohen, J. (1998). Democracy and liberty. In J. Elster. (Ed.), *Deliberative democracy* (pp. 185-231). Cambridge: Cambridge University Press.

Dewey, J. (1916). *Democracy and education.* New York: Macmillan.

Dryzek, J. S. (2000). *Deliberative democracy and beyond.* Oxford: Oxford University Press.

Elster, J. (1997). Market and forum. In J. Bohman & W. Rehg (Eds.), *Deliberative democracy: Essays on reason and politics* (pp. 3-34). Cambridge, MA: MIT Press.

Englund, T. (2006). Deliberative communication: A pragmatist proposal. *Journal of Curriculum Studies, 38*, 503-520.

Fraser, N. (1992). Rethinking the public sphere: A contribution to the critique of actually existing democracy. In C. Calhoun (Ed.), *Habermas and the Public Sphere* (pp.109-142). Cambridge, MA: MIT Press.

Gambetta, D. (1998). Claro!：An essay on discursive machismo. In J. Elster (Ed.), *Deliberative democracy* (pp.19-43). New York：Cambridge University Press.

Gutmann, A., & Thompson, D. (1996). *Democracy and disagreement.* London, Cambridge: Harvard University Press.

Habermas, J. (1990). *Moral consciousness and communicative action.* Cambridge, Mass: MIT Press.

Kymlicka, W., & Norman, W. (2000). *Citizenship in diverse societies.* Oxford: Oxford University Press.

Kymlicka, W. (2001). *Politics in the vernacular: Nationalism, multiculturalism, and citizenship.* Oxford: Oxford University Press.

Lefrançois, D. & ÉTHIER, M.-A. (2010). Translating the Ideal of Deliberative Democracy into Democratic Education: Pure Utopia?, *Educational Philosophy and Theory, 42*(3), 271-292.

Rawls, J. (1993). *Political liberalism.* New York: Columbia University Press.

Reich, W. (2007). Deliberative democracy in the classroom: A sociological view. *Educational Theory, 57*(2), 187-197.

Sundberg, E. (2008). *Deliberative civic education and student civic engagement.* (Unpublished doctoral dissertation). Hofstra University, NY.

Vygotsky, L. S. (1981). The genesis of higher mental functions. In J. V. Wertsch (Ed.), *The concepy of activity in soviet psychology* (pp.147-188). Armonk, NY: Sharpe.

Young, I. M. (1996). Communication and the other: Beyond deliberative democracy. In S. Benhabib (Ed.), *Democracy and difference* (pp. 120-135). Princeton, NJ: Princeton University Press.

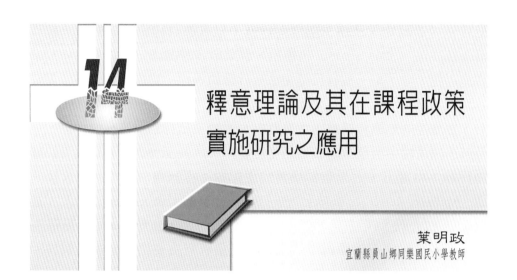

釋意理論及其在課程政策
實施研究之應用

葉明政
宜蘭縣員山鄉同樂國民小學教師

# 壹 緒論

臺灣經歷多次課程改革，但在實施階段總遇到很多困難，如何理解這些現象並對問題加以解決，是許多研究者所關注的重要課題。過去的研究多半關注課程的實施途徑與成果，個人則選擇從政策制高點進行整體課程方案之探討，關心課程政策實施（curriculum policy implementation）的問題。Short（2008）就指出：課程政策與實踐的關係應是課程政策研究的焦點之一，國內學者也有類似的呼籲（周淑卿，2002，2005；張嘉育，2011），但是相關研究成果並不多見。

其次，吾人從多篇回顧性文獻中發現：教育政策實施研究觀點已經發生轉向。Honig（2006）主張新一代的實施研究已經承認政策實施是高度複雜、難以預料的，實施變異已是通例而非例外，故教育政策實施研究應轉向研究政策、人員和地點等不同面向及其之間的互動，揭示三者如何影響實施的拓展，將有助於解釋政策結果的變異。其中，任何政策最終皆需要依靠人員用各種方式來中介實施，「人」應是當代政策實施研究的重心，相關研究應該走向微觀、深入人的內在心理狀態，聚焦

於實施者的認知、情緒、態度與行為，以求綜合描繪政策實施過程。McLaughlin（2006, p.215）也指出，愈來愈多證據顯示，任何一項政策實施過程，並不是一個盲目遵循法令行動的過程，實施失敗也不一定就是實施者抵制或能力不足，這其中涉及大量釋意（sensemaking）[1]的成分、實施者的知識和經驗、實施者自身對於各項行動所持有的信念，以及其所處情境中所蘊含的各種制度性要素，這些都會影響著實施者的實施行動。事實上，近來有群學者改從認知／釋意角度分析政策實施問題（Spillane, Reiser, & Gomez, 2006; Spillane, Reiser, & Reimer, 2002），被Fowler（2009）歸結為第三代教育政策實施研究，漸受歐美學界重視。

　　環視臺灣當前的學術研究成果，釋意研究主要出現於管理學界，探討創業釋意（林家五，1999）、科技釋意（侯勝宗、蕭瑞麟，2008）或產品、服務創新（Madsbjerg & Rasmussen, 2014/2014）。就教育研究來說，採取釋意理論分析教育政策者並不多見。張怡欣（2013）、魏汎珊（2007）運用釋意理論分別探討閱讀政策、教師評鑑政策之執行，研究方法僅依靠問卷調查，相較國外釋意研究主要使用質性研究設計，可能無法蒐集到實施者對政策之微觀想法。潘慧玲和張淑涵（2014）則是關心「資料導向決策」（Data-Driven Decision-Making, DDDM）與「資料運用」（data use）在高中現場之操作情形，她們的研究問題之一是，想瞭解個案高中在推展資料運用過程中，學校成員所型塑的意義為何？文章中雖呈現個案學校成員從懷疑到覺得受用的轉變過程，但究其分析方式仍偏向參與者對政策之覺知（perception），沒有彰顯釋意的動態歷程。整體而言，國內教育學界對釋意理論之應用仍有改善空間，關鍵在於未掌握釋意概念之特性來進行研究設計與資料詮釋。

　　綜合前述，個人基於關心課程政策與實踐的關係，且注意到教育政策實施研究晚近轉向趨勢，亦想改進國內相關釋意研究之缺失，於2011至2014年利用釋意理論進行學位論文研究。該研究主要探究重大議題課程政策的實施問題，分析基層實施者如何對這項複雜的課程政策

---

**1** 本文採用林家五（1999）的譯法，國內學界另一譯法則稱「意會」。

產生釋意，並對其實施變異現象提出解釋（葉明政，2014a）。研究者深感有義務向課程研究同好介紹釋意理論發展現況，亦需對釋意理論應用於課程政策實施研究提出檢討與反省，故以個人研究成果爲基礎進行研究反思。具體而言，本文分成三大重點：第一、探討釋意理論內涵，包含釋意理論的源起、意義、特性、運作過程與影響因素，並說明國外課程改革的釋意研究成果。第二、回顧個人以釋意理論從事重大議題課程政策實施研究之設計與結論，並與國外相關研究發現進行比較，說明在臺灣從事課程政策實施釋意研究之特色。第三、從後設思考角度討論釋意理論對課程政策實施研究之影響，盼能作爲日後從事釋意研究之參考與借鏡。

　　最後，本文有下列兩點限制。首先，臺灣教育研究領域對於釋意理論之運用向屬起步階段，個人學位論文更是以釋意理論探究課程政策實施問題之首例，以此與國外釋意研究進行比較，雖具有一定之代表性，卻也同時帶有侷限性。其次，本文性質屬於研究回顧，著重從個人學位論文的結論出發，以檢視運用釋意理論對課程政策實施問題之解釋力。礙於篇幅，無法完整徵引訪談、文件分析與觀察之田野資料，欲瞭解田野資料推衍過程之讀者，建請參閱研究者另篇專文（葉明政，2014b）。

## 貳　釋意理論與教育政策實施

### 一　何謂釋意

　　根據英文維基百科之說明，釋意是指「人們對於經驗賦予意義的過程」，它是個跨學科使用的概念，包含人機互動、資訊科學與組織研究等領域，都在使用這個概念，各領域也各有不同的影響人物（"Sensemaking," n.d.）。個人從教育政策實施相關文獻（Coburn, 2001; Spillane, 2004）發掘釋意概念之源頭，可追溯至組織學者Karl Weick的研究成果。Weick是美國著名的組織理論學者，曾以學校組織爲例，提出「鬆散聯結系統」（loose coupling system）的概念，其對

組織釋意之研究也是獨樹一幟（侯勝宗、蕭瑞麟，2008）。

依據Weick（1995）對釋意字面意義的闡述，係指人們「構築未知」（structure the unknown）的過程。Weick、Sutcliffe和Obstfeld（2005, p.414）說明釋意的動態過程：它起於個人投身於組織社會情境的脈絡下，藉由與周邊情境不斷的互動與溝通，在反覆互動與刺激下，主動建構或修正個人的認知架構；對於超乎預期或模糊不清的情境與訊息，從中抽取組織線索，加以詮釋而形成感知並賦予意涵，再由過去的認知經驗之推論與回溯或認知確認之比對，作為選擇的參考依據；再對選擇進行篩檢以保留最貼近認知真實的感知，並以認知真實的感知回饋未來的行為及當作認知之準則或參考依據。此外，釋意具有下列特質：(1)立基於認同（identity）的建構；(2)源自於回溯（retrospect）；(3)主動營造（enactment）可覺知的環境；(4)是一個社會性（social）的過程；(5)是一個持續進行（ongoing）的活動；(6)聚焦於被抽取出的線索（extracted cues）；(7)被似真性（plausibility）而非正確性所驅使（Weick, 1995）。這七項特質再再影響了人們對情境理解的更新與發展。

簡言之，Weick視釋意為社會認知發展重要的機制，可用以說明個人面對混沌未明的情況時，如何從外在不確定環境中找出意義與秩序的持續性回溯過程，且此過程的發生必須依存於環境脈絡之中。因此，釋意研究所關注的核心問題是：人們如何建構其所建構的，理由是什麼，以及帶來什麼樣的結果。

## 二　從釋意看教育政策實施

先前提過教育政策實施研究已經發生轉向，有群學者致力以釋意理論來從事教育政策實施研究。Datnow和Park（2009）從變革方向的信念、變革過程的假設、影響範圍、情境作用與價值觀的面向，區辨出三組主要的政策實施觀點，其比較如表1所示。

表1　政策實施觀點之比較

| 假設 | 觀點 | | |
|---|---|---|---|
| | 技術理性 | 相互適應 | 釋意／共構 |
| 變革方向 | 單一方向 | 政策與實施之間具雙向性 | 多元方向 |
| 政策過程 | 視政策過程為分離的線性階段 | 視政策形成和實施是分開的；聚焦於政策意圖和實施結果之間的不協調；因此，部分相互適應觀點被視為是忠實觀點的變形 | 視政策形成和實施同為過程的一部分；聚焦於行動者在政策型塑的角色以及多元制度層級和行動者之間的互動關係 |
| 影響範圍 | 由上而下與階層體系 | 由下而上 | 開放式的多層級系統 |
| 情境作用 | 對情境的整體性觀點（鉅觀） | 重視在地情境和文化（微觀） | 情境的感受意義，包含社會—政治與跨政府間的關係（共構觀點，釋意較少） |
| 價值 | 忠實；計畫與控制；視變異為困境 | 調整與協商；視變異為當地情境預期發生的結果 | 調整與協商，但也有從政策脈絡而來的權變操縱 |

資料來源：取自 "Conceptualizing policy implementation: Large-scale reform in an era of complexity", by A. Datnow & V. Park, In D. Plank, B. Schneider, & G. Sykes, (Eds.), 2009, *Handbook on education policy research* (p. 349). New York: Routledge Publishers.

　　我們可以發現：技術理性（technical-rational）、相互適應（mutual adaptation）是以往政策設計與實施的主要觀點，有將鉅觀、微觀二分的侷限，無法解釋政策設計和政策實施之間的互相連結。相較之下，釋意／共構（co-construction）觀點帶有社會建構論的視野，將實施者置於改革的核心，關注其詮釋、改編或轉化政策的過程，展示行動者如何斡旋改革，其信念和經驗如何影響改革實施。換句話說，從釋意觀點來看教育政策實施，實施者本身就是積極的政策制定者，其過濾、重新詮釋政策訊息，賦予教育政策某種意義與價值，政策實施結果事實上是實施者價值觀與信念的展現。

　　綜合來看，釋意理論是新興崛起的政策實施觀點，與前述Honig（2006）所界定的新一代教育政策實施研究特徵相符。Fullan（2008）

也提醒我們：成功的課程實施是指實施者深層信念與理解上的改變，他多次引用釋意研究者Spillane（2004）的論點，建議實施研究要將問題聚焦於：到底基層實施者對改革的理解內容是什麼？理解的過程又是如何進行的？研究人員應與基層教師對話，從教師的實務工作出發，觀察其對某個教育概念是否已經發生深層改變與理解。由此可見，運用釋意理論探究課程政策實施問題，應能揭開基層現場的實施黑箱。

### 三　教育政策實施的釋意歷程要素

James Spillane與Cynthia Coburn是教育政策實施釋意研究的代表人物，其中，Spillane的研究成果被學界視為第三代實施研究的典型代表（Fowler, 2009）。本文根據Spillane等人（2002, 2006）的兩篇理論性文章為實施研究所描繪的架構，列出三個核心要素：個人認知、情境認知與政策設計的表徵作用，以下分別予以闡述。

#### (一) 視實施者是釋意者，關注個人認知

Spillane採用Weick的觀點，認為實施者面對湧進的政策訊息，會先注意，然後架構、詮釋和建構意義，這凸顯個人認知在政策實施的重要性。經過實徵研究，他呼籲要重視實施者詮釋政策訊息所產生的意義，原因有二：第一、即使教師取得同樣的政策文本，參與相同的專業發展研習，依然會對政策訊息建構不同的理解。這不能完全歸因於教師對改革缺乏努力或拒絕買單；反而是因為教師各自擁有關於學科、教學、學生與學習的信念，影響了其詮釋自身的實務做法。第二、實施者往往在其既有理解架構之上吸收有關教學的新知識，而不是進行實質上的重新思考，以致在政策預期與教師理解之間有重大的分歧。因此，新理念被實施者誤解是常有的事，由此阻礙了改革（Spillane et al., 2002, pp.396-400; Spillane et al., 2006, pp.52-55）。綜合地說，Spillane所關注的個人認知，包括實施者個人的先前知識、信念、經驗和基模如何影響新理解的建構；其次，會考慮實施者的信念、價值觀和情緒因素，如何影響釋意的過程。

要特別說明的是，釋意與學界以往解釋基層教師對政策看法慣用的

信念（belief）、基模（schema）、詮釋（interpretation）與編／解碼（encoding/decoding）……等概念有部分重疊，易生混淆或難以區隔。本研究追溯Spillane等人（2002, pp.392-394）及Spilane和Miele（2007）的建議，並比對Hutchens（1999/2004）及Senge（2006/2010）對心智模式的說法，筆者認為基模是用以表述人們有關「事物是什麼」的信念，心智模式是用以表述人們有關「事物如何運作」的信念；而且，心智模式比基模來得複雜，比較接近釋意之精髓。

## (二) 實施者是社會釋意者，關注情境認知

釋意不是單獨事件，社會情境也是重要的構成要素，它會影響個人的認知及其架構與基模，故分析釋意活動時，需要關注實施者與社會情境的互動網絡。例如：組織的歷史脈絡、組織內所承載的價值觀、成員間的社會互動、組織歷史，乃至組織成員間的情緒流動。具體來說，Spillane建議實施研究要關注有關實務的活動系統。例如：研究焦點可以集中於檢視改革理念如何在學校層次各式實務活動（如：課程會議、學年會議、教室教學或非正式會議……等等）中展開，最好以觀察方式蒐集實務活動的結構，聚焦於每日的教室活動，觀察並捕捉師生所浮現對改革的釋意，將超越傳統實施研究所給予的解釋（Spillane et al., 2002, pp.411-413; Spillane et al., 2006, pp.59-63）。

## (三) 關注政策設計及其表徵作用與實施者釋意之關係

Spillane更主張政策設計及其訊息可能促進或限制實施者的釋意，提醒研究者要關注政策設計者是如何透過口語與書寫媒體所表徵的政策（包括：規定、指引、立法、工作坊，以及各類小冊子），來傳達政策制定者對改變實施者行為的建議，這正是傳統實施研究甚少討論的議題。首先，要注意改革表徵，呈現的是協助實施者探尋變革的本質，抑或傳遞新政策的表層訊息（Spillane et al., 2002, p.415）。其次，可觀察政策溝通過程，是說明改革理念在實務上的深層應用原則，還是僅倡導某一個特定的程序或規定一套做法（ibid, p.416）。再者，分析政策理念所表達的實務系統是否完整，與使用者先前理解方式及所處脈絡是否

裡外一致。最後，要看政策設計為實施者提供何種支持系統，能否帶領與支持實施者建構新意義，協助他／她們重組現有的信念和知識（ibid, pp.418-419）。

綜上所言，釋意理論是將政策實施過程視為人類釋意過程。透過釋意理論，我們可將「由上而下」（政策訊息、政策文件的表徵方式）與「由下而上」（實施者的基模）……等等傳統實施研究的觀點，全部納入釋意過程之中成為基本元素，進而據此觀察政策訊號、實施者的知識、信念和經驗以及行動者所處情境這三者彼此之間的互動，協助我們瞭解實施者從政策建構自身行為的變與不變（即實施者的心智模式），以補充傳統實施研究之不足。

就實徵研究而言，除了前述提及Spillane與Coburn曾為教育政策實施釋意研究從事開創性研究之外（Coburn, 2001, 2005; Spillane, 2000, 2004; Spillane & Callahan, 2000），國外學界尚累積許多有關課程改革的釋意研究（Koo, 2009; Langton, 2014; Lombard, 2012; Mak, 2011; Marz & Kelchtermans, 2013; Musingarabwi & Blignaut, 2015），這些研究都明確指出，基層實施者對於課程政策訊息的學習，往往取決於自身的經驗、信念、知識和態度，所處的社會脈絡，以及該項課程改革訊息是如何被傳遞的，證明基層實施者的釋意對課程改革發揮了極大的作用。而且，實施者經常遺漏或未能領會改革的理念，僅注意到政策最表面、最膚淺的部分，從而建構與政策制定者不同的改革理念，課程政策實施也就產生了分歧。若以釋意理論探究臺灣課程政策實施現象，是否也會出現類似的研究結果，是下段論述的重點。

## 參 本土研究實例

個人於2011至2014年間，利用釋意理論探究九年一貫重大議題課程政策的實施問題，是臺灣課程研究領域首篇運用釋意理論的實徵研究（葉明政，2014a，2014b）。以下說明該項研究的設計與結論，並與前述國外研究發現進行對話，以凸顯本土釋意研究之特色。

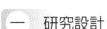

# 一 研究設計

## (一) 研究脈絡與目的

個人從接觸課程研究之初，即十分關心學校課程知識如何處理各項社會新興議題，長期關注重大議題課程政策。然而，學界普遍認為重大議題課程陷入「重大」卻不「重要」的困境（莊明貞，2012）；但是，重大議題課程政策實施過程究竟是如何動態開展，以現有的研究成果來說，仍舊是個「黑箱」，或者存有「上有政策、下有對策」的籠統說辭。筆者決定採用釋意理論，以一所國小為研究場域，關注基層教師對重大議題課程政策之釋意，瞭解基層教師的釋意歷程與內容，及其釋意行動與政策目的之符應情形，期能深入理解重大議題課程政策在基層學校的實施現況與困境。

## (二) 研究架構、場域與參與者

筆者根據文獻探討所得與考量研究設計策略，提出研究架構如圖1。首先，圖1左下方的政策是以2008年微調後的《國民中小學九年一貫課程綱要》國小階段性別平等教育、環境教育與人權教育為焦點，以正式課程的實施措施為主。筆者分析相關政策文件（教育部，2011a，2011b，2012）後，發現重大議題課程微調的內容有「重新建立相關議題的知識架構學習階層」、「提供重大議題能力指標解讀歷程」與「強調轉化式課程設計」等三大特色；本研究將進一步蒐集基層實施者對上述微調特色，所形成有關「重大議題課程與我的實務工作之關聯」的認識、見解與信念。

其次，就圖1右下方的實施場所而言，本研究選擇藍天縣碧海國小[2]為研究場域，該校是當地公認的課程創新先鋒學校，極具個案研究之研究價值。為此，本研究前後接觸18位參與者，除了該校三位級任老師之外，尚包含校內七位行政人員為本研究提供學校層級訊息意見，也找

---

[2]　此處所提之地名、校名與人名皆為匿名。

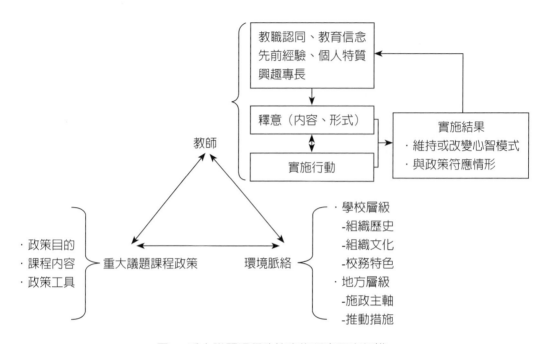

圖1　重大議題課程政策實施釋意研究架構

了八位熟悉藍天縣重大議題課程發展狀況之人員，輔助本研究瞭解地方層級課程政策，以求掌握個案教師釋意之環境脈絡。

最後，圖1上方的教師是筆者於碧海國小田野現場，透過滾雪球取樣方式邀請的三位個案教師。這些個案教師的服務年資介於18至25年之間，都是被碧海國小校方肯定及推薦、屬於實施重大議題課程有績效的教師。邀請研究對象的考量點有：首先，重大議題課程政策的推動已屆10年，年資較長（不應低於10年）的教師多半未曾在師培階段接觸過相關議題，接觸重大議題課程政策的過程就是其學習相關議題之源頭，按理比較能夠看到教師自學的過程，也可以詢問其對這些政策的看法是否有所改變。其次，重大議題課綱微調後，各年段所需教導之知識概念不一，筆者需要從低、中、高年段各找一位級任老師參與研究。復以筆者的時間有限，以低年級施老師、中年級蘇老師及高年級倪老師為主要研究對象，已足以蒐集相當可觀之研究資料。

## (三) 研究工具

本研究主要的資料蒐集方法有：訪談、文件分析與觀察。就訪談而言，筆者與三位個案教師至少都進行三次訪談，每次訪談約略進行1至1.5小時；其他研究參與者則視情況進行1至3次不等的訪談，合計進行38人次的訪談。就文件分析來說，本研究針對個案教師、碧海國小、藍天縣與中央層級相關課程政策文件，共蒐集了74份資料加以分析。就觀察而言，筆者主要針對碧海國小相關設施、機構氛圍及學校成員特質……等等面向進行觀察。此外，筆者也主動參與藍天縣課程發展活動、教師研習與相關會議，甚至是參與教育部主辦的重大議題教學研討會，盡量接觸一些與重大議題課程政策有關的政府官員、倡議團體、學者專家與其他教育實務工作者，補強蒐集若干訪談與文件分析不足的訊息，共完成12份參與觀察紀錄。要特別說明的是，由於本研究聚焦於基層教師如何釋意重大議題課程，屬性較接近概念層面的認知結果，並未對個案教師進行教室觀察。

## 二　研究主要結論

本研究參考Spillane等人（2002, 2006）與Weick等人（2005）有關釋意概念的說法，提取與比較三位個案教師對重大議題課程政策的釋意歷程要素，整理如表2所示。其中，「釋意內容」是指個案教師對於個別議題內涵及重大議題課程政策之詮釋；「釋意行動」是指個案教師曾在教學（室）中做過哪些事，以實踐自己對重大議題的想法；「釋意過程」係請個案教師回想自身如何覺察重大議題課程政策要求、不同時間對重大議題的理解與實務做法有無改變？何者被保留下來？「釋意結果」則是與重大議題課程政策要求比對之結果。將表2與現有重大議題課程實施的研究成果相較，有四點更為微觀的研究發現：

表2　三位個案教師對重大議題課程政策釋意歷程要素之比較

| 項目 / 教師 | | 施老師<br>（女，任教19年） | 蘇老師<br>（女，任教25年） | 倪老師<br>（男，任教18年） |
|---|---|---|---|---|
| 釋意內容 | 性平議題 | · 破除性別角色刻板化 | · 男女有別、各司其職<br>· 先求自我保護，再求相互尊重 | · 法律之前，男女平等 |
| | 環教議題 | · 愛物惜福的生活教育 | · 校外教學與生活教育的結合體 | · 愛清潔、要惜福 |
| | 人權議題 | · 管教尺度的法律問題 | · 未有明確看法，但認為極具政治性 | · 人際相處準則 |
| | 重大議題課程 | · 就是價值觀教育 | · 不在乎政策變化，所做之事都是自己喜歡為孩子做的事 | · 就是嚴格執行班規，希望學生不要滋生事端 |
| 釋意過程 | | · 研究所進修習得性平重要概念<br>· 繪本研習廣泛接觸各類文本 | · 幼時受教經驗、家庭生活與任教經歷影響<br>· 家扶中心社工訓練啓蒙 | · 以常識性說法為主 |
| 釋意行動 | | · 以繪本來傳道 | · 以體驗活動來展現對孩子的正向影響 | · 以防堵學生問題處理性平議題 |
| 釋意結果 | | · 未隨課綱調整更新書單<br>· 未見對繪本深層討論<br>· 人權議題相對不受重視 | · 相關參考架構與重大議題課綱幾不相符<br>· 其對性平議題之看法是課綱所欲改革之對象 | · 健體領域教學單純處理性教育的生理議題，未見從社會文化層面切入討論 |
| 影響釋意因素 | 個人層次 | · 對教育工作具有一定使命感<br>· 守法<br>· 善用自身專長興趣 | · 其信念認為教育工作是要帶給孩子快樂的童年<br>· 舊有經驗所獲得之認同持續強化其辦理體驗活動，以及形成不理會政策之態度 | · 自我要求不高，以不惹麻煩為準則 |

（續上表）

| 項目＼教師 | 施老師（女，任教19年） | 蘇老師（女，任教25年） | 倪老師（男，任教18年） |
|---|---|---|---|
| 脈絡層次 | ·重視校長政績的校務運作，學校相對不重視重大議題課程，只要教師有願力實施，不論是否符應重大議題課程目的，均給予認可或提報為學校實施成果。<br>·與重大議題少有交集的地方因應作為，原本應提供的研習培訓、教材開發工作並未到位。 | | |
| 政策層次 | ·相關政策（生命教育、品格教育與教科書輪用）同時進行，難免相互干擾。<br>·政策工具粗糙。 | | |

## (一) 個案教師多以原有心智模式來面對重大議題課程政策

本研究發現，三位個案教師對於重大議題課程政策的釋意內容與形式，都存在自身既有認知基模及心智模式的影子，也體現於各自釋意的動態過程中。就其釋意結果與政策目的相互比對，達到部分的政策目的，但也遺漏了其他部分。更重要的是，重大議題課程政策的推動，並未改變三位個案教師原有的教學實務，不論課綱微調前後皆然。以下以高年級倪老師為例，加以說明。

倪老師是一位自我要求不高、常抱持60分主義的教育工作者，他對教學工作的認定是求學生平安不出事就好。因此，即使他雖曾粗略瀏覽過重大議題課綱文件，卻也自承文件中有很多沒接觸過的知識概念，在「自己不清楚，又擔心講錯、教錯」的情況下，是以先前的舊經驗來處理相關概念。更進一步分析可以發現，倪老師將他制定的班級規範詮釋為重大議題課程內涵，將嚴格執行班規視為實施重大議題課程，不斷強調自己是結合班級經營來進行重大議題之教學。例如：當被問及有關重大議題課程實施問題時，倪老師回溯到相關新聞媒體報導與碧海國小若干學生情感糾紛事件，將自己採用防堵方式回應學生情感問題的做法，冠以實施性別平等教育之名稱，亦將其他班級經營規範（如：班級環境維護）也套上重大議題課程之名。對照倪老師對性別平等教育的釋意說法與實際作為，從「法律之前，男女平等」（詮釋

內容）到「男女生禁止談戀愛」（實施形式）之間缺乏很強的邏輯連結。甚至，再回溯檢視倪老師相關級務規範，一樣缺乏環境教育及人權教育的內涵。由此可以看出，倪老師是將既有級務處理做法套上重大議題課程之名，這就是他對重大議題課程政策釋意的形式。

倪老師之所以有這樣的詮釋，一方面源自他對教學生涯沒有很高的期待，自我使命感不高；再者，面對日趨複雜的校園文化，他深諳「不打勤、不打懶、專打不長眼」之道，自認是位被動的老師，只將工作目標設定在「把自己的班級照顧好、學生不要出事」、「準時完成被交付的工作」，應付心態濃厚。即便倪老師也自知這些做法有點狹隘，但是卻符合自己「平安不出事」的處事原則，加上校方行政人員肯定他的班級經營績效，使其更認同自己原先所設定的教學工作目標，對自己是「以管理學生問題來處理重大議題課程」的態度更加篤定。據此，足證倪老師對重大議題課程之理解，可說是以原有常識性說法進行釋意，但經他詮釋後的內涵與實際作為又有落差，足見其教學實務未因重大議題課程政策的推動而產生任何改變。

## (二) 個案教師對重大議題課程政策的釋意過程深受個人因素之影響

本研究也發現，影響三位個案教師對重大議題課程政策釋意過程的關鍵因素，多半是其個人層次因素所致，包含：對於教師身分與教育工作的認同、過往生活經驗、家庭經驗與任教經歷、人格特質、個人興趣專長及專業訓練。其中，施、蘇兩位教師對於教師身分與教育工作的認同，更是影響其對重大議題課程政策釋意的關鍵因素。以下以中年級蘇老師為例，加以說明。

蘇老師是筆者在碧海國小所建立的人際網絡中，經常聽到校方行政人員與教師推崇的一位老師；尤其當詢問哪位老師對環境教育較有想法時，碧海國小成員幾乎一致指向她。蘇老師擔任正式老師年資雖短，但若加上其之前長期遊走藍天縣各校擔任代課老師的經歷，實際上是三位個案教師中任教資歷最長的老師。長期擔任教職，經歷過大大小小的教育變革，蘇老師逐漸地有了一套因應外在政策要求的心智模式。簡單來說，蘇老師自認是個不太聽話的人，因此許多想法與做法並不會完全遵

循政策規定，她將心力放在自己所關注的焦點之上。就三項重大議題來說，蘇老師自述對於環境教育議題的接觸最早，這是因爲她常緬懷兒時童年的樂趣，初入教育界時即以「帶給孩子快樂的童年」爲職志。加上她當時辦理校外體驗活動所獲得的成功體驗，使得蘇老師更相信自己的做法是正確的，前述職志就形成她很堅實的信念，並以「經常辦理校外教學」來作爲呼應信念的行動。之後，適逢環境教育漸受重視，她遂將此視爲實施環境教育的具體行動，這也形成之後她對環境教育議題的釋意。就性別平等教育議題來說，蘇老師曾經參與民間單位的社工訓練，自認很早就對性侵害有所認識。就研究資料來看，蘇老師的確在性侵害議題有較多的教導；甚至，她還超越中年級性別平等教育課綱範圍，提前教導部分高年級性教育內容。即便如此，蘇老師對於性別平等教育議題的政策目的還是有所質疑，她受到家庭生活經驗的影響，認爲學生習得「男女有別、各司其職、相互尊重」的概念即可。

　　分析上述蘇老師對重大議題課程的釋意過程，可以發現影響其釋意因素有下列幾項：第一、蘇老師對於教職工作的認同具有關鍵作用，她希望自己能帶給孩子快樂的童年，期許自己帶給學生正向影響、成爲孩子處理問題的諮詢對象，相關教學實務作爲均被蘇老師溯源於此。也就是說，主導蘇老師對於教育工作釋意和行動背後的關鍵因素，就是從其自我認同展開，與Weick（1995, p.20）強調「認同的建立與維持是釋意活動的首要條件」不謀而合。第二、蘇老師受到過往經驗極大的影響，這些經驗除了型塑她對教職工作的認同，也影響其詮釋重大議題實質內涵（如：家庭生活面對的性別經驗），或是影響她採用的重大議題實施方式（如：兒童成長受教經驗、爭取成爲正式教師的長期代課教學經歷）。第三、蘇老師面對教育政策既有的心智模式，對其特別注意哪些政策訊息、進而該如何因應，有著一定程度的影響。第四、教師興趣專長與專業訓練，也會影響到其對重大議題課程的釋意。例如：蘇老師在民間社團接受社工訓練，明顯影響她對性別平等教育議題課程關注面向的選擇。以上四點影響蘇老師對重大議題課程釋意過程的個人因素，與前述多數國外課程改革教師釋意研究的結論是相符應的。

## (三) 學校及地方層級的環境脈絡均不重視重大議題課程，是致使個案教師續以原有心智模式來對應的原因之一

釋意理論相關研究指出，釋意並非僅是一個人的單獨演奏，往往也取決釋意者所處的情境或脈絡（Coburn, 2001, p.147；Spillane & Miele, 2007, p.57）；所以，釋意的特徵之一就是具有社會性（Weick, 1995）。本研究亦從個案教師所屬的學校組織脈絡，乃至個案學校所處的地方脈絡，進一步分析其與個案教師釋意之間有哪些交互作用。研究發現，重大議題課程政策不論在碧海國小與藍天縣的環境脈絡之中，均處於邊緣性位置。先就碧海國小的學校脈絡而言，該校過往績效雖然卓著，但是多半建立於前任校長所設定的校務發展目標之上，本研究所關注的三項重大議題並非前後任校長所關心的重點；且現任校長有「繼任者的困境」，難以扭轉學校發展目標的設定。加上該校教師或是行政人員都未去瞭解重大議題課程的實際內容，課程發展會議也未將其列為討論題綱，相關同事非正式交流網絡幾無以此為話題，即便有觸及，也與重大議題課程政策目的多有偏差，與Coburn（2001, 2005）提及組織內的社會互動與同儕網絡會影響政策實施過程是相互符應的。

再就藍天縣地方教育環境來看，國教輔導團並未依照中央政策規劃方式，將重大議題課程相關師資培訓、地方教育輔導與教材資源開發……等等工作確實執行。即便環境教育議題在藍天縣較受重視，研究資料也顯現：藍天縣教育處較關心的是學校取得環境教育人員認證比例、多少場所通過環境教育場域認證，而較忽視協助一般教師於學校場域或教室進行環境教育課程，這與環境教育議題課綱的宗旨以及原本中央經費補助之初衷有很大的出入。

進一步而言，Honig（2006）認為，教育政策實施主要發生在各級教育行政機關與學校行政組織之互動過程中，不同機關和組織的作為對整體政策之實施成效具有不同程度且不容忽視之影響。Spillane（2004, p.138）更指出，地方學區的政策是對基層教師最重要、且深深影響教室教學之政策訊息來源。當地方學區僅推出屬於表層理解的政策，將會限制所屬轄區教師對課程改革的釋意機會；相反的，當地方學區的政

策制定者對課程改革有了較深層的理解，他們會爲教師的釋意創造機會，以達到更具實質意義的改革目的。也就是說，地方學區的政策制定者憑藉著自身對於各式課程改革理念的支持，就在無意間以不知不覺的方式，影響了教室層級的實施活動。對照Spillane（2000）、Spillane和Callahan（2000）的研究來看，藍天縣地方教育單位對重大議題課程的相關作爲也出現膚淺的因應方式，「重法規不重課綱」就是其重要的釋意結果。藍天縣地方教育官員特別重視與重大議題相關之法規，在意的是權責區分、關注的是時數數字，這雖也是行政單位職責之所在，卻也影響了下屬學校、教師對重大議題課程之釋意。特別是當地方教育決策者高舉「法定課程」之名[3]，更加強下屬學校僅求快速產出課程計畫成品，沒有需求與動機去思索重大議題課程運作背後的理論依據與概念架構，以致重大議題課程改革之推動僅停留於表面層次，普遍無法抓住改革的精髓。

因此，在如此不重視重大議題課程的脈絡氛圍之下，三位個案教師若干實務作爲雖與原有政策目的有所落差，卻還是被行政單位認可爲重大議題課程的實施成果，更強化這些老師對重大議題原本所堅信的說法及做法，相關因應方式與心智模式更加固定，要予以改變更顯困難。此時，三位個案教師所處的環境脈絡反倒成爲一股制約改革的力量，讓身在其中的個案教師們對此逐漸習慣，被制約而不自知，認知基模與心智模式更形僵固，致使重大議題課程政策實施持續出現落差。

(四) 重大議題課程政策相關推動措施無法觸及教師個人釋意，促使教師將改革理念變成自身的參考架構，此時，政策實施落差勢將無法獲得改善

九年一貫課程增設重大議題課程，強調學校課程應融入社會新興議題，是近10年臺灣課程改革的特色之一；其課程立場接近社會適應論

---

[3] 藍天縣自2009年起，要求各校於課程計畫中說明「《環境教育法》、《性別平等教育法》等法定重要教育工作納入課程規劃情形」，教育界普遍將此稱爲「法定課程」，「重大議題課程」一詞亦逐漸被其所取代。

與社會重建論，認為課程目的應包含改造社會及促進社會公平。前面已經述明重大議題課程所處的邊緣性位置，再從政策設計角度加以觀察，這項改革並沒有提供可資運用的具體教材，沒有說明確切的實施方式，加上重大議題課程概念複雜，個案教師對此訓練不足，增加其理解之困難，自然而然沿襲先前所習得的因應方式，繼續用以處理重大議題課程政策。

本研究參考Luttenberg、van Veen和Imants（2013）運用釋意理論分析荷蘭教師尋求教改意義的反應類型之研究，將三位個案教師對重大議題課程政策的釋意結果繪製如圖2。此圖的縱軸代表著變革的外在形式，也就是所謂的「新瓶／舊瓶」，若有符合重大議題課程改革要求即被視為新瓶，反之為舊瓶；橫軸代表著變革的實質內容，也就是所謂的「新酒／舊酒」，若願改變既有認知結構去適應或接近重大議題課程改革要求即被視為新酒（改革的參考架構），不從根本上改變自己對重大議題課程政策的參考架構、仍保留自己心中現有認知框架則稱為舊酒（自己的參考架構）。

根據圖2，本研究發現三位個案教師因應重大議題課程政策的多數作為是「舊瓶舊酒」，很小比例屬於「新瓶舊酒」。而且，Luttenberg等人（2013）的研究結果顯示，教師們會隨著時間的遞增，逐漸往調適方向移動，不過，臺灣的重大議題課程政策的推動已逾10年，課綱微調也滿五年，本研究幾乎沒有蒐集到個案教師願意修改、調整個人參考架構之證據，其對重大議題課程的實質接觸已近乎停滯。除了再次證明重大議題課程不受基層實施者重視，更重要的啟示是：當教師對重大議題課程政策之釋意已漸趨定型，相關政策推動措施又無法觸及教師的個人釋意，促使教師將重大議題課程理念變成自己的參考架構，此時，政策實施的落差勢將無法獲得改善。

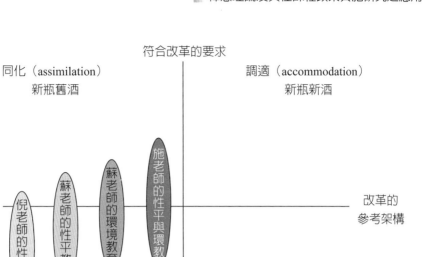

圖2　個案教師對重大議題課程釋意之類型比較

資料來源：修改自"Looking for cohesion: The role of search for meaning in the interaction between teacher and reform," by J. Luttenberg et al., 2013, *Research Papers in Education*, *28*, p. 293.


### 三　與國外釋意研究之比較

　　個人研究前述四點結論，與國外課程改革教師釋意研究的多數結論是相符的。有較大差異之處在於，Luttenberg等人（2013）與Mak（2011）的研究結論均認爲基層實施者面對新變革常出現「新瓶舊酒」現象，本研究則發現：三位個案教師因應重大議題課程政策的多數作爲是「舊瓶舊酒」，很小比例屬於「新瓶舊酒」。當進一步檢視釋意理論如何應用於研究資料之分析，反省國內外實施者對政策訊息之接觸與詮釋過程，本文認爲以下兩點值得延伸討論。

## (一) 回溯Weick釋意原典，建構教師面對課程政策實施的釋意過程

綜觀前述國外課程改革教師釋意研究的資料分析方式，大抵依照Spillane等人（2002, 2006）所列出的個人認知、社會認知與政策訊息等三大釋意要素，逐項展示各個研究參與者的相關資料。嚴格來說，這樣的處理方式並沒有抓住釋意理論的核心，未能清楚呈現教師們面對改革政策時，是如何建構環境、形成詮釋，並產生行動的歷程，這也是DeMatthews（2012, p.65）對很多釋意研究的批評。

本研究汲取這樣的教訓，回頭追溯Weick的釋意原典（Weick, 1995; Weick, et al., 2005），掌握釋意之特性及動態歷程，仔細分辨個案教師們面對重大議題課程政策時，是如何形成釋意、產生行動的歷程，歸納出影響教師釋意的因素（表2）。進而從事跨個案比較，思考三位教師釋意類型對重大議題課程改革的意義（圖2），再綜合比較三位個案教師的釋意過程，嘗試建立一般教師面對課程政策實施的釋意過程如圖3。

首先，圖3可以區隔成三個區塊：左方黑色區塊代表課程政策的啓動，下方橢圓形區塊視爲教師所處的實施場所，中間則呈現基層教師在此政策訊息與特定環境脈絡的交互影響之下，如何對課程政策加以釋意的過程。如此一來，可呼應Honig（2006）的教育政策實施研究觀點，強調課程政策實施是受到政策、人員及實施場所等三方面因素相互交織的影響。

其次，就釋意過程的「主動建構與選擇」階段來看，施老師先闡述實務做法、說明其對政策之態度，一步步交代相關做法之源頭；蘇老師凡事皆先溯源於自己成爲教師的初衷，中間穿插其面對政策之態度，再觸及實務做法；倪老師先交代自我定位與面對政策之態度，次以校園事件進行溯源，再陳述實務做法，可以看出每位教師都有其獨特的釋意歷程與特性。但是，三位教師皆從其面對政策之態度、實務做法及舊有經驗之間的互動，進行各自的主動建構與選擇。因此，圖3將此三要素之間的互動以圓形加以繪製。

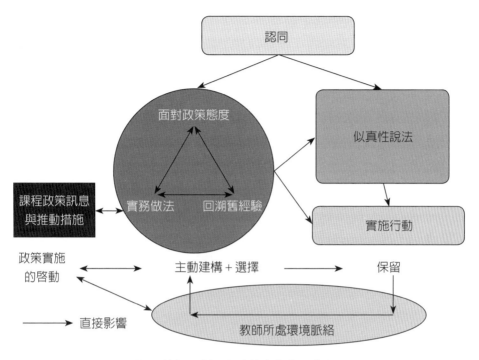

圖3　教師面對課程政策實施的釋意過程

　　接著，就釋意過程的「保留」階段來說，可分成兩部分加以說明：第一、三位教師對重大議題似真性說法與先前釋意要素之間的關係，施、蘇老師皆與其溯源有直接關係，與既有政策之間恰巧重疊；倪老師的似真性說法與其溯源、既有政策之間是毫無關係的。第二、就似真性說法與實施行動之間的關係，倪老師的狀況是不同於其他兩位老師，其似真性說法與實施行動缺乏直接關聯性。本研究認為就課程政策目的來看，教師溯源後的釋意內容與過程，應與此項政策具有直接關係，且會影響其實施行動，故圖3以箭頭線段連接三者之間的動態關係。據此回顧三位個案教師的釋意圖，此三者之間多半缺乏直接關聯，僅有部分教師的部分說法與重大議題政策目的恰巧吻合，足證這項政策微調之後仍無法改善先前實施無法落實的問題。

　　再者，就三位個案教師的釋意過程來說，影響其釋意過程的關鍵因素，即是個人對於教職工作的認同，與Weick（1995, p.20）強調「認同的建立與維持是釋意活動的首要條件」不謀而合。因此，本研究將其置

於圖3之上方，以凸顯其重要性。

最後，就釋意過程的「增強回饋」階段來說，三位教師所處的學校脈絡與地方環境皆不太重視重大議題課程，相關課程政策推廣措施並未到位，卻因三位老師部分實務作為受到校內外之認可，使其更相信自身對於重大議題課程原有的說法與做法，足見個案教師的釋意是會受到所處環境脈絡之影響。然而，影響教師釋意的環境脈絡因素較為複雜，圖3以橢圓形區塊加以表示，詳細內容可見之前的討論。

更重要的，我們藉由圖3可以更清楚看到課程政策與教師及其所處環境脈絡之間，存在著Spillane等人（2002, p.407）所說的「締造空間」（zones of enactment），教師在此接觸、過濾與篩選改革者所提出的想法，釋意後對改革付諸實踐（或不實踐）。也就是說，個人研究將教師面對課程政策實施的釋意過程具象化，將課程改革教師釋意研究更往前推進。

### (二) 政策文件未在實施過程中發揮作用，本地課程政策訊息幾為形式焦點

本文一開頭就提及，課程政策實施研究是從政策制高點進行整體課程方案之探討。尤其，Spillane提醒研究者要關注政策設計及其訊息促進或限制實施者之釋意。Woulfin（2016b）也提到，想要更加理解複雜的教育政策實施，一定要研究該項改革所使用的人造物品（artifacts）有哪些類型？所包含的改革邏輯為何？而運用釋意理論認知架構對分析政策表徵如何影響實施成果有特定的效用。Langton（2014）即運用釋意理論為研究架構，瞭解同一所小學三位三年級導師如何學習各州共同核心課程標準（Common Core State Standards, CCSS）下的數學課程改革。該研究發現相關行政人員通常以教科書作為改革的代理商（textbook as a proxy for the reform），卻未注意到多數教科書並不是完全依照改革理念編寫。而且，個案學校所屬州政府為此次改革出版兩份重要文件，原本的政策設計期待教師們能夠完整的閱讀相關文件，並能從其中思考改革與自身教學實踐的關係。可惜的是，該研究的證據顯示：主要參與者認為這些政策文件關於數學教學內容過於冗長、囉唆與

模糊，有關數學教學實踐之建議被形容得模糊不清、高度抽象且難以解釋。也就是說，CCSS數學課程政策文件的語言使用及陌生術語阻礙了基層教師的釋意，以致其對這項課程改革僅是表面的理解。

與Langton（2014）研究結論相似，個人研究也發現：臺灣基層教師甚少閱讀重大議題課程改革相關政策文件，以致對重大議題課程改革僅是表面的理解。更重要的是，筆者發現：臺灣基層教師所接觸的重大議題課程政策訊息，很大程度是來自地方教育機關、學校行政人員對於相關課程政策文件或部分新聞事件的詮釋產物，基層實施者是在這些媒介物之上進行釋意活動，而非直接觸及諸如課程綱要之類的文件。甚至，在筆者所蒐集的研究資料中，幾乎沒有看到本地中介組織對於相關重大議題課程政策提出實質的想法，多數都以「轉知公文」形式，提醒基層學校教師注意法律權責、關注實施時數；細究其所使用的政策語言，皆屬於形式焦點的理解（form-focused understandings），沒有真正觸及底層教學功能的理解，類似情形比國外研究所述狀況更為嚴重。延伸來看，臺灣社會近期關於性別平等教育課程（亦是本研究範圍之一）的諸多討論，往往奠基於網路平臺所流傳之文件，缺乏從性別平等教育課程綱要結構對核心概念進行深入理解。從釋意理論加以觀察這波社會熱議現象，不難理解其對政策的理解出現誤解，產生各說各話、各自表述之結果，也凸顯重大議題課程相關政策文件並未發揮政策引導作用之改革困境。

## ▶肆◀ 省思釋意理論在課程政策實施研究之應用

藉由引介國外與本土釋意研究實例，本文嘗試從後設角度進一步思考釋意理論對課程政策實施研究之影響。以下先說明釋意理論應用於課程政策實施研究的優勢，然後論述可能遭遇到的挑戰，並謀求解決研究困境的途徑。

## 一 釋意理論應用於課程政策實施研究的優勢

首先，Honig（2006, p.21）曾強調教育政策實施研究走向微觀、深入人的內在心理狀態之發展趨勢，逐漸聚焦於實施者的認知、情緒、態度與行為。除了從傳統上的政治學、經濟學汲取理論，也擴展到人類學、認知科學、心理學、學習理論、批判與社會文化理論，以求能綜合描繪政策實施過程。以個人研究而言，第一，筆者描繪出三位個案教師面對重大議題課程政策之釋意過程圖，可以更清楚看出基層老師如何將重大議題課程政策與自己的實務工作產生關聯，做出一連串的思考、詮釋與行動；第二，試著綜合三位個案教師之研究資料，提出一般教師面對課程政策實施的釋意過程（圖2），將基層教師面對課程政策實施的釋意過程具象化。因此，本文認為釋意理論具有「揭露基層實施者在面對、處理課程政策時的複雜心智過程」之特性，的確符合政策實施的發展趨勢。

其次，個人認為運用釋意理論於課程政策實施研究，可增進吾人理解課程政策實施過程中，實施者可能產生的理解、想像與認知。透過國內外釋意研究，我們可以看到實施者們的主動性發揮了關鍵作用，彼此對於相關課程政策的釋意均不相同，之後所產生的行動也就更加不同。但是，我們對其釋意結果不適合單純視為其誤解政策訊息；這種釋意的似真性本質本是人類心智運作常見的結果，與Kahneman（2011/2012）所提出的「系統一」（system 1）思考之特性極為相似。也就是說，基層教師面對各項課程政策的推動，主／自動地從自身的「快思資料庫」中搜尋符合當下情境的合理解釋，用最簡單的因果關係來合理化自己所需面對的實施情境。這些都足以說明：運用釋意理論捕捉到基層教師的釋意過程，既能說明個案教師的不同實際情況，又能兼顧此一現象所具備的普同性，是以往相關研究較忽視的。

再者，與現有其他討論課程政策實施問題的研究相互比較，以實施者釋意作為新的分析單位，可以說明這項政策的實施過程究竟是如何動態開展，打開了基層教師的實施黑箱；不再僅以「上有政策、下有對策」的籠統說辭來應對，也具體說明了基層教師的「對策」從何而

來，有助於我們更深入瞭解課程政策在基層學校實施的困境。

最後，釋意研究可將結果回饋給課程政策推動實務，尤其可加強校務領導者在教師釋意過程所扮演的導意者（sensegiver）角色。Spillane與Coburn於相關文獻就提及：學校領導者所塑造的社會網絡對於促進或阻礙改革具有重要作用，校長可以創造增強教師信任和安全感、又具支持性的合作環境，提供有利教師協同發展的合作機會；更重要的，學校的組織結構要能建立促進教師理解政策的協作和反思時間，讓教師可以學習與政策進行對話或參與學校決策，這些都可正向影響教師對於政策訊息的釋意（Coburn, 2001, 2005; Spillane et al., 2002）。Woulfin（2016a）即利用釋意理論設計校長培訓課程，增強其政策學習能力，培養分析實施現況之知識，希望校長們獲得相關知能來設計專業發展活動，用以協助校內同僚更能理解政策。這也是過往實施研究所少見的，可爲國內未來相關研究或政策實務之參考。

## 二　釋意理論在課程政策實施研究應用的挑戰

簡言之，釋意理論應用於課程政策實施研究的優勢是：深入實施者認知世界與所處環境，理解其對改革的詮釋與行動，探查政策實施在意義與行動之間的複雜互動關係。基於文獻閱讀與實際研究經驗，本文認爲從事釋意研究可能有以下兩大挑戰：

第一、回顧筆者自身的研究經驗，在研究過程中常遇到如何區辨釋意與其他認知作用（如：基模、信念或詮釋）之挑戰。這些概念往往是人爲操作界定的，部分概念又確有重疊或相互牽連，由此說明研究「釋意」這個主題有著本質上的困難度。在這樣的研究過程中，研究者本身的「釋意」無可避免地發揮了主動建構的功能。對此，未來有意從事課程改革釋意研究者，需注意如何降低個人主觀對詮釋研究資料的影響。

第二、Datnow和Park（2009）認爲釋意理論過於強調行動者的微觀認知過程，往往會淡化處理行動者所處組織脈絡，包括：動態權力關係和人際關係……等等。於是，有學者（如：Coburn, 2001; Koo, 2009）會在研究中加入宏觀的新制度理論來補充此一面向。事實上，

本文也發現部分釋意研究會以其他理論相佐，採用兩種以上的理論觀點相互參照從事研究，以便更貼近探討行動者與環境互動的社會眞實，此點亦可作爲未來釋意研究之參考。

## 伍 結論與啓示

根據前述的分析及討論，本文最主要的結論是：運用釋意理論可增進理解課程政策實施過程中，實施者可能產生的理解、想像與認知。本文從國內外相關研究中發現：透過釋意理論，我們不但看到課程政策由上到下的傳遞過程，更看到基層實施者由下而上的詮釋與行動；在此過程中，不同的實施者對於課程政策的理解也不同。而且，透過對基層實施者的釋意分析，我們除能理解其面對課程政策的個人釋意，也會進一步梳理其釋意的環境脈絡，再再揭露了基層實施者在面對、處理課程政策時的複雜心智過程，更能瞭解一項課程政策在基層現場會不會被採用、如何採用、會有什麼結果。

最後，臺灣的釋意研究尚不多見，尤其是運用於課程領域。目前，十二年國民基本教育各項課程改革工作蓄勢待發，不論其準備工作多麼完整周全，規劃的課程到實際執行的課程之間，必定充滿各方參與者的釋意，影響著這項課程改革美意之落實。因此，研究者呼籲有志於此的研究者，可選擇採用釋意理論觀察未來各項課程實施。例如：可從個人學位論文所建構的「教師面對課程政策實施之釋意過程概念圖」（圖3）出發，伸向相關學科課程，豐富吾人對於課程革新實施問題之瞭解。尤其，個人的研究是以重大議題課程爲研究焦點，可能是其邊緣性位置的影響，出現「舊瓶舊酒」的現象，與國外相關釋意研究多以「新瓶舊酒」爲結論，有所不同。若改以主要學科課程爲研究焦點，是否會有不同的研究發現，是值得學界繼續關注之事。

【謝誌】：作者感謝郭玉霞教授長期的指導，以及歐用生教授對本文方向之啓迪。

# 參考文獻

周淑卿（2002）。課程政策與教育革新。臺北市：師大書苑。

周淑卿（2005）。課程政策研究成果分析。發表於94年度國科會教育學門課程與教學領域專題計畫成果發表會。國立臺南大學，臺南市。

林家五（1999）。企業主持人的釋意歷程及其影響（未出版之博士論文）。國立臺灣大學商學研究所，臺北市。

侯勝宗、蕭瑞麟（2008）。科技意會：衛星派遣的人性軌跡。臺北市：培生教育。

張怡欣（2013）。臺北市閱讀教育政策執行之研究：意會取向（未出版之碩士論文）。國立臺北教育大學教育經營與管理學系，臺北市。

張嘉育（2011）。課程政策。新北市：冠學文化。

教育部（2011a）。國民中小學九年一貫課程綱要（重大議題）修訂（微調）問答集。臺北市：教育部。

教育部（2011b）。國民中小學九年一貫課程綱要（重大議題）修訂（微調）說明。臺北市：教育部。

教育部（2012）。國民中小學九年一貫課程微調綱要（重大議題）。取自：http://140.111.34.54/EJE/content.aspx?site_content_sn=15326。

莊明貞（2012）。課程改革：理念、趨勢與議題。臺北市：心理。

葉明政（2014a）。國小教師實施重大議題課程政策：釋意理論的多重個案研究（未出版之博士論文）。國立臺中教育大學教育學系，臺中市。

葉明政（2014b）。國小教師對重大議題課程政策實施之個人釋意分析。課程與教學季刊，**17**(4)，173-206。

潘慧玲、張淑涵（2014）。策劃學校發展的資料運用：一所高中的個案研究。教育科學研究期刊，**59**(1)，171-195。

魏汎珊（2007）。教師評鑑政策執行之研究：意會的取向（未出版之碩士論文）。國立臺北教育大學教育政策與管理研究所，臺北市。

Coburn, C. E. (2001). Collective sensemaking about reading: How teachers mediate reading policy in their professional communities. *Educational Evaluation and Policy Analysis, 23*(2), 145-170.

Coburn, C. E. (2005). Shaping teacher sensemaking: School leaders and the enactment of reading policy. *Educational Policy, 19*(3), 476-509.

Datnow, A., & Park, V. (2009). Conceptualizing policy implementation: Large-scale reform in an era of complexity. In D.N. Plank, B. Schneider, & G. Sykes (Eds.), *Handbook of education policy research* (pp.348-361). Washington, DC: American Educational Research Association.

DeMatthews, D. E. (2012). *Principal sensemaking of inclusion: A multi-case study of five urban school principals* (Doctoral dissertation, University of Maryland). Retrieved from http://drum.lib.umd.edu/.

Fowler, F. C. (2009). *Policy studies for educational leaders: An introduction* (3rd ed.). Upper Saddle River, N.J.: Merrill.

Fullan, M. (2008). Curriculum implementation and sustainability. In F. M. Connelly, He, M. F., & J. Phillion, (Eds.), *The SAGE handbook of curriculum and instruction* (pp. 113-122). Thousand Oaks, CA: Sage.

Honig, M. I. (2006). Complexity and policy implementation: Challenges and opportunities for the field. In M. I. Honig (Eds.) *New directions in education policy implementation: Confronting complexity* (pp.1-23). Albany, NY: The State University of New York Press.

Hutchens, D. (2004)。洞穴人的陰影：洞察限制組織發展的信念（劉兆岩、郭進隆譯）。臺北市：天下文化（原作1999年出版）。

Kahneman, D. (2012)。快思慢想（洪蘭譯）。臺北市：天下文化（原作2011年出版）。

Koo, W. S. (2009). *The sense-making process of teachers in institutional change in curriculum: A case study on the implementation of the subject liberal studies in Hong Kong* (Doctoral dissertation, The Chinese University of Hong Kong). Retrieved from ProQuest Dissertations and Theses (UMI No. 3447730).

Langton, T. W. (2014). *A case study of sense-making of the Common Core State Standards for mathematics by elementary generalists*. (Doctoral dissertation, Northeastern University). Retrieved from http://iris.lib.neu.edu/.

Lombard, J. J. (2012). *Arts and culture teachers' experiences of and responses to curriculum change* (Doctoral dissertation, Stellenbosch University, New Zealand). Retrieved from https://scholar.sun.ac.za/

Luttenberg, J., van Veen, K. & Imants, J. (2013). Looking for cohesion: The role of search for meaning in the interaction between teacher and reform. *Research Papers in Education, 28*(3), 289-308.

Madsbjerg, C., & Rasmussen, M. B. (2014)。大賣場裡的人類學家（廖建容譯）。臺北

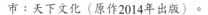

市：天下文化（原作2014年出版）。

Mak, K. W. (2011). *Making sense of new senior secondary liberal studies in Hong Kong curriculum reform: Teacher perspectives* (Unpublished doctoral dissertation). The Chinese University of Hong Kong, Hong Kong.

Marz, V., & Kelchtermans, G. (2013). Sense-making and structure in teachers' reception of educational reform: A case study on statistics in the mathematics curriculum. *Teaching and Teacher Education, 29*, 13-24.

McLaughlin, M. W. (2006). Implementation research in education: Lessons learned, lingering questions and new opportunities. In M. I. Honig (Eds.) *New directions in education policy implementation: Confronting complexity* (pp. 209-227). Albany, NY: The State University of New York Press.

Musingarabwi, S., & Blignaut, S. (2015). Theorizing the implementation of the HIV/AIDS curriculum in Zimbabwe. *Journal of Curriculum Studies, 47*(1), 122-140.

Senge, P. M. (2010)。第五項修練：學習型組織的藝術與實務（增訂版）（郭進隆、齊若蘭譯）。臺北市：天下文化（原作2006年出版）。

Sensemaking. (n.d.). In *Wikipedia*. Retrieved May 14, 2014, from https://en.wikipedia.org/wiki/Sensemaking

Short, E. C. (2008). Curriculum policy research. In F. M. Connelly, He, M. F., & J. Phillion, (Eds.), *The SAGE handbook of curriculum and instruction* (pp.420-430). Thousand Oaks, CA: Sage.

Spillane, J. P. (2000). Cognition and policy implementation: District policymakers and the reform of mathematics education. *Cognition and Instruction, 18*(2), 141-179.

Spillane, J. P. (2004). *Standards deviation: How schools misunderstand education policy*. Cambridge, MA: Harvard University Press.

Spillane, J. P., & Callahan, K. A. (2000). Implementing state standards for science education: What district policy makers make of the hoopla. *Journal of Research in Science Teaching, 37*(5), 401-425.

Spillane, J. P., & Miele, D. B. (2007). Evidence in practice: A framing of the terrain. *Yearbook of the National Society for the Study of Education, 106*(1), 46-73.

Spillane, J. P., Reiser, B. J., & Gomez, L. M. (2006). Policy implementation and cognition: The role of human, social, and distributed cognition in framing policy implementation. In M. Honig (Ed.), *New directions in education policy implementation: Confronting complexity* (pp.47-64). Albany, NY: The State University of New York Press.

Spillane, J. P., Reiser, B. J., & Reimer, T. (2002). Policy implementation and cognition: Reframing and refocusing implementation research. *Review of Educational Research, 72*(3), 387-431.

Weick, K. E. (1995). *Sensemaking in organizations*. Thousand Oaks, CA: Sage.

Weick, K. E., Sutcliffe, K. M., & Obstfeld, D. (2005). Organizing and the process of sensemaking. *Organization Science, 16*(4), 409-421.

Woulfin, S. L. (2016a). Fusing organizational theory, policy, and leadership. *Journal of Research on Leadership Education*. doi:10.1177/1942775116659461

Woulfin, S. L. (2016b). Vehicles of Logics: The role of policy documents and instructional materials in reform. *Educational Research for Policy and Practice, 15*(3), 175-188.

國家圖書館出版品預行編目資料

課程改革2016回顧與展望／白亦方主編. --
初版. -- 臺北市：五南，2017.07
　　面；　　公分.
　ISBN 978-957-11-9256-7（平裝）

1.課程改革 2.教學研究 3.文集

521.7607　　　　　　　　106010848

4660

# 課程改革2016回顧與展望

主　　　編 ― 白亦方

策　　　劃 ― 中華民國課程與教學學會（448.1）

作　　　者 ― 歐用生　彭煥勝　章五奇　楊智穎　陳美如

　　　　　　　鍾鴻銘　周淑卿　卯靜儒　劉蔚之　黃春木

　　　　　　　趙偉黎　孫彩平　洪美齡　陳振雄　郭欣茹

　　　　　　　陳英輝　王郁雯　胡淑華　葉明政

發 行 人 ― 楊榮川

總 經 理 ― 楊士清

副總編輯 ― 陳念祖

責任編輯 ― 李敏華

封面設計 ― 姚孝慈

出 版 者 ― 五南圖書出版股份有限公司

地　　址：106台北市大安區和平東路二段339號4樓

電　　話：(02)2705-5066　　傳　　真：(02)2706-6100

網　　址：http://www.wunan.com.tw

電子郵件：wunan@wunan.com.tw

劃撥帳號：01068953

戶　　名：五南圖書出版股份有限公司

法律顧問　林勝安律師事務所　林勝安律師

出版日期　2017年7月初版一刷

定　　價　新臺幣520元